POCHES ODILE JACOB

LE GARÇON QUI N'ARRÊTAIT PAS DE SE LAVER

JUDITH RAPOPORT

LE GARÇON QUI N'ARRÊTAIT PAS DE SE LAVER

Traduit de l'américain par
Catherine Rouslin

POCHES
ODILE JACOB

L'édition originale de cet ouvrage a été publiée sous le titre :
The boy who could'nt stop washing
chez E. P. Dutton, New York.

Publié en accord avec E. P. Dutton,
filiale de Penguin Putnam Inc.

15, rue Soufflot, 75005 Paris

www.odilejacob.fr

ISBN : 2-7381-0975-6
ISSN : 1621-0654

À Nancy et Margot

Introduction

« Obsessionnel » est devenu un mot courant. « C'est mon côté obsessionnel », disent mes amis pour parler de leur besoin de propreté, de comptes bien tenus, de ponctualité, et de chaussures bien alignées dans les placards. « Elle est obsédée par lui », est une façon de dire que votre amie est désespérément amoureuse. Ce n'est pas le sens que je donnerai à ce terme en parlant des troubles obsessionnels-compulsifs (TOC). Cette maladie étrange et fascinante, caractérisée par des rituels et des doutes incessants, peut se déclarer brusquement et devient, en général, aussitôt envahissante.

J'étudie et je soigne cette maladie depuis 1972. Quand les obsessions et les rituels sont intenses, la vie professionnelle et familiale de la victime se désintègre. Si le cas est grave, la victime passera la plus grande partie de sa journée à accomplir des rituels interminables. Les obsessions les plus paralysantes sont des pensées absurdes, gênantes ou terrifiantes dont on ne parvient pas à se débarrasser. Les TOC sont une maladie grave et bien plus courante qu'on peut le penser. Plus de quatre millions d'Américains en souffrent. Chose étonnante, la plupart des victimes dissimulent leur mal.

Les troubles obsessionnels-compulsifs sont différents des superstitions ordinaires. Bien des gens ont des chiffres fétiches, évitent de marcher sous une échelle, n'ouvrent pas leur parapluie chez eux, ou touchent du bois. Les rituels de mes patients vont bien plus loin que ces croyances ou manies banales. A vrai dire, mes patients ne sont pas particulièrement superstitieux. Les habitudes quotidiennes ont leur utilité et nous pouvons en changer à souhait. Mais les obsessionnels-compulsifs savent très bien que ce qu'ils font ou pensent est absurde, et qu'ils perdent ainsi un temps précieux qu'ils pourraient consacrer à leurs études, à leur travail, ou à leurs autres occupations. Mes patients ne se sont jamais rencontrés, mais on dirait qu'ils récitent tous le même texte bizarre.

Je suis médecin, psychiatre d'enfants, et chercheur à l'Institut américain de la Santé mentale, le NIMH, dans le Maryland. J'ai dirigé de nombreuses études psychiatriques depuis 1962, et il m'est souvent arrivé de soigner des cas étranges, mais rien n'est aussi fascinant et aussi poignant que les TOC.

Des pensées insensées, qui semblent surgir de nulle part, reviennent continuellement à l'esprit du malade; des actes « magiques » sont répétés sans arrêt. Pour certaines personnes, ces pensées sont dénuées de sens; pour d'autres, ce sont des idées fortement chargées d'émotion – par exemple, « Je viens de tuer quelqu'un. » L'intrusion dans la conscience quotidienne d'obsessions aussi intenses, aussi répétitives et, pour la victime, aussi écœurantes, absurdes, et étrangères, est une expérience terrible et éprouvante. Ce qui caractérise les obsessions est leur persistance : *On ne peut absolument pas s'en débarrasser.*

Certains patients sont des « vérificateurs » : ils contrôlent les lumières, les portes, les verrous – dix fois, vingt fois, ou cent fois de suite – ou refont tout le temps la même chose. D'autres passent des heures à se préoccuper de symétries insignifiantes. Leurs lacets doivent être exactement de la même longueur, et leurs sourcils de l'épaisseur d'un poil. Mais le plus souvent, le malade est un « laveur », contraint de passer son temps à faire sa toilette. Derrière ces problèmes on trouve toujours le même sentiment : vous ne pouvez pas vous fier à votre bon sens; vos yeux ne voient pas la saleté, vous ne pouvez vraiment pas croire que la porte est bien fermée. Vous savez bien que vous n'avez rien fait de mal, mais vous vous sentez obligé de continuer à vérifier et à calculer. *Vous ne pouvez pas vous débarrasser de cette idée.* Elle vous hante, et vous doutez de votre perception car vous sentez toujours que quelque chose ne va pas. Le besoin irrésistible de répéter des rituels absurdes et bizarres, qu'ils soient simples et privés ou bien complexes et publics, est terrible et saisissant. C'est ce que j'appellerai des « compulsions ».

En temps normal, il est probable que nous ne cessons de vérifier sans même nous en apercevoir, comme si nous étions munis d'un radar; mais nous ne pourrions pas le faire consciemment et continuer à avoir une vie normale. Chez les obsessionnels-compulsifs, ce processus s'est détraqué : ceux-ci ne reçoivent pas le signal habituel qui leur confirme que leurs mains sont réellement propres, que le gaz est bien éteint, que la porte est vraiment fermée. Leurs doutes les tyrannisent dans leur vie quotidienne, et les conduisent à des répétitions et à des rites insensés.

Au contact de mes patients, j'en suis venue à examiner minutieusement mes propres « compulsions » quotidiennes. Moi aussi, je vérifie la porte et le gaz, mais pas plus que de raison. Je sais m'arrêter. Pourquoi ? Nous sommes tous, socialement, des vérificateurs. Quand un ami ne nous a pas appelé depuis des semaines, la première chose qui nous vient à l'esprit est de nous demander si nous avons mal agi, si la personne nous en veut, si nous avons été trop agressifs, ou trop séducteurs, ou trop désinvoltes (ou n'importe qui d'autre). La plupart du temps, il s'avère que notre ami était trop occupé, ou avait d'autres soucis. Cependant, à bien y regarder, nous passons tous notre temps à vérifier.

Toute mon éducation m'a formée à faire face aux problèmes que pose ce syndrome : une licence en psychologie et en littérature anglaise, puis une formation médicale à Harvard Medical School, avec une spécialisation en neurologie et en psychiatrie. A Swarthmore College, sous la direction du psychologue Wolfgang Kohler, j'ai étudié le fonctionnement du cerveau en termes de systèmes complexes plutôt que de simples événements sensoriels ou moteurs. C'est à la faculté de médecine et pendant mon internat en hôpital psychiatrique que j'ai découvert avec fascination que de nouveaux médicaments pouvaient procurer au malade un soulagement spectaculaire alors que les psychothérapies étaient sans grand effet. Plusieurs mois de formation à l'Hôpital National des Maladies Neurologiques de Londres (appelé familièrement « Queen's Square ») ont stimulé mon intérêt (mon obsession, diront certains) pour l'étude du cerveau et de son activité. Ma double formation de psychologue et de médecin m'a été fort utile, car ces deux professions jouent un rôle essentiel dans le traitement des troubles obsessionnels-compulsifs.

Certaines des personnes atteintes de ce mal sont parmi les plus capables, les plus sensibles, et les plus douées que j'aie jamais rencontrées. Le travail avec des obsessionnels-compulsifs est gratifiant car, mis à part leur problème, ils sont capables d'avoir une vie normale et d'être de bons époux et de bons amis. Il est d'autant plus pénible de les savoir gravement malades.

Bien que ce syndrome soit pratiquement inconnu du public, des gens célèbres en ont été victimes. Samuel Johnson (1709-1784), grand homme de son temps, à la fois poète, auteur dramatique, biographe et lettré, souffrait d'une forme de TOC. Frances Reynolds, une amie de Johnson, a décrit d'une manière saisissante sa façon bizarre d'entrer chez les gens :

« Je pense que personne n'a décrit les gestes incroyables qu'il faisait avec ses mains lorsqu'il franchissait une porte, ou plutôt avant de franchir n'importe quelle porte. Au moment d'entrer chez Sir Joshua avec la pauvre Mme Williams, une dame aveugle qui vivait avec lui, il lâchait sa main, sinon il l'aurait fait tournoyer sur les marches pendant qu'il tournait et se contorsionnait en accomplissant ses gesticulations. Et dès qu'il avait fini, il bondissait subitement et enjambait le seuil de la porte en écartant les jambes à tel point qu'on pouvait se demander s'il n'avait pas parié qu'il ferait le grand écart, tandis que Mme Williams restait dehors à tâtonner jusqu'à ce qu'un serviteur ou la maîtresse de maison vienne lui donner tout simplement la main pour la guider à l'intérieur, tandis que le docteur Johnson accomplissait le même rituel devant la porte suivante, dans le hall d'entrée. »

Le biographe de Johnson, James Boswell, a lui aussi parlé de ces « rituels de pas de portes » :

« Il avait une autre particularité, dont aucun de ses amis n'osait demander l'explication. Cela me semblait être une habitude superstitieuse, qu'il avait dû contracter longtemps avant, et dont il n'avait jamais demandé à sa raison de le débarrasser. Il s'agit du soin particulier qu'il mettait pour franchir une porte ou un passage, en faisant un certain nombre de pas, à partir d'un certain point, ou du moins de faire en sorte que son pied droit ou son pied gauche (je ne sais pas exactement lequel) soit toujours le premier à faire le premier pas lorsqu'il approchait d'une porte ou d'un passage. »

On a également raconté que Johnson ne posait jamais le pied sur les crevasses entre les pavés, et qu'il touchait tous les poteaux bordant la rue ou la route sur laquelle il cheminait. S'il en ratait un, ses amis étaient obligés de l'attendre pendant qu'il retournait le toucher.

Pour beaucoup, ce comportement reflétait la personnalité de Johnson ou les excentricités d'un grand génie; mais pour Boswell, ses manies étaient « de type convulsif ». Des théoriciens se sont demandé par la suite si les obsessions n'étaient pas, en fait, *des tics de l'esprit.* Nous savons tous ce qu'est un tic, mouvement qu'on ne parvient pas à maîtriser (le plus souvent une paupière qui se convulse ou une grimace). Mais une obsession peut-elle être un tic?

Quand Boswell suggérait une analogie entre les « manies » de Johnson et les convulsions, il anticipait la curiosité que les obsessions et les compulsions éveillent à présent chez les biologistes. Une théorie récente propose qu'une sorte de hoquet mental serait à l'origine de cette maladie. Des courts-circuits de l'activité électrique du cerveau pourraient-ils être la cause de ces obsessions et de ces habitudes tenaces ? Si c'était le cas, les compulsions ressembleraient à des tics. Un trouble du fonctionnement cérébral en serait très certainement responsable.

Howard Hughes, le milliardaire américain, souffrait de troubles obsessionnels-compulsifs : bizarrement, son obsession fanatique de la propreté l'avait conduit à vivre dans la saleté et la négligence. Enfant, il avait déjà peur des microbes. Hughes avait d'abord été méticuleux, mais il était progressivement passé à une vie de portes et de fenêtres hermétiquement closes, de pièces sombres et de calfeutrages de fortune à base de serviettes et de mouchoirs en papier. Les documents ou la nourriture que lui apportaient ses assistants étaient recouverts d'une protection de papier spéciale qui leur évitait d'entrer en contact avec ce qu'il pouvait toucher.

Les rituels qu'il accomplissait lors des repas et pendant sa toilette prenaient des heures entières. Paradoxalement, vers la fin de sa vie, Hughes était devenu sale et négligé, les cheveux crasseux et la barbe longue et emmêlée. Les ongles de ses mains et de ses pieds étaient si longs qu'ils s'enroulaient sur eux-mêmes. Il se promenait tout nu ou simplement vêtu d'un caleçon. De toute évidence, les rites de la toilette avaient tellement envahi sa vie qu'il était finalement devenu incapable de s'occuper de lui-même de la façon la plus élémentaire.

Cette maladie terrible n'est pas l'apanage des gens doués, riches ou brillants. Tous les jours, et parfois pendant des heures entières, mes patients mènent un combat épuisant contre des germes invisibles. Ils finissent rarement par devenir aussi sales que Hughes, car, heureusement pour eux, ils ne peuvent se permettre de se complaire dans ces rituels ni leur donner libre cours comme lui. Mais le paradoxe persiste. A force d'être lavés continuellement, leurs mains et bras sont rouges, voire sanguinolents. Leurs bureaux et leurs tiroirs sont rangés inutilement, car les règles qui contrôlent ce comportement sont basées sur une idée abstraite et stérile de l'ordre. Quand mes patients sont sévèrement atteints, ces habitudes deviennent la caricature grossière d'un comportement quotidien utile. Mes patients se rendent bien compte que ces pensées folles qui rongent leurs vies sont absurdes et vaines, et c'est peut-être l'aspect le plus pénible de cette maladie. En général, les psychiatres n'aiment pas utiliser le mot « fou », mais c'est exactement ce terme qu'utilisent les obsessionnels-compulsifs. Puisqu'ils sont, par ailleurs, si raisonnables, il faut bien convenir avec eux que cette folie leur gâche l'existence.

Dans la troisième édition du *Diagnostic and Statistical Manual of Mental Disorders* (DSM III) publié par l'American Psychiatric Association, les troubles obsessionnels compulsifs sont définis par l'expérience prolongée d'obsessions et/ou de compulsions. Cette maladie porte aussi le nom de névrose obsessionnelle. Elle fascine les psychiatres depuis plus d'un siècle. De leur côté, les prêtres ont décrit l'excès de scrupulosité depuis bien plus longtemps encore. Chez les enfants, les symptômes sont exactement les mêmes que chez les adultes. Les pédopsychiatres rencontrent rarement de très jeunes enfants atteints d'une maladie mentale. D'autres affections, telle la dépression ou la schizophrénie, prennent souvent une forme différente chez les jeunes enfants et sont en tout cas bien plus rares que chez les adultes.

Mais les TOC ne se soucient guère de l'âge. J'ai vu un enfant de deux ans se mettre à décrire des cercles autour des plaques d'égout; dix ans plus tard, il lui était impossible d'aller à l'école car il ne pouvait s'empêcher de dessiner des « O »! On ne sait pas pourquoi ces comportements compliqués apparaissent brusquement pendant l'enfance, mais cela suggère que, dans cette maladie, un programme inné de comportement s'est déréglé. Il est étrange que tous mes patients aient les mêmes compulsions, alors qu'ils ne se connaissent pas. A l'université, j'ai étudié la nidification chez les perroquets, la danse nuptiale chez les grues et la manière dont les écureuils stockent la nourriture. En l'absence de tout apprentissage, les individus de chaque espèce construisent le même nid, font des provisions de la même manière, et ainsi de suite. Je ne peux m'empêcher de penser à ces créatures lorsque de jeunes patients me racontent comment des comportements étranges d'origine inconnue ont subitement surgi dans leur vie. Je les présente les uns aux autres, et ils sont étonnés d'apprendre qu'ils ne sont pas seuls et qu'ils se ressemblent énormément! Mais il ne s'agit pas ici d'une danse nuptiale récemment découverte chez les oiseaux, ou des rites d'une tribu primitive isolée. Il s'agit d'individus effrayés, isolés, et d'un scénario cruel qui prend naissance quelque part dans leur cerveau.

Des cas de troubles obsessionnels-compulsifs ont été décrits dans la littérature médicale depuis cent cinquante ans, mais nous n'avons pris conscience que très récemment du grand nombre d'adolescents et d'adultes qui en sont atteints – et souffrent en secret.

Je me suis d'abord intéressée à ce problème chez les enfants. La plupart des patients psychiatriques d'âge adulte n'ont pas connu les mêmes problèmes pendant l'enfance. La situation est différente pour les troubles obsessionnels-compulsifs : 50 % des adultes malades ont eu leurs premières idées fixes (obsessions) ou leurs premiers rituels (compulsions) quand ils étaient jeunes. Moins de 5 % des adultes souffrant d'autres troubles psychiatriques ont des symptômes qui datent de leur enfance.

Souvent, les parents ne savent pas que leur enfant est malade. De nombreux adultes obsessionnels-compulsifs dont je m'occupe m'ont confié que, lorsqu'ils étaient enfants, ils ont dû cacher leur mal et ont souffert pendant des mois ou des années parce qu'ils se sentaient humiliés et ne voulaient pas qu'on les croie fous. Je dirige un centre de recherches en psychiatrie infantile, ce qui m'a permis d étudier cette maladie secrète avant qu'un traitement efficace ne soit découvert, et avant qu'on ne s'aperçoive à quel point elle est répandue. Quand j'ai commencé cette étude à l'Institut américain de la santé mentale, je pensais qu'il nous faudrait dix ans avant que nous ayions pu examiner un nombre de patients suffisant pour commencer à avoir une idée des symptômes caractéristiques de cette maladie, de l'âge auquel ceux-ci commencent, et des traitements efficaces. Mais à peine notre projet venait-il de démarrer que de nouvelles données firent l'effet d'une bombe. Les premières enquêtes démontrèrent que les troubles obsessionnels-compulsifs ne sont absolument pas rares – que cette maladie est fréquente, en réalité. Puis nous nous sommes rapidement rendu compte que certains nouveaux traitements étaient efficaces. Le TOC devenait soudain la maladie mentale des années quatre-vingt. Nous commencions à voir énormément de patients.

Je me souviens encore de Salvadore, le premier obsessionnel-compulsif que je rencontrai pendant ma première année d'internat, en 1961, au Centre de Santé mentale du Massachusetts, à Boston. Sal avait soixante ans. D'origine italienne, c'était un contremaître estimé, un bon père de famille et un catholique pratiquant qui ne pouvait s'empêcher de ramasser des détritus. Il se sentait obligé d'accumuler. Dans sa maison s'amoncelait un nombre croissant de sacs d'ordures qu'il rangeait dans les couloirs et empilait sur les meubles. Sa femme pleurait et menaçait de le quitter, mais rien n'y faisait. En quelques mois, sa manie avait tellement empiré qu'il allait même jusqu'à ramasser les plus petits morceaux de papier qu'il trouvait. Chaque jour, il passait de plus en plus de temps à ramasser des ordures. Finalement, il n'arrivait plus à se rendre au travail. Hospitalisé dans les années quarante, il avait subi une opération psychochirurgicale, très rarement pratiquée de nos jours, au cours de laquelle toutes les connextions entre les lobes frontaux et certaines parties plus profondes du cerveau sont coupées. Sal avait été opéré et était guéri, si l'on veut.

« Vous voyez, m'avait-il dit fièrement, maintenant, je peux passer devant des bouts de papier, et même si je les remarque peut-être un peu plus que vous, *je ne me sens pas obligé de faire quoi que ce soit.* » Mais Sal ne pouvait plus quitter l'hôpital à cause de son syndrome post-lobotomique.

La lobotomie avait « réussi » à diminuer de façon spectaculaire les symptômes compulsifs de Salvadore, mais malheureusement, comme c'était souvent le cas à l'époque avec les lobotomies préfrontales, l'opération avait également changé quelques traits de son caractère. Sal n'était plus malade, mais était devenu un handicapé social. A la suite des premières lobotomies, on avait constaté que les opérés avaient un comportement souvent incongru : Sal pinçait les fesses de jeunes femmes et urinait dans la rue.

J'étais hantée par le récit que Sal m'avait fait de ces symptômes tellement absurdes qu'ils avaient détruit son existence, et de leur disparition soudaine et totale grâce à la chirurgie. Cet homme avait une vie de famille et professionnelle réussie; il était fier de ce qu'il avait accompli. Puis, tout à coup, il s'était mis à *ramasser des détritus.* Cette maladie ne ressemblait vraiment pas aux autres troubles psychiatriques. Elle ne semblait pas faire partie intégrante de la vie des gens, comme s'il y avait eu un agent extérieur dont l'apparition soudaine avait déclenché la maladie, et qui pouvait disparaître tout aussi subitement.

Je me suis souvenue de Sal en lisant un article en février 1988. Le titre était : *Une blessure au cerveau guérit un homme de sa maladie mentale.* Un dénommé George, âge de 22 ans, acculé au suicide par un besoin irrépressible de se laver, s'était tiré une balle dans la bouche. Il avait non seulement survécu, mais sa maladie avait miraculeusement disparu. La balle s'était logée dans le lobe frontal gauche du cerveau, produisant de fait une lobotomie – la même opération qui avait « guéri » Sal. Aujourd'hui, George suit des cours à l'université et mène une vie normale.

Après m'être occupée de Sal, j'avais fini mon internat à Boston et commencé mes premières recherches en Suède. L'utilisation de médicaments commençait alors seulement à influencer la psychiatrie, et à stimuler l'étude du cerveau et des aspects biologiques de la maladie mentale. Mais ces nouveaux traitements étaient rarement appliqués aux troubles obsessionnels-compulsifs.

C'est seulement en 1972 que j'ai commencé à réfléchir sérieusement à cette maladie, alors que je rendais visite à mes anciens professeurs et collègues de l'hôpital Karolinska à Stockholm. C'est là que j'ai appris l'existence de la clomipramine, un nouveau composé utilisé contre les obsessions et les compulsions. Le professeur Lopez-Ibor, de Madrid, venait d'annoncer qu'il pouvait servir au traitement des troubles obsessionnels-compulsifs chez les adultes, et elle faisait l'objet d'essais systématiques à l'hôpital Karolinska, où mon ancien professeur Börje Cronholm et son collègue le docteur Marie Asberg avaient réuni un groupe d'obsessionnels-compulsifs venus de toute la Suède.

J'avais parlé à ces patients (une bonne occasion de rafraîchir mon suédois), et nombre d'entre eux m'avaient confié qu'ils étaient malades depuis l'enfance. Voyant que les docteurs suédois n'avaient aucun mal à trouver des patients pour leur étude, je m'étais dit que si ces Suédois étaient malades depuis l'enfance, on devait pouvoir trouver dans d'autres pays des adultes mais aussi des enfants souffrant de ces troubles.

Au cours des années soixante-dix, le NIMH, l'Institut américain de la Santé mentale, offrait des possibilités uniques pour le recrutement et l'étude d'adolescents souffrant de TOC. Le NIMH pouvait trouver des malades dans tout le pays. La clomipramine n'était pas commercialisée aux États-Unis (et ne l'est toujours pas, bien qu'elle le soit dans plus de soixante-dix pays), et l'on pouvait se demander si ce médicament aiderait les adolescents autant que les adultes. La question était importante car un traitement précoce serait peut-être plus efficace qu'un traitement plus tardif sur des patients chez qui la maladie était installée depuis des années. Peut-être pourrait-on aussi enrayer de la sorte les effets destructeurs de la maladie sur les enfants, en leur évitant l'isolation, la dépression et la peur concomitantes.

La clomipramine est un antidépresseur très puissant. Sa structure chimique ressemble beaucoup à celle de l'imipramine, un antidépresseur courant. Mais cette petite différence de structure rend la clomipramine particulièrement efficace dans le traitement des obsessions et des compulsions. La clomipramine n'est pas dépourvue d'effets indésirables : bouche sèche, constipation, parfois somnolence et baisse de la libido. Mais bien des patients qui souffrent d'obsessions et de compulsions depuis des années préfèrent en prendre malgré ces imperfections.

Nous avons donc obtenu de la clomipramine ainsi qu'une autorisation spéciale nous permettant de l'utiliser dans notre recherche, avec l'aide de la compagnie pharmaceutique CIBA-Geigy, son fabricant. Je dois avouer qu'au départ nous n'étions pas du tout convaincus, mon groupe et moi, de l'efficacité de ce médicament. Mais après plusieurs années nous nous sommes convertis. L'état de nos patients ne s'améliorait pas quand ils prenaient des placebos (des pilules en sucre qui ressemblent au médicament mais n'ont aucun effet) ou un autre antidépresseur. Par contre, lorsqu'ils prenaient de la clomipramine, leur état s'améliorait dans la plupart des cas. Les obsessions s'estompaient.

Ils devenaient capables de lutter contre le besoin de s'adonner à leurs rituels. Pour certains, c'était la fin du cauchemar.

Le traitement à base de clomipramine était loin d'être parfait. Dans certains cas, il était totalement inefficace. Mais la découverte d'un traitement spécifique des obsessions et des compulsions conférait davantage de poids à d'autres indices que cette « névrose » était peut-être une maladie d'origine biologique, comme la psychose maniaco-dépressive ou l'épilepsie.

La clomipramine a éveillé un grand intérêt aussi bien chez les chercheurs que chez les malades. C'est un anti-dépresseur excellent, mais ce n'est pas à ce titre qu'elle agit sur les TOC. Elle fait autre chose : elle affaiblit ou supprime les obsessions et les compulsions. Si nous parvenions à comprendre son action, si nous savions en quoi peut consister cet « autre chose », nous aurions un indice quant à l'origine de ces troubles. Nous saurions alors comment le cerveau parvient à inventer des rituels aussi complexes et fascinants, et comment il peut créer ce démon unique et puissant qui « oblige » sa victime à faire ce qu'elle fait.

La clomipramine agit fortement sur le métabolisme de la sérotonine, un neurotransmetteur important dans le fonctionnement du cerveau. Les neurotransmetteurs sont des substances chimiques qui transportent des messages entre les cellules du cerveau. La sérotonine est une de ces substances chimiques cérébrales, et on sait déjà qu'elle joue un rôle important chez les animaux et les humains. D'un point de vue psychologique, on sait qu'elle intervient dans la dépression, la colère, et l'impulsivité. Les symptômes obsessionnels-compulsifs viennent de s'ajouter à la liste des rôles importants que cette substance chimique joue au niveau cérébral.

Les modes d'action de la sérotonine sont extrêmement complexes. Les endroits du cerveau où la sérotonine agit s'appellent des récepteurs. La clomipramine agit probablement sur certains récepteurs de la sérotonine, mais nous ne savons pas encore si elle agit en augmentant ou en diminuant la quantité de sérotonine. Il est possible que la clomipramine agisse sur d'autres molécules influencées par la sérotonine. Les recherches dans ce domaine avancent à grands pas, et la situation change pratiquement chaque mois.

Afin d'évaluer leur efficacité dans le traitement des troubles obsessionnels-compulsifs, nous étudions d'autres médicaments qui ont un effet comparable sur la sérotonine. L'influence d'un traitement chimique – quel qu'en soit le mécanisme – sur les phénomènes complexes que sont la culpabilité, la volonté, le danger, la propreté et la maîtrise de soi, nous permettra peut-être de découvrir l'origine biologique de certains comportements. Un traitement médicamenteux pour le doute pathologique? Cela démontrerait l'existence d'un système cérébral opérant à un niveau de complexité que ni mes professeurs de psychologie, ni moi-même, ne pouvons soupçonner.

La raison pour laquelle les deux meilleurs traitements des TOC sont un médicament et une approche comportementale reste mystérieuse. Parfois, ces deux traitements sont efficaces séparément; parfois, il faut une combinaison des deux. Tout modèle de cette maladie doit prendre en compte ces deux approches.

Freud pensait que les troubles obsessionnels-compulsifs chez l'enfant pouvaient provenir d'un certain type d'éducation et d'apprentissage de la propreté. Par exemple, il pensait qu'un apprentissage très strict de la propreté pendant la deuxième année de la vie – la phase anale – pouvait avoir des conséquences durables sur le développement de la personnalité, au point de rendre l'individu vulnérable aux troubles obsessionnels-compulsifs. J'avais moi-même reçu une formation en psychanalyse pendant mes études, et à une certaine époque je pensais qu'il devait y avoir du vrai dans cette idée. Mais aucun des enfants qui participaient à notre étude n'avait été élevé de cette manière; rien chez eux ne semblait indiquer un apprentissage particulièrement strict de la propreté, ni de stress particulier dans d'autres activités qui auraient pu expliquer leur maladie.

Par contre, nous avons pu constater que les troubles obsessionnels-compulsifs créent chez l'enfant des problèmes d'un type particulier. Ce livre contient des récits de parents qui ont souffert de cette maladie et qui la découvrent aujourd'hui chez leurs enfants. Il contient aussi le récit par les enfants eux-mêmes de leur expérience. Il ne fait pas de doute que cette maladie se retrouve dans certaines familles, et qu'elle peut être héréditaire.

Après seulement un an de recherches, nous recevions toutes les semaines des appels de parents d'enfants obsessionnels-compulsifs. C'était étrange : nous avions déjà reçu plus d'appels que prévu pour toute la région de Washington. Selon les ouvrages de référence, cette maladie était très rare. Par la suite, nous nous sommes rendu compte à quel point elle était répandue. Nous avions effectué une enquête sur une population de 5 000 lycéens. Tous les enfants devaient remplir un questionnaire sur d'éventuelles habitudes ou pensées gênantes. Les résultats furent surprenants. Nos premières impressions se trouvaient confirmées par ces enfants « normaux », qui ne réclamaient aucune aide médicale. Au moins 20 d'entre eux étaient gravement atteints; 1 individu sur 250 dans notre échantillon, soit, au niveau des États-Unis, un million d'adolescents. Comme la proportion est de trois adultes pour chaque enfant atteint, il y aurait aux États-Unis quatre millions d'individus souffrant de TOC. C'est difficile à croire. Une maladie mentale courante dont presque personne n'aurait entendu parler?

Où se cachent donc les obsessionnels-compulsifs? En 1907, Freud écrivait : « Ceux qui souffrent de ce mal sont capables de le garder pour eux. La dissimulation est rendue plus facile par le fait qu'ils sont tout à fait capables de remplir leurs obligations sociales pendant une partie de la journée, une fois qu'ils ont consacré un certain nombre d'heures à leurs occupations secrètes, à l'abri des regards. »

Comme au temps de Freud, rares sont les victimes à demander de l'aide ou à savoir que celle-ci existe. Le secret fait partie de cette maladie. J'ai découvert que même les rares patients ayant été en thérapie n'ont jamais parlé de leurs compulsions au thérapeute. Chaque semaine, nous rencontrons des malades qui souffrent en secret depuis des années.

Le 21 mars 1987, plusieurs obsessionnels-compulsifs sont passés à « 20/20 », un magazine d'information télévisé au cours duquel on évoqua la guérison ou l'amélioration très sensible de patients soignés par la clomipramine ou par la thérapie comportementale, l'autre traitement efficace pour cette maladie. Le résultat fut surprenant : les trois centres de recherches sur les TOC mentionnés au cours de l'émission (dont le nôtre) furent submergés pendant des mois sous un déluge d'appels et de lettres. Les brefs récits que les gens nous faisaient au téléphone étaient souvent poignants. « J'allais quitter ma femme. Je croyais qu'elle ne m'aimait plus. Je sais maintenant qu'elle est malade, et tout ce que je veux, c'est qu'on l'aide. » Un homme de quatre-vingt-sept ans nous a simplement appelés pour nous dire : « Je suis trop vieux maintenant pour y faire quoi que ce soit, mais je suis tellement heureux d'apprendre qu'on a identifié le mal dont je souffre et que je ne suis pas “ fou ”! » La fascination qu'exercent les TOC tient en grande partie au fait que ces troubles sont connus depuis très longtemps, mais sont considérés comme une curiosité médicale. La conspiration du silence des patients eux-mêmes n'y est pas pour rien.

Pour un médecin, il n'est pas d'expérience plus émouvante et plus forte que de voir un patient connaître un soulagement immédiat et appréciable. Ironie de l'histoire : alors que les obsessions et les compulsions illustrent mieux que toutes les autres névroses la notion psychanalytique de conflit psychique, la psychanalyse elle-même n'est pas d'un grand secours. Heureusement, il existe à présent d'autres manières d'aider les malades très gravement atteints. La méthode la plus simple consiste à faire se rencontrer ces enfants (et leurs familles) qui ont vécu seuls avec leurs pensées et leurs rituels pendant des années. Ils peuvent ainsi partager leur souffrance et contrôler leurs progrès respectifs.

Les thérapeutes comportementaux ont été les premiers à essayer la technique directe, simple et efficace consistant à contrôler les symptômes et à exposer progressivement le patient à des situations de plus en plus angoissantes ou susceptibles de déclencher une réaction, tout en s'efforçant de diminuer et de prévenir les rites. C'est à eux que revient le mérite d'avoir exposé ce problème au grand jour, et d'avoir adopté l'approche raisonnable qui consiste à penser qu'il est bon pour les patients de *se débarrasser* de leurs symptômes! (Certains psychiatres pensent que lorsqu'on supprime ces derniers sans comprendre les conflits inconscients sous-jacents on provoque forcément l'apparition de nouveaux symptômes, qui peuvent être pires.) C'est à l'hôpital Maudsley de Londres et à l'École de médecine de Pennsylvanie qu'ont été développées les formes les plus efficaces de thérapie comportementale.

La thérapie comportementale s'intéresse aux *comportements* du malade. Le patient et le thérapeute commencent par consacrer des heures ou des semaines à comprendre les rituels, à les décrire minutieusement et à découvrir quand et comment ils se manifestent. Ils réduisent ensuite progressivement la période pendant laquelle le patient « est autorisé » à les pratiquer. Le thérapeute provoque délibérément la situation précise qui déclenche les symptômes. Par exemple, un « laveur » devra se salir les mains en les plongeant dans de la boue, et passer des heures sans les nettoyer. Évidemment, cela ne peut que lui être pénible.

Mais le traitement marche mal sans une exposition réelle aux stimuli qui déclenchent les rituels.

Des grands progrès ont eu lieu en même temps : on s'est aperçu que les obsessions et les compulsions étaient courantes, on a découvert l'utilité de la thérapie comportementale, et des découvertes fascinantes en biologie ont suscité un regain d'intérêt pour cette maladie. L'efficacité d'un médicament particulier dans le traitement des TOC signale indirectement l'existence d'une anomalie biologique sous-jacente.

L'une des conséquences les plus immédiates des recherches biologiques est la découverte, voire (comme c'est souvent le cas dans l'histoire de la science) la *re*découverte du fait que les obsessions et les compulsions sont fortement corrélées avec des troubles neurologiques comme l'épilepsie ou la danse de Saint-Guy (chorée de Huntington). Cela signifie que des maladies dans certaines régions du cerveau peuvent déclencher des TOC, du moins chez certains patients. Il existe aujourd'hui de nouvelles méthodes pour étudier le cerveau. Grâce à la tomographie axiale, nous pouvons mesurer mieux qu'aux rayons X l'activité de certaines régions cérébrales chez des sujets vivants. D'autres techniques, comme le PET-scan, permettent de visualiser le fonctionnement cérébral d'individus normaux et de le comparer à celui des obsessionnels-compulsifs. Ces études sont très récentes, mais elles montrent que certaines parties du cerveau de l'obsessionnel-compulsif présentent des anomalies, notamment au niveau des lobes frontaux et des ganglions de la base.

Personne ne sait vraiment où se situe la frontière entre la normalité et les TOC. Il existe des gens qui ont des « habitudes » assez bizarres, mais qui ne sont pas réellement atteints. Dans le cadre de notre étude, nous avons rencontré une jeune fille qui se levait tous les dimanches à six heures du matin et passait trois heures à lessiver les murs de sa chambre. Elle savait bien que c'était étrange, mais elle sentait tout simplement qu'elle « devait le faire », sans trop savoir pourquoi. Tout avait brusquement commencé environ un an auparavant. « L'été dernier, je me suis simplement réveillée un matin, et il fallait que je le fasse », m'a-t-elle dit. Nous n'avons pas voulu lui coller une étiquette psychiatrique parce qu'elle vivait normalement et ne semblait pas « malade ». Elle s'entendait bien avec sa famille, était bonne élève, avait des amis et sortait avec un garçon. Elle avait de bonnes notes, participait à des activités en dehors des heures de cours et travaillait à temps partiel. Elle n'avait pas l'air malheureuse et en l'absence de tout symptôme l'empêchant d'avoir une activité normale ou la faisant souffrir, rien ne permettait d'affirmer que cette personne était malade. Ces comportements obsessionels sont énigmatiques : nous ne savons pas s'il existe un lien avec les TOC, ou s'il s'agit de bizarreries sans importance clinique.

Et que dire de ces gens qui ont un grand nombre de « bonnes » habitudes, et qui nous paraissent « hypernormaux » ? Ils programment chaque instant de leur journée. Étudiants, ils faisaient partie de toutes les équipes sportives, de tous les clubs, participaient aux activités socioculturelles tout en suivant des cours de gym et de musique. C'étaient de bons élèves, ambitieux, dynamiques et conscients des énormes responsabilités qu'ils acceptaient. Hyper-organisés, soigneux et prudents, ces individus répondent « oui » à un grand nombre de questions de notre questionnaire sur les obsessions. Mais ils trouvent que leurs habitudes sont utiles et qu'elles n'empiètent en rien sur leur vie. S'ils se plaignent, c'est de ne pas être sûrs de pouvoir satisfaire à toutes leurs obligations, chaque jour de la semaine, chaque semaine de l'année. Parfois, ils se sentent surmenés, mais ils ne sont pas du genre à se plaindre. Ce n'est pas qu'ils veulent changer quoi que ce soit à leur manière d'être – ils veulent simplement pouvoir tout faire. Nous ne savons pas s'il s'agit tout bonnement de jeunes gens exceptionnellement ambitieux, qui deviendront un jour rédacteurs en chef, sénateurs, voire psychiatres, ou s'ils développeront ce qu'on appelle une personnalité « obsessionnelle ». Nous suivons actuellement un groupe de ces individus « hypernormaux » afin de le découvrir.

Malgré l'intérêt suscité par des cas individuels de TOC depuis un siècle, très peu a été accompli en matière de traitement. Rien n'incite à tester ou à développer de nouvelles méthodes thérapeutiques pour des maladies rares. Jusqu'aux années 70, le traitement conseillé était donc une psychothérapie ou une psychanalyse, car il n'existait rien d'autre. Mais beaucoup de thérapeutes se rendaient compte que la psychothérapie n'était d'aucun secours dans les cas graves, et s'apercevaient que le suivi des patients adultes ne parvenait pas à prouver l'efficacité de ce traitement.

Le cas célèbre de « l'Homme aux rats », décrit par Freud en 1909, est le modèle psychanalytique de troubles obsessionnels-compulsifs. Freud raconte qu'il était parvenu à guérir, grâce à la psychanalyse, un jeune homme obsédé par la pensée de rats lui dévorant l'anus. La cure semblait avoir aidé le malade en révélant l'importance symbolique de cette horrible image. Malheureusement, l'Homme aux rats fut tué peu après au cours de la Première Guerre mondiale, et personne n'a jamais pu savoir si l'effet de la cure aurait été durable.

Dans les années cinquante, la psychochirurgie fut souvent utilisée dans les cas de TOC les plus graves, mais comme d'autres traitements sont à présent disponibles, on n'y a recours aujourd'hui qu'en dernier ressort. Cependant, dans certains cas, cette mesure draconienne semble marcher lorsque tous les autres traitements ont échoué. Quelques centres médicaux à Boston, Londres et Stockholm, par exemple, pratiquent des opérations de portée limitée avec de nouvelles techniques. Je ne leur ai encore jamais envoyé de patient mais le succès de ces opérations me fascine car on y sectionne certaines connexions dans des régions du cerveau qui apparaissent comme étant anormales sur les images cérébrales d'obsessionnels-compulsifs. Il s'agit d'un autre indice quant à l'origine biologique de cette maladie.

Les deux traitements les plus récents, la thérapie comportementale et le traitement par la clomipramine, semblent avoir des effets bénéfiques durables. Les thérapeutes comportementaux ont déjà suivi leurs patients pendant plusieurs années, et l'efficacité du traitement semble se prolonger. En ce qui concerne le long terme, peu d'études ont été menées sur la clomipramine, mais celles qui l'ont été indiquent que son efficacité se prolonge pendant deux ans au moins.

« J'en ai pour combien de temps? – Vous croyez que je m'en débarrasserai? » telles sont les premières questions posées par le malade. Les résultats d'une douzaine d'études sur les effets à long terme des traitements ont été publiés. Presque toutes ces études concernent des patients qui ont suivi des psychothérapies traditionnelles, ou qui n'ont jamais été soignés. Dans la plupart de ces études, la moitié des patients connaissait une amélioration, alors que l'autre moitié continuait d'avoir des problèmes. La psychothérapie traditionnelle n'avait aucune influence sur le résultat. Mais ces études à long terme ont toutes été conduites avant que la thérapie comportementale et la clomipramine deviennent courantes. Les études les plus récentes, bien que peu nombreuses, sont encourageantes. Les nouveaux traitements seraient vraiment efficaces. Je n'en ai pas encore la preuve, mais j'espère que la détection et le traitement rapides de la maladie rendront le pronostic encore meilleur.

Les TOC sont fascinants. Lors de nos recherches, nous avons été aussi surpris que nos patients de découvrir qu'ils n'étaient pas seuls à avoir gardé secrètes leurs pensées, leurs visions et leurs habitudes, parce qu'ils étaient persuadés que personne ne pouvait les comprendre ou les croire. Je pense que ce type de comportement stéréotypé doit provenir d'un programme inné, un peu comme ceux que les éthologues observent chez les animaux même lorsque ceux-ci sont élevés en isolement.

Dans cette introduction, j'ai voulu donner une vue d'ensemble de mon expérience de cette maladie. Tout ce que j'ai appris, ce sont mes patients et leurs familles qui me l'ont enseigné, et je leur en serai toujours reconnaissante. Parce qu'ils sont restés silencieux pendant si longtemps, j'ai pensé qu'il était important de leur donner la parole. Quand je lis les récits de mes patients, je découvre les efforts qu'ils font pour se soigner eux-mêmes et comment ils essayent de vivre avec ce mal en affrontant certains problèmes que le traitement n'a pas réussi à éliminer. La première partie de cet ouvrage est consacrée aux récits de ceux qui ont souffert de cette maladie et qui s'efforcent à présent d'aider leurs enfants à la combattre. Après les témoignages des pères, viennent ceux des enfants, rédigés au moment de nos premiers entretiens, ou après plusieurs années de souffrance.

La partie centrale du livre est mon témoignage de médecin qui soigne ces malades. Mes patients et moi, nous nous sommes découverts; ma façon de pratiquer la psychiatrie ne sera plus jamais la même.

Où s'arrête la vie de tous les jours et où commencent les troubles obsessionnels-compulsifs ? On s'interroge beaucoup sur cette question, car elle touche à notre vie religieuse, à notre philosophie, à notre Moi romantique, et à notre Moi éthologique. Pour cette raison, j'ai donc été obligée de m'intéresser à sa délimitation plus que pour toute autre maladie. La dernière partie du livre s'efforce de répondre partiellement à des questions comme : L'amour est-il une obsession ? Que signifie mon désir d'avoir une maison bien rangée ?

On ne connaît toujours pas l'origine des troubles obsessionnels-compulsifs. Les données en faveur d'une origine biologique sont convaincantes; malheureusement, nous devons encore parler de la biologie du comportement en des termes vagues. L'efficacité d'une molécule, le fait que la plupart des familles de patients sont relativement normales d'un point de vue psychologique, rendent peu crédible l'idée que le déclenchement de ces troubles est dû à une « mauvaise éducation ». Cette maladie ressemble à un accès de scepticisme incontrôlé. Les patients doutent de leurs propres sens. Ils sont incapables de se rassurer, incapables de se dire : je ne suis pas dangereux, je suis propre.

L'idée qu'il existe une origine biologique au « savoir » a d'intéressantes implications philosophiques. D'habitude, nous sommes convaincus que ce que nous voyons et ressentons est la réalité. S'il existe une « maladie du doute », et si une substance chimique contrôle notre sens du doute, peut-on en déduire que la confiance que nous accordons normalement et habituellement à notre perception et à notre bon sens est due à des réactions chimiques au niveau du cerveau ?

Ce livre est né de la découverte du caractère répandu des troubles obsessionnels-compulsifs. Si les nouvelles données épidémiologiques sont correctes, et si des millions de personnes souffrent de ce mal, alors un livre d'accès facile, qui ne soit pas un ouvrage technique médical, est nécessaire depuis longtemps. Si vous ou l'un de vos proches êtes un obsessionnel-compulsif, il est important de vous informer. Chaque année voit se produire de nouvelles découvertes sur ce mal.

Bien des gens profiteront de la « redécouverte » de ces troubles par les psychiatres. Les chercheurs pourront étudier la biologie des rituels, de la volonté, de la validation de notre perception, et peut-être même les bases biologiques de la guérison. Les patients et leurs familles apprendront à s'aider et à s'entraider. En observant nos malades lutter contre la maladie, ou apprendre à vivre avec ce qu'ils ne pouvaient pas changer, mon équipe et moi-même avons appris bien des choses sur la manière dont les gens arrivent à se débrouiller pour peu qu'on les aide. Ces gens ont partagé leurs secrets avec nous, mais tous n'ont pas encore été guéris. Nos patients ne sont pas insensibles à nos efforts et nous le démontrent. J'espère que nous pourrons bientôt leur fournir encore plus de réponses.

Première partie

Les patients ont la parole : les parents

Tout ce que j'ai appris d'important sur le TOC, je le dois à mes entretiens avec ces gens étonnants que sont mes patients. Pour comprendre ma fascination pour cette maladie, vous devez faire leur connaissance et écouter leur histoire personnelle.

L'accident imaginaire

« Je roule à 90 km/h; j'ai un examen final à passer. J'ai mis ma ceinture de sécurité, et je respecte attentivement le code de la route. Je suis seul sur cette route. Il n'y a pas un chat.

« Soudain, sans la moindre raison, mes troubles obsessionnels-compulsifs se réveillent. La façon dont ils déforment ma perception de la réalité est hallucinante. Alors qu'en fait il n'y a personne sur la route, la pensée atroce que j'ai peut-être renversé quelqu'un s'impose à mon esprit... J'ai renversé quelqu'un! Dieu sait d'où peut bien venir cette idée absurde.

« J'y pense un court instant, puis je conclus : « C'est ridicule. Je n'ai renversé personne. » Cependant, l'angoisse commence à me tenailler, une angoisse que je ne parviendrai à maîtriser qu'après avoir payé un énorme prix émotionnel.

« J'essaie de chasser cette idée absurde de mon esprit en la confrontant à la réalité. Je raisonne : « Bon. Si j'avais renversé quelqu'un, je l'aurais *senti.* » Ce court voyage dans la réalité m'aide à combattre la douleur... mais pour un instant seulement. Pourquoi ? Parce que l'angoisse qui me ronge ne fait que croître, tout comme la douleur qui l'accompagne.

« La douleur est due à un horrible sentiment de culpabilité : j'ai commis un acte inconcevable, criminel. Une partie de moi-même me dit que c'est ridicule, mais l'horrible douleur que je ressens au creux de l'estomac me dit tout à fait autre chose.

« Je tente à nouveau de chasser cette pensée insensée et l'atroce sentiment de culpabilité. « Voyons, me dis-je, c'est complètement absurde! »

« Mais l'affreuse sensation persiste. Mon angoisse ne veut pas me lâcher : « *Tu as vraiment renversé quelqu'un.* » A présent, la crise bat son plein. La réalité n'a plus de sens. Ma perception est déformée. Je dois échapper à ce supplice, et la seule façon d'y parvenir est de vérifier que je n'ai tué personne.

« Je me mets à ressasser, « J'ai peut-être renversé quelqu'un et je ne m'en suis pas rendu compte... Mon dieu! J'ai peut-être tué quelqu'un! Je dois faire demi-tour pour vérifier. » C'est la seule façon de calmer mon angoisse. Cela me permet de reprendre un peu contact avec la vérité. Je ne peux vivre en pensant que j'ai peut-être tué quelqu'un – il faut que je vérifie.

« A présent, j'ai réellement des sueurs froides. Je prie de ne pas avoir commis cet acte criminel. Mon imagination se déchaîne. J'espère de toutes mes forces que le jury sera clément. J'espère surtout que mes parents seront compréhensifs. Après tout, je suis maintenant un criminel. Il faut que je maîtrise mon angoisse en vérifiant. Cela s'est-il vraiment produit? Il y a toujours un tout petit grain de vérité (ou de vérité potentielle) dans mes fantasmes obsessionnels-compulsifs.

« Je raisonne : « Va vite vérifier. Débarrasse-toi de la douleur en vérifiant. Dépêche-toi d'aller t'en assurer. Mon dieu, je vais être en retard à mon examen si j'y vais. Mais je n'ai pas le choix. Il y a peut-être quelqu'un sur la route, couvert de sang, agonisant. » Le fantasme est maintenant la seule réalité. Et la douleur.

« J'ai fait sept kilomètres depuis le début de la crise. Je fais demi-tour et repars vers le lieu de l'accident imaginaire. Je reviens à l'endroit où je pense qu'il a « peut-être » eu lieu. Bien sûr, il n'y a rien, ni voiture de police, ni corps ensanglanté. Soulagé, je me remets en route pour arriver à l'heure à l'examen.

« Je me sens mieux, mais j'ai roulé à peine vingt secondes que mes pensées obsédantes me reprennent et la douleur me torture à nouveau. Mais à présent, tout est encore plus intense. Je réfléchis : « Peut-être aurais-je dû *m'arrêter* pour jeter un coup d'œil dans les broussailles au bord de la route, là où le corps meurtri a été projeté, là où il gît maintenant ? Peut-être ne suis-je pas revenu assez loin sur mes pas; peut-être l'accident a-t-il eu lieu un kilomètre plus loin ? »

« La douleur est maintenant si intense que je n'ai pas le choix – c'est vraiment ainsi que je le ressens.

« Je refais demi-tour et reviens plus d'un kilomètre en arrière pour chercher le corps. Je passe rapidement devant l'endroit. Cette fois-ci, je suis certain d'être revenu assez loin en arrière. Je me remets en route. Mais ce n'est pas encore fini.

« Mon Dieu » – ma crise ne me laisse pas de répit – « je ne suis pas sorti de la voiture pour *regarder* sur le bas-côté! » Je fais donc demi-tour, une troisième fois. Je retourne là où, d'après moi, l'accident s'est produit. Je gare la voiture au bord de la route. Je descends et commence à fouiller les broussailles. Une voiture de police arrive. Je sens que je deviens fou.

« Me voyant fouiller dans les buissons, le policier demande : « Que faites-vous ? Puis-je vous aider ? »

« Aïe... Je ne sais pas quoi faire. Je ne peux pas dire. « Ne vous inquiétez pas, monsieur l'agent. Voyez-vous, comme quatre millions d'Américains, je souffre de troubles obsessionnels-compulsifs. Je suis simplement en pleine crise. » Je ne peux même pas lui dire : « Je suis vraiment malade. Aidez-moi, je vous en prie. » La maladie est tellement insidieuse et embarrassante qu'il m'est impossible d'en parler à qui que ce soit. De toute façon, très peu de gens, y compris moi-même, comprennent vraiment de quoi il s'agit.

« Je raconte donc à l'agent de police que mon examen m'a rendu nerveux et que je me suis arrêté sur le bas-côté pour vomir. Le policier m'adresse un sourire sincère et entendu, et me souhaite bonne chance.

« Cependant, je me remets à penser : « Peut-être l'accident a-t-il vraiment eu lieu, et le corps a été évacué. Le policier est venu voir si j'étais revenu sur le lieu du crime. Mon Dieu, si ça se trouve, j'ai vraiment renversé quelqu'un... Sinon, pourquoi une voiture de police serait-elle dans les parages ? » C'est alors que je me rends compte que le policier m'aurait interrogé à ce sujet. Mais l'aurait-il vraiment fait, si son but avait été de m'arrêter ? Mon angoisse et ces horribles pensées m'accaparent tellement que j'en oublie provisoirement pourquoi je suis descendu de voiture. Je me remets en route. L'anxiété est à son comble. Peut-être le policier n'était-il pas au courant de l'accident ? Je devrais faire demi-tour et chercher *avec plus de soin.*

« Je veux revenir sur mes pas et vérifier à nouveau... Mais ce n'est pas possible, car la voiture de police me suit de près. Je suis maintenant au bord de la crise de nerfs parce qu'en toute honnêteté, je suis persuadé qu'il y a quelqu'un dans les broussailles en train de se vider de son sang. Oui... c'est cette douleur qui m'en convainc. « Après tout, me dis-je, pourquoi aurais-je mal, sinon ? »

« J'arrive en retard à l'examen. J'ai du mal à me concentrer, car mes obsessions m'obnubilent. Je n'arrête pas de penser à cet accident imaginaire. Tant bien que mal, je termine l'examen.

« Je me remets tout de suite en route pour vérifier. Mais maintenant, je dois vérifier deux choses. Premièrement, que je n'ai tué ni blessé personne. Deuxièmement, que le policier ne me surprendra pas en train de vérifier. Après tout, si on me repérait à nouveau sur le bord de la route en train de fouiller dans les broussailles, comment diable pourrais-je expliquer un comportement si compromettant ? Je suis complètement épuisé, mais une angoisse terrible me force à vérifier, bien qu'en moi-même je sache très bien que cette action est parfaitement absurde. Hélas, les TOC ne vous laissent pas le choix.

« Finalement, après de nombreuses vérifications, je parviens à mettre fin au rituel. Mort de fatigue, je rentre chez moi. Je sais que si je parviens à dormir, je me sentirai mieux. La douleur disparaît parfois avec le sommeil.

« Je réussis à me coucher – j'essaie de m'endormir. Mais l'accident ne me laisse toujours pas tranquille, et l'angoisse me reprend. Je me raisonne : « Si j'avais vraiment renversé quelqu'un, mon pare-chocs serait abîmé. »

« Ce que je fais maintenant ne vous étonnera pas. Je sors de mon lit péniblement et me précipite dans le garage. Je vérifie d'abord le pare-chocs avant. Je constate qu'il n'a rien, et je retourne me coucher. Mais... ai-je bien regardé ?

« Je me relève pour examiner à présent *toute la carrosserie.* Je sais que c'est absurde, mais je ne peux pas m'en empêcher. Finalement... finalement, j'arrive à me libérer et je retourne me coucher. Avant de m'endormir, ma dernière pensée est la suivante : « Qu'est-ce que je vais bien vérifier la prochaine fois ? »

« Je me présente : J'ai trente-six ans et je souffre d'obsessions, du moins sous une forme bénigne, depuis l'âge de six ans. Mon fils Jeffrey, cinq ans, souffre de cette maladie depuis deux ans. Mes deux frères sont très certainement atteints, bien que moins gravement. Il est fort probable que mon neveu, huit ans, souffre de TOC, tout comme mon père et mon grand-père. Je peux dire cela, mais c'est un sujet tabou dans les familles atteintes de TOC. Dans ma famille, j'ai brisé la loi du silence. Mon frère, qui a très bien réagi à l'imipramine, un médicament qui aide parfois à combattre les TOC, m'a dit : « Je n'aurais jamais pensé qu'un jour je me débarrasserais de la douleur et l'angoisse causées par mes " horribles " pensées. » Mon autre frère et mon neveu choisiront peut-être aussi de se faire soigner.

« Les mots me font défaut pour décrire l'intolérable souffrance causée par la peur qui accompagne les attaques de TOC. J'étais souvent la proie de crises comme celle que je viens de vous raconter. Entre l'âge de vingt-deux et trente-trois ans (mis à part deux ou trois brèves périodes de rémission), j'avais des attaques tous les jours. La crise durait souvent toute la journée et, si elle disparaissait, une nouvelle crise, engendrée par la précédente, prenait rapidement le relais. Plus tard, d'autres formes de vérification ont commencé. Il m'est arrivé de rester jusqu'à minuit dans mon laboratoire, car je me sentais obligé de vérifier à la main les calculs les plus simples de mon ordinateur. Je ne publiais jamais mes travaux, car je ne pouvais jamais être sûr d'avoir calculé mes moyennes correctement.

« Je ne veux pas dramatiser, je ne cherche pas non plus à susciter la sympathie ou la compassion. La douleur – profonde, aiguë, continuelle – qui rend cette maladie insupportable, fait simplement partie de ma vie. Je la connais. Ma famille et les autres obsessionnels-compulsifs aussi.

« En tant que parent, il faut d'abord comprendre cette insidieuse maladie, non par ses origines ou par les étranges comportements qu'elle provoque, mais par la souffrance de ses victimes. Si vous pouvez « accepter » le martyre de votre enfant, il sera alors plus facile de vivre avec la maladie.

« Rétrospectivement, la douleur causée par une crise de TOC était pour moi psychologiquement plus pénible que la mort de mon père. Pourtant, je l'aimais. Peut-être cela est-il difficile à comprendre pour quelqu'un de normal comme vous. Mais c'est la triste vérité. Mon sentiment de perte et de tristesse fut bref et insignifiant comparé à n'importe laquelle de ces crises que je comptais par centaines.

« Au cours de ma petite enfance, il y avait eu des signes annonciateurs de la maladie, mais celle-ci ne s'est manifestée clairement qu'à l'âge de vingt deux ans. Mes symptômes étaient les symptômes typiques des obsessionnels-compulsifs. Le soir, je vérifiais mon four à gaz et les verrous des portes jusqu'à vingt fois de suite avant de pouvoir me coucher. J'avais peur de m'empoisonner, moi et les autres, avec des insecticides ou des détachants que j'aurais touchés. Je rentrais du travail et je me mettais à penser que j'avais laissé la lumière allumée dans mon bureau, au point que je devais y retourner pour m'assurer qu'elle était bien éteinte. Je me disais : « Ça pourrait déclencher un incendie. » Je le faisais parfois plusieurs fois par jour.

« Nombre de mes obsessions et de mes manies étaient basées sur la crainte de trahir involontairement mes impulsions agressives et ma colère. J'ai toujours eu peur de déclencher un incendie avec mes cigarettes ou de tuer quelqu'un avec ma voiture en conduisant mal. Ma vigilance était continuelle... et épuisante.

« Chaque épisode obsessionnel s'accompagnait de l'idée fantasque que si je ne réagissais pas quelque chose de terrible m'arriverait ou arriverait à quelqu'un d'autre. Perdre mon emploi, être envoyé en prison, ou blesser quelqu'un, tel était le genre de catastrophes que j'imaginais. Mes rituels étaient pour moi le moyen de faire en sorte que ces catastrophes ne se produisent pas. Aujourd'hui, je suis dégoûté par l'énergie et le temps que me prenaient ces centaines d'actions inutiles.

« Rétrospectivement, je me demande comment j'ai pu vivre ainsi pendant plus de dix ans. C'était insupportable.

« Je cachais ma maladie. J'étais comme l'alcoolique qui dissimule sa bouteille. Ma plus grande peur était d'être découvert. Par moments, à cause de cette maladie, ma femme se mettait à me détester. Je me détestais moi-même. Mais je n'y pouvais rien. C'est la maladie qui vous domine, non le contraire.

« Les parents d'un enfant obsessionnel-compulsif doivent comprendre sa douleur et son angoisse, et aussi le pouvoir qu'elles ont sur son comportement. Votre enfant n'exerce *absolument aucun contrôle* sur ses actions. Ses rites peuvent être complètement futiles. Ils vous sembleront incompréhensibles. Vous ne pourrez pas comprendre intellectuellement ce que fait votre enfant. N'essayez même pas, car cela vous frustrera; cette maladie ne laisse pas de place au raisonnement normal et logique. La seule logique, c'est la souffrance continuelle de votre enfant, son besoin de s'en débarrasser, et son comportement involontaire, par lequel il cherche précisément à s'en débarrasser.

« J'ai commencé une thérapie en 1973, un an après ma première crise. Mon psychiatre était excellent. En l'espace de trois ans, j'avais fait beaucoup de progrès. J'avais appris à me débrouiller et à m'adapter. Si la maladie était due à des problèmes émotionnels, le psychiatre avait fait tout ce qu'il fallait pour m'en débarrasser.

« Peu de temps après, j'eus une période de rémission qui dura environ un an. Je n'étais pas vraiment guéri, mais j'allais beaucoup mieux. Après cinq ans de thérapie, il était clair que des moments de tension tout à fait banals semblaient déclencher mes crises obsessionnelles-compulsives. La maladie revint après la naissance de mon premier enfant. Cette fois, ce fut pire que jamais.

« J'arrivais à travailler, et en fait, je me débrouillais plutôt bien. Mais je devais dépenser tellement d'énergie à me battre jour après jour contre la maladie que j'étais complètement épuisé, moralement et physiquement. Je mettais deux ou trois fois plus de temps que d'ordinaire à faire mon travail. Je programmais mon ordinateur pour mes travaux, et je passais des heures à vérifier, à re-vérifier, à re-vérifier encore une fois, et à re-vérifier une dernière fois l'exactitude de mes programmes. Je décidais, finalement, que c'était terminé, mais évidemment, je me levais à deux heures du matin, en proie à une crise : j'étais sûr qu'il y avait encore une ou deux erreurs dans le programme. Il fallait que je vérifie une fois encore... Chaque vérification prenait des heures parce que je vérifiais ce que je venais de vérifier, et je me mettais ensuite à douter de ma vérification. Je devais donc recommencer et re-vérifier, encore et encore. C'était ridicule et inutile. Je savais que ce que je faisais n'avait aucun sens. Pourtant, je n'avais pas le choix : il fallait que je vérifie. Ces actes sans but contrôlaient mon existence.

« Je fis thérapie sur thérapie.

« Ma femme ne supportait pas ma maladie. Elle la dégoûtait. Je ne peux pas lui en vouloir, parce que dans sa forme sévère, cette maladie est vraiment répugnante. Je me haïssais parce que j'étais malade, et je haïssais ma femme pour son manque de tolérance. Pourtant, je savais que je ne pouvais pas empêcher mon comportement, et que ma femme ne pouvait pas réagir autrement. Nous y faisions face de différentes manières. Premièrement, elle me laissait seul quand je faisais une crise. Cela minimisait son exposition à la maladie et mon exposition à la famille. Deuxièmement, mon psychiatre jouait un rôle essentiel. Je pouvais discuter de la maladie avec lui au lieu d'en parler avec ma femme. Elle pouvait donc se détendre un peu. Troisièmement, je lui cachais la plupart de mes symptômes pour ne pas me sentir gêné et pour éviter de l'attrister. J'ai appris à très bien jouer la comédie. Alors qu'au-dedans, une flambée d'obsessions me consumait, au-dehors je n'étais que sourires et convivialité. Ce n'était pas une solution pour moi, mais je pense que cela a un peu aidé ma femme.

« La première tactique était la meilleure : être laissé seul pendant ma crise. Si j'étais avec quelqu'un, même ma femme, je n'étais présent que physiquement. J'étais tellement pris par la souffrance et par toutes mes idées obsessionnelles que j'étais absent, et cela avait des conséquences catastrophiques, surtout au niveau de la communication. Il valait mieux me laisser seul.

« Un des aspects étonnants de ma maladie était qu'elle pouvait se mettre « en veilleuse » quand je devais faire quelque chose d'important d'un point de vue professionnel ou social. Si je devais enseigner, par exemple, j'oubliais l'obsession du moment pendant mon cours. Mais dès que le cours était fini, mes pensées et mes comportements obsessionnels me reprenaient. J'avais donc de la chance parce que je pouvais quand même travailler et avoir des amis... mais c'était tout juste.

« En 1983, après dix ans de thérapie, j'allais globalement mieux, mais je souffrais toujours de la maladie. Je me disais que si les troubles obsessionnels-compulsifs avaient une origine émotionnelle, j'avais fait tout ce qu'il fallait pour m'en débarrasser. Je discutai avec mon psychiatre de différents traitements médicamenteux. Le valium me servait depuis des années à calmer la douleur, mais il ne m'aidait pas réellement. Il me fatiguait et me donnait la migraine. J'ai littéralement supplié mon psychiatre d'envisager d'autres médicaments. J'avais si mal, et cette maladie ruinait tellement ma vie, que j'étais prêt à tout essayer. J'étais désespéré et épuisé. Mon psychiatre m'a prescrit un médicament, l'imipramine, utilisé depuis des années comme antidépresseur. J'ai commencé par une dose très faible, 25 mg, car j'avais eu des problèmes cardiaques. Je suis progressivement monté à 200 mg sur une période de quatre mois.

« Soudain, au cours du cinquième mois du traitement, les troubles obsessionnels-compulsifs ont disparu. Il m'arrivait encore d'avoir des pensées obsessionnelles, mais je les oubliais presque instantanément ! Le mal horrible était parti se terrer tout au fond de mon cerveau.

« Au début, je n'y croyais pas. Je pensais qu'il s'agissait d'un effet placebo, ou que j'étais entré à nouveau dans une période de rémission (c'est toujours une possibilité). Mais les effets se prolongeaient et s'amplifiaient. Avant d'utiliser ce médicament, mon comportement avait un côté maniaque, avec des hauts et des bas très prononcés (la plupart du temps, j'étais au plus bas pendant une crise de TOC). J'étais particulièrement vulnérable à une attaque quand j'allais trop bien. Le médicament semblait minimiser ces sautes d'humeur. Une fois “ redescendu ”, cette vulnérabilité se dissipait.

« L'imipramine semblait bloquer toutes mes pensées catastrophiques. J'arrivais à gérer mes problèmes, alors qu'ils m'avaient paru insurmontables auparavant. On aurait dit que ce médicament avait remis de l'ordre dans ma perception. Pour la première fois depuis plus de dix ans, j'étais à nouveau capable de mettre en perspective le monde, ses risques et ses maux éventuels.

« Alors qu'auparavant, les crises m'assaillaient à tout moment, elles ne se déclenchaient plus qu'une fois par semaine. Cela a duré quatre mois environ. Elles sont ensuite devenues encore plus rares, passant à une fois par mois. Maintenant, j'en ai tous les deux ou trois mois. J'ai encore des pensées obsessionnelles de temps à autre, mais elles ne me font plus souffrir.

« Comment je me sens? Comme je ne me suis jamais senti! Je ne veux pas paraître larmoyant, mais je revis. Le plus important est que la souffrance, la douleur implacable et pressante, a disparu.

« Je prends maintenant une dose d'entretien de 100 mg d'imipramine par jour. Je n'aurais jamais cru que je pourrais me débarrasser de mes TOC, mais cela fait deux ans que je n'ai plus de crises. Je prie tous les jours que la douleur ne revienne pas et, jusqu'ici, j'ai été entendu. Cependant, j'ai un nouveau problème. Alors que mon état commençait à s'améliorer, des troubles obsessionnels-compulsifs se sont déclarés chez mon fils de quatre ans.

L'histoire de mon fils

« La garderie de mon petit Jeffrey m'avait convié à une soirée-papas. Jeffrey s'amusait avec un jouet Fisher-Price, mais ce qu'il faisait était étrange. Il se tenait debout devant l'école miniature, sautait sur place, et battait des bras comme si ce jouet l'excitait (par la suite, nous avons appelé ce comportement ses « battements »). Tous les muscles de son corps se contractaient et se relâchaient sans arrêt. Il grognait et grimaçait comme s'il faisait de grands efforts. Quand il cessait de sauter, il joignait les bras et tortillait les doigts juste au-dessus de sa ligne de vision (plus tard, nous appellerions cela ses « asticots »). Il se stimulait tout seul par le mouvement de ses doigts tout en continuant de grogner, de tendre et de détendre ses muscles. Cela dura trente-cinq minutes, sans interruption. Je n'arrivais pas à capter son attention. J'avais tout essayé, mais il continuait.

« De temps à autre, il faisait participer quelque chose, un jouet, une chaise ou un bureau, à son jeu, mais l'autostimulation et les contractions musculaires continuaient quand même. Chaque fois que j'essayais de le distraire, il me résistait farouchement. Il *devait* se comporter de cette façon bizarre, de même qu'il devait s'amuser avec son jouet à « sa » manière. Il rejetait violemment tous les changements que je lui proposais.

« Ce soir-là, j'en avais parlé avec ma femme. Nous avions le sentiment que quelque chose ne tournait pas rond.

« Nous avions minutieusement passé en revue son comportement au cours de l'an passé. Nous avions noté qu'il était très nerveux et avait du mal à fixer son attention. Il ne pouvait ni rester assis ni se concentrer sur ce qu'il faisait. Il lui fallait quinze minutes pour mettre ses chaussettes, car d'autres choses attiraient son attention. Nous avions parlé des heures qu'il passait à tortiller les doigts et à agiter des ficelles devant les yeux (ses « ficelles ») en contractant ses muscles et en grognant. Sa résistance au changement et aux nouvelles expériences n'était que trop visible. Nous nous sommes également souvenus qu'il n'arrêtait pas de compter, d'inventer des séquences, et de répéter des questions alors qu'il avait déjà entendu la réponse une centaine de fois. A l'âge de deux ans, il piquait une crise si un objet n'était pas « à sa place » sur sa table de chevet, et quand il était contrarié, il disait en pleurant : « Maman, calme-moi! »

« Nous n'arrivions pas à l'intéresser aux activités de son âge. Quand, finalement, nous retenions son attention avec un jeu normal – un jeu de cubes, par exemple –, ses « ficelles », ses « asticots » et ses « battements » resurgissaient.

« A mesure que nous commencions à assembler les pièces du puzzle, nous ne pouvions plus mettre son comportement sur le compte d'un retard de développement ou d'un manque de maturité. C'est ce que nous aurions vraiment souhaité, mais c'était impossible. Quelque chose n'allait vraiment pas. Et son état empirait.

« En pensant à cette époque, nous nous demandons souvent comment nous avons pu attendre si longtemps avant de chercher de l'aide. Cette question est en fait une variante d'une autre question : « Comment avons-nous pu être si négligents ? » Les réponses sont nombreuses.

« D'abord, il y a le refus. Quels parents sont capables d'admettre que leur enfant est handicapé ? Jeffrey était si petit – il n'avait que quatre ans – qu'il était facile de rationaliser une bonne part de son comportement absurde : « Ça lui passera. » « Ça n'est que temporaire. » « Les garçons se développent plus lentement que les filles. »

« En outre, il avait tellement de qualités! Son intelligence était évidente. Il parlait de mieux en mieux. Il avait bon caractère, et il exprimait une large gamme d'émotions, tristesse, joie, ennui... Il avait un besoin sans cesse croissant de faire plaisir à ses parents, et en particulier à sa maman. Sa curiosité des lieux était insatiable : « Maman, le restaurant Kroger est près de la cafétéria Wendy ? Hein, maman ? » Il était doux et gentil, peut-être même trop, et il était affectueux – il nous faisait des câlins et nous embrassait, et aimait se blottir contre nous.

« Pourtant, quand un enfant agite des ficelles devant ses yeux quatre heures par jour et vous dit qu'il ne peut pas s'en empêcher, ou quand il demande : « Maman, pourquoi je joue avec des ficelles ? », aucune de vos rationalisations ne tient plus debout. Notre enfant était très malade. Nous ne pouvions plus faire semblant et nous savions aussi qu'il fallait faire quelque chose.

Chez les docteurs

« Au cours de ma vie, je me suis souvent dit : « Si j'avais seulement su à l'époque ce que je sais maintenant ! » Je me le répète encore chaque fois que je pense à notre expérience avec Jeffrey et les médecins.

« Notre premier contact fut un psychologue intelligent qui comprenait nos sentiments. Son orientation était fortement basée sur la cognition et le développement : quand l'enfant souffrait de troubles psychologiques, plutôt que d'accuser son éducation, il mettait plus volontiers en cause, entre autres choses, un manque de maturité organique et biologique dans une région du cerveau, et des erreurs dans le traitement cérébral de l'information (dues à une certaine lenteur de la croissance et du développement), et ainsi de suite.

« Il était merveilleux – à la fois attentionné et sensible. Il pensait que Jeffrey était très intelligent, que son expression orale était adéquate mais pas exceptionnelle, que l'enfant était peut-être hyperactif et/ou qu'il souffrait d'un déficit attentionnel, même s'il n'entrait pas exactement dans cette catégorie diagnostique. Il nous avait suggéré d'emmener Jeffrey chez un orthophoniste pour remédier à son manque de concentration et d'attention. Nous avions immédiatement suivi son conseil. Mais l'orthophoniste nous avait surtout conseillé la patience. « Continuons à l'évaluer, et donnons-lui le temps de grandir. Attendons un peu, nous saurons mieux à quoi nous en tenir. »

« Son jeu avec les ficelles et les questions répétitives devenait de plus en plus prenant, plus complexe et intense. Il passait maintenant jusqu'à cinq heures par jour à jouer avec ses ficelles et ses grognements et ses contractions musculaires redoublaient. Nous lui disions que nous n'aimions pas le voir jouer avec ses ficelles, et que nous aurions aimé faire d'autres choses avec lui. Sa réaction ? Il montait dans sa chambre, claquait la porte derrière lui, et faisait des « ficelles » pendant des heures. D'une certaine manière, il en avait besoin. Il ne pouvait pas s'en empêcher, mais je pense qu'il aurait vraiment aimé s'arrêter, car il savait qu'il faisait de la peine à ses parents.

« Il passait ses journées à poser les mêmes questions. Il avait appris à compter, et c'était devenu une nouvelle obsession : « Maman, quand j'aurai cinq ans, Joanne (sa sœur aînée) en aura huit. » « Maman, quand j'aurai six ans, Joanne en aura neuf », et ainsi de suite avec tous les gens qu'il connaissait. Nous voyions le psychologue de temps en temps, et il nous conseillait la patience. Mais qu'arrivait-il donc à notre fils ?

« Le problème était que Jeffrey – comme tous les enfants de quatre ans – n'avait pas encore les moyens intellectuels d'exprimer *lui-même* ce qu'il ressentait et ce qu'il pensait. Et en attendant, le petit jeu qui consistait à tenter de deviner ce qui n'allait pas avec notre fils continuait. Je commençais à me demander si Jeffrey pourrait aller à l'école, apprendre à lire et, plus tard, travailler.

« Nous avions filmé ses comportements types (ses « ficelles », ses « battements », ses « asticots », etc.). Cette vidéo s'est avérée très utile pour convaincre les médecins de la gravité de son cas. Pourquoi ? Parce que aucun d'eux n'avait l'air de croire que Jeffrey jouait avec des ficelles toute la journée. D'un point de vue purement intellectuel, ils nous croyaient, c'est certain; mais ils ne ressentaient pas comme nous l'urgence de la situation. Dès qu'on mettait Jeffrey en présence d'un médecin, il était tellement intéressé par ce qui se passait autour de lui (la pièce inconnue, le matériel de bureau, etc.) que la force mystérieuse qui le poussait à jouer avec des ficelles et à battre des bras paraissait s'affaiblir. Il avait donc l'air relativement normal pendant ses innombrables rendez-vous chez des médecins.

« J'avais beau expliquer aux médecins que moi aussi, j'avais souffert d'obsessions et de manies, ils ne me prenaient pas au sérieux. Ils croyaient que j'étais comme eux, un professionnel compétent et capable d'assumer ses responsabilités. Il faut dire que tant de parents affirment : « Cet enfant est mon portrait craché », que les médecins ne doivent plus vraiment y faire attention.

« Il était donc logique que le pédopsychiatre qui avait examiné Jeffrey ensuite ne se soit pas trop inquiété. Après tout, il était en présence d'un enfant intelligent et curieux. Mais, grâce à la vidéo, il s'était rendu compte que quelque chose n'allait vraiment pas. Notre pédiatre, dont l'attitude avait été de surveiller et d'attendre, avait eu la même réaction après avoir vu la vidéo et avait aussitôt accéléré les choses.

« D'un commun accord avec le psychologue et le pédopsychiatre, notre pédiatre nous avait orientés vers un neurologue. Nous avions pris un rendez-vous en urgence. Cela voulait dire que nous attendrions seulement quatre semaines avant de le voir.

« Quand votre enfant est malade, il est impossible d'attendre. Le temps revêt une autre dimension. Vous voulez des réponses tout de suite, pas demain ou le surlendemain. Il est intolérable de s'entendre dire que vous avez rendez-vous dans trois semaines, que le test de langage aura lieu dans un mois, ou que « le pédopsychiatre ne peut vous recevoir avant le début de l'année prochaine ». On se sent impuissant.

« Pour nous, chaque rendez-vous pouvait apporter « la solution ». Nous n'étions pas naïfs au point de croire qu'il y avait une solution unique, mais nous espérions que le prochain médecin découvrirait la clef du problème. Plus le docteur était connu, plus notre espoir était grand. Plus il était vague, hésitant et déconcerté, plus notre découragement était profond. Pendant les quatre semaines d'attente avant de voir l'un des plus grands neurologues infantiles du monde – je dis bien, *du monde!* – nous étions totalement surexcités. Quelques semaines plus tôt, nous avions appelé des amis médecins pour savoir s'ils le connaissaient, et ils nous avaient tous dit qu'il avait écrit le livre en la matière. Si quelqu'un avait déjà dû voir un enfant jouer avec des ficelles à longueur de journée tout en grognant et en pratiquant des exercices de relaxation musculaire qu'il avait lui-même inventés, c'était lui. Si quelqu'un avait déjà dû voir un enfant obsédé par des questions, c'était lui. *Si quelqu'un avait « la réponse », ce ne pouvait être que lui.*

« Ce neurologue était probablement un grand spécialiste, mais il lui manquait certaines qualités essentielles à l'exercice de la médecine, à commencer par une sensibilité aux sentiments des parents. Il était arrivé dans son bureau, avait bavardé avec nous une minute ou deux, s'adressant à peine à Jeffrey. Puis il avait déclaré avec l'assurance du Tout-Puissant que notre enfant de quatre ans était atteint de schizophrénie. Je voulais savoir pourquoi. C'est seulement après que je m'étais effondré. Mais, devant ce juge accusateur, je voulais lui demander : « Mais qu'est-ce qui peut bien vous faire croire cela? Comment en êtes-vous certain? »

« Bref, il soutenait que mon fils devait souffrir d'hallucinations pendant son jeu avec les ficelles. Quand je lui avais expliqué que Jeffrey n'avait jamais mentionné le moindre fantasme lorsqu'il jouait, il avait ignoré mon commentaire.

« J'avais continué en lui faisant remarquer que pendant son jeu, Jeffrey n'avait pas l'air d'être coupé du monde. Par exemple, je lui avais raconté comment il s'arrêtait de jouer avec ses ficelles pour faire ce que sa mère lui demandait : « Jeffrey, mets ton manteau; on va chez le médecin. » Il n'y avait pas non plus prêté attention.

« Quand je lui avais expliqué que Jeffrey avait toutes sortes d'émotions (les schizophrènes sont souvent inexpressifs, ou ont une certaine insensibilité), il avait répondu d'un hochement de la tête et poursuivi son diagnostic laborieux.

« Quand je l'avais informé, comme j'en avais informé le pédiatre, que j'étais moi aussi atteint de troubles obsessionnels-compulsifs, il avait souri et continué.

« Quand je lui avais demandé combien il avait rencontré d'enfants de quatre ans atteints de schizophrénie, il m'avait répondu qu'au cours des six dernières années, il n'en avait vu qu'un.

« Quand je lui avais dit que j'avais lu qu'il était difficile de diagnostiquer la schizophrénie à un si jeune âge, il en avait convenu, mais m'avait assuré que mon fils était bien schizophrène. Nous avons appris plus tard qu'on confond souvent les troubles obsessionnels-compulsifs avec la schizophrénie.

« Quand je lui avais demandé pourquoi il écartait l'hypothèse de l'hyperactivité ou du déficit attentionnel, il m'avait répondu que Jeffrey n'en avait pas les symptômes, et surtout, qu'il aurait été incapable de jouer pendant des heures avec ses ficelles s'il en avait souffert.

« Tout cela ne rimait à rien. Mais nous avions besoin de savoir si Jeffrey était vraiment schizophrène. Nous étions donc allés à la bibliothèque, et avions emprunté tous les livres sur la schizophrénie et la psychose infantile qui s'y trouvaient. Nous avions téléphoné au psychologue, au psychiatre, et à d'autres amis médecins qui connaissaient son cas, et nous leur avions posé la question.

« Rien, dans ces livres, ne semblait correspondre à ce qu'avait Jeffrey. Mais ce que nous avions trouvé dans la littérature n'avait rien d'irrévocable. Tous nos amis médecins à qui nous en avions parlé contestaient le diagnostic du neurologue. Mais ils n'étaient pas non plus d'accord entre eux. Nous étions tous d'avis qu'il ne s'agissait pas de schizophrénie, mais nous ne pouvions pas nous débarrasser de l'idée que notre enfant était peut-être psychotique.

Succès et échecs des médicaments

« Jeffrey avait d'abord pris de la Déxédrine, un stimulant utilisé depuis les années trente pour traiter les enfants hyperactifs. Sa réaction avait été excellente pendant l'heure suivant la prise. Pour la première fois depuis un an et demi, il s'était arrêté de battre des bras et de jouer avec ses ficelles. Puis, deux heures plus tard, ce fut la catastrophe.

« En quelques heures, ses vieux comportements reprirent le dessus. Mais à présent, c'était bien pire. Alors qu'auparavant cela durait « seulement » cinq heures, son jeu avec les ficelles lui prenait maintenant la journée entière. Ses grognements et ses « exercices » de relaxation musculaire s'étaient également intensifiés. On aurait dit qu'il se comportait ainsi pour se débarrasser d'une énergie ou d'une anxiété accumulées.

« Plus la maladie empirait, plus la détermination de ma femme à aider notre enfant se renforçait. Elle passait des heures à interrompre ses activités, ce qui l'épuisait, physiquement et moralement. Elle s'efforçait par tous les moyens possibles d'attirer son attention pour le détourner de ses ficelles. Elle étudiait toutes les possibilités médicales et se consacrait au problème 24 heures sur 24. Elle ne vivait plus que pour cela.

« Elle n'y pouvait rien, mais rien d'autre ne comptait pour elle. Elle ne parlait plus que de Jeffrey. Nous la taquinions en disant qu'elle préparait un examen de pédopsychiatrie. Mais cette plaisanterie était basée sur une douleur et une souffrance réelles.

« Naturellement, notre fille de sept ans en souffrait aussi. Joanne constatait qu'il y avait chez nous deux poids et deux mesures, et cela ne lui plaisait pas. Nous ne pouvions pas exiger de Jeffrey ce que nous exigions d'elle. « C'est injuste », se plaignait-elle. Et elle se sentait seule « Papa, pourquoi tu joues toujours avec Jeffrey et jamais avec moi ? » Elle avait raison.

Nous lui avions expliqué que Jeffrey était malade. Elle avait compris, mais cela ne l'empêchait pas de se sentir abandonnée. Elle voulait un frère avec qui jouer... mais pour Jeffrey, c'était vraiment impossible. Un jour, elle était rentrée dans notre chambre et nous avait dit en pleurant : « *Pauvre* Jeffrey ! »

« C'est sans doute Joanne qui avait su s'adapter le mieux au comportement de Jeffrey. Elle avait appris à accepter ses limitations et à s'en contenter, et avait toujours essayé d'attirer son attention d'une manière ou d'une autre. Elle faisait preuve de patience devant son manque de souplesse, et avait même réussi, à force de cajoleries, à le faire jouer à des jeux de son âge.

« En ce qui me concerne, la chose la plus étonnante est que je n'ai jamais haï Jeffrey pour ce qu'il faisait à notre famille. Pas une fois je ne me suis mis en colère contre lui. Bien sûr, cette situation me frustrait. Bien sûr, je me sentais impuissant et incapable de la contrôler. Mais je ne me suis jamais senti furieux contre lui, et je n'ai jamais souhaité sa mort. Rien de tout cela. Pourquoi ? Je suis, moi aussi, un obsessionnel-compulsif, et je connais trop bien ce sentiment d'impuissance. Il est presque aussi intolérable que la douleur elle-même. Et je savais que Jeffrey ne contrôlait absolument pas ce qu'il faisait.

« Ma connaissance personnelle de la maladie m'a aussi aidé à tolérer « l'absence » affective de ma femme. Elle non plus ne maîtrisait pas son obsession qui la poussait à secourir notre fils.

« Un nouveau spécialiste de l'hôpital universitaire local et son équipe nous aidèrent alors à nous organiser. Jeffrey fut examiné à fond, et toutes les hypothèses envisagées. Ils passèrent beaucoup de temps avec lui. Nous avions aussi à notre disposition un interne en pédopsychiatrie qui nous rencontrait une fois par semaine, ma femme et moi, pour contrôler les progrès de l'enfant.

« Il était essentiel que la responsabilité qui reposait sur ma femme fût transférée à l'interne. Des soins médicaux sérieux demandent un équilibre entre l'objectivité et les émotions. A cette époque-là, ma femme et moi étions trop proches, trop impliqués, et trop frénétiques pour pouvoir apporter quelque chose à une réflexion sérieuse et objective. La responsabilité que l'interne avait prise était non seulement opportune mais aussi nécessaire pour tous les intéressés.

« Si je m'attarde sur le rôle de l'interne, c'est qu'il devrait servir de modèle aux médecins qui tentent de coopérer avec les parents d'enfants handicapés. Sa patience et son affection pour notre famille étaient remarquables. Parfois, ma femme l'appelait tous les jours avec une question différente et il lui répondait toujours de bon gré, même si les questions étaient ridicules. Il nous donnait des articles à lire. Il agissait toujours dans l'intérêt de Jeffrey, même si cela l'amenait à s'opposer avec fermeté aux choses que nous voulions faire. Mais il nous a toujours traités avec dignité et respect.

« Pour ces médecins, l'hyperactivité était le diagnostic de base, mais ils n'excluaient pas les troubles obsessionnels-compulsifs. Ils étaient parvenus à cette conclusion après avoir examiné Jeffrey et *avant* d'avoir appris mon passé obsessionnel-compulsif. Ces médecins trouvaient qu'il y avait quelque chose de rituel dans le jeu de ficelles de Jeffrey, et ils étaient intéressés par sa répétition obsessionnelle de questions. Mais ils disaient aussi qu'ils n'étaient pas encore sûrs de ces hypothèses.

« Même si nous n'avions pas encore *la* réponse que nous cherchions, leur honnêteté était préférable au dogmatisme du neurologue.

« L'équipe s'était intéressée à mon passé obsessionnel-compulsif, et en particulier à ma guérison par l'imipramine. Mais elle avait décidé d'essayer d'abord les médicaments moins dangereux qui avaient déjà été testés.

« Les médecins avaient essayé un autre stimulant, le cylert, et le comportement et l'attitude de Jeffrey avaient empiré. Il était devenu plus anxieux. On lui avait fait une RMN. Celle-ci s'était avérée normale, tout comme les tests auditifs et visuels.

« Jeffrey continuait de jouer avec ses ficelles. Il ne pouvait pas s'en empêcher. Il demandait toujours : « Maman, pourquoi je joue avec des ficelles ? », et voulait savoir si nous faisions la même chose quand nous étions petits. Il le demandait aussi à la baby-sitter.

« Finalement, l'interne lui prescrivit de l'imipramine, ce médicament que j'utilisais avec succès depuis trois ans.

« Jeffrey prit son premier cachet d'imipramine (10 mg) un vendredi soir. Il était très fatigué et s'endormit presque aussitôt.

« Le lendemain matin, il se réveilla et descendit prendre son petit déjeuner. *Il ne jouait plus avec ses ficelles!* Pour la première fois depuis un an et demi (mis à part l'heure de répit due au premier cachet de déxédrine), Jeffrey ne jouait plus avec des ficelles, et ne faisait plus ni ses « asticots », ni ses « battements ».

« Comme le médicament ne marchait que quelques heures de suite, nous le lui donnions toutes les deux ou trois heures. Ses symptômes réapparaissaient, mais de manière moins intense, environ vingt minutes avant que l'effet du médicament ne soit complètement dissipé, et ils cessaient vingt minutes après la prise suivante d'imipramine. De temps à autre, Jeffrey semblait vouloir retomber dans ses comportements stéréotypés, mais ceux-ci semblaient l'intéresser beaucoup moins. Son hyperactivité et ses troubles de l'attention s'étaient améliorés; en fait, il parvenait à rester assis tranquillement pendant un bon moment. Pour nous, ce fut un miracle.

« Avec l'interne, nous commencions à nous demander si en plus de son hyperactivité, Jeffrey ne souffrait pas de ces troubles depuis la naissance.

« Les adultes obsessionnels essaient de calmer l'angoisse qui les tenaille par des rituels et des comportements inutiles. Bien qu'il existe une justification peu convaincante pour chaque obsession, les obsessionnels-compulsifs savent, dans leurs moments de lucidité, que ce qu'ils font est complètement insensé. C'est la douleur qui les pousse à se comporter ainsi, la crainte que s'ils ne le font pas il se produira quelque chose d'horrible.

« Pourquoi un jeu rituel avec des ficelles ne représenterait-il pas pour un enfant de quatre ans, la même chose qu'un besoin de symétrie, de vérification, de propreté pour un adulte? Une forme d'obsession courante consiste à vouloir que des choses soient toutes exactement au même niveau. Jeffrey était peut-être en train de faire cela avec sa ficelle. Peut-être se servait-il de sa « relaxation » musculaire pour contrôler son angoisse? Cela ressemblait aux rituels que j'accomplissais quand j'allais passer un examen. Son obsession pour les séquences numériques et pour les relations entre les choses n'était-elle pas l'équivalent infantile des efforts de l'adulte obsessionnel-compulsif, qui cherche à créer autour de lui un environnement ordonné et prévisible?

« Cela m'a pris des années, mais j'ai trouvé plusieurs

manières d'aider ma famille et de m'aider à combattre les TOC. Il faut aborder le problème de façon active et presque scientifique et, surtout, faire face à la maladie, mettre fin au silence qui l'entoure.

« La lecture est une des manières les plus efficaces de combattre les ravages de cette maladie. La famille d'un enfant obsessionnel-compulsif trouvera réponse à la plupart de ses questions dans la littérature spécialisée. Celle-ci n'est pas inépuisable, mais elle existe.

« La lecture est d'autant plus utile qu'elle permet aux gens de s'apercevoir qu'ils ne sont pas seuls. Vous découvrez un vocabulaire qui vous aide à percevoir clairement la maladie, à la comprendre. Vous apprenez que les chercheurs savent que ce cauchemar existe et essaient d'y remédier. Les traitements et les médicaments disponibles y sont décrits de façon précise. Tout comme les mauvaises nouvelles, car ces médicaments n'aident pas tout le monde. La maladie peut avoir une telle emprise que l'hospitalisation devient nécessaire.

« La littérature spécialisée nous apprend déjà une bonne nouvelle : *Vous n'êtes sans doute pas responsable de vos troubles obsessionnels-compulsifs ou de ceux de votre enfant !* L'apprentissage précoce de la propreté, une discipline rigoureuse à la maison, un complexe d'Œdipe non résolu, les ordres incessants pour que votre enfant range sa chambre, ne sont sans doute pour rien dans cette maladie.

« Les troubles obsessionnels-compulsifs, la grippe et le diabète auraient au moins une chose en commun – leur origine. Celle-ci serait biologique, voire héréditaire, comme cela semble être le cas dans ma famille. Mais les TOC se manifestent par des comportements étranges, alors que les deux autres maladies ont des manifestations physiologiques. Ma femme et moi avons été soulagés d'apprendre que ces troubles auraient une cause organique. Les TOC sont devenus rationnels. Et nous avons dû le faire comprendre à la maîtresse de Jeffrey.

« Comment dire aux gens qu'une maladie grave frappe votre famille ? Comment leur expliquer que la cause de cette maladie psychologique pourrait bien être organique ?

« Nous avons d'abord parlé à sa maîtresse. C'était une femme exceptionnelle, mais elle voyait le monde à sa façon. Sa formation pédagogique lui avait enseigné que la majorité des problèmes du développement sont d'ordre émotionnel – mauvaise éducation, rivalités entre frères et sœurs, environnement familial pathogène. C'est souvent le cas. Elle eut donc du mal à accepter l'idée que Jeffrey souffrait d'un handicap physiologique. Qu'un enfant de quatre ans prenne tant de médicaments lui posait aussi un problème. En fait, elle n'acceptait rien de tout cela ; pour elle, Jeffrey avait un problème « affectif ».

« Elle avait raison de penser que les compulsions de Jeffrey provoquaient de sérieux problèmes affectifs. Mais il était tout aussi important de savoir quand ceux-ci se déclencheraient et quel était le traitement approprié. Comme elle s'accrochait fermement à son hypothèse affective, ma femme se sentait jugée comme seule responsable de la maladie de Jeffrey. Avoir un enfant handicapé est déjà assez pénible, mais qu'on condamne, par-dessus le marché, la manière dont vous l'élevez – alors que vous savez, au fond de vous-même, que vous avez donné à votre enfant tout l'amour possible – voilà qui est intolérable.

« Il avait fallu expliquer à la maîtresse que j'étais moi-même atteint de TOC pour qu'elle change de point de vue. Elle ne fut d'ailleurs pas la seule à réagir ainsi. La même chose s'est produite avec bien des membres de nos deux familles.

« Nous avons découvert que la meilleure manière de mettre les gens au courant était de leur présenter *tous* les faits. On ne peut pas vraiment leur en vouloir de ne pas comprendre cette maladie. On en parle très peu, et comme pour beaucoup de troubles affectifs, on la nie, on l'ignore, ou on la cache. En vérité, tout le monde a du mal à être sincère au point de révéler des choses très personnelles qu'on préférerait garder pour soi. Tout cela est fort difficile... mais on n'a pas vraiment le choix, si l'on aime assez ses enfants pour vouloir les aider à contrôler cette maladie, et pour faire en sorte que les amis et la famille les comprennent et les acceptent.

« Aujourd'hui, Jeffrey prend une dose d'entretien d'imipramine. Nous gardons en réserve la clomipramine, un médicament expérimental qui ressemble à l'imipramine. Il semble aussi que le L-tryptophane, un acide aminé qu'on trouve dans les magasins diététiques et qui stimulerait la production de sérotonine, ait un effet bénéfique.

« Depuis que Jeffrey prend ces deux médicaments, la plupart de ses symptômes ont disparu. Son langage s'est grandement amélioré. Il joue avec sa sœur et son petit frère. Il a encore beaucoup de chemin à faire, mais il ne se sent plus obligé de jouer avec des ficelles.

« Nos rapports avec Jeffrey se sont aussi améliorés. Nous le préparons mieux aux changements. Nous cédons sur les problèmes mineurs, surtout quand son comportement difficile semble lui être dicté par son mal. Autant que possible, nous tirons profit de ses points forts. Son intelligence est un grand atout, et nous faisons de notre mieux pour faciliter son développement. En ce moment, il aime les cartes géographiques, si bien que nous en avons recouvert les murs de sa chambre.

« Mais un doute persiste. Jeffrey a ses bons et ses mauvais jours. J'aimerais pouvoir regarder quinze ans dans le futur pour voir ce qu'il sera devenu. Ma femme est plus tolérante, et c'est mieux pour nous tous. Elle s'est rendue compte qu'elle ne pouvait pas nous aider, Jeffrey et nous, si elle ne se préservait pas. Je m'occupe de Jeffrey les jours où il va mal. Parce que je connais son mal, je tolère plus facilement ses symptômes. Ma femme ne le comprendra jamais complètement parce qu'elle n'a jamais connu cette douleur. »

***

Le docteur S., sa femme et Jeffrey étaient des pionniers à une époque où l'idée qu'on se faisait du TOC commençait à changer aux États-Unis. Aujourd'hui, ils attendraient moins longtemps avant d'être pris au sérieux; dans l'hôpital qui les prendrait en charge, on accorderait bien plus d'importance à l'histoire obsessionnelle-compulsive du père. Mais au moment où le docteur S. consultait expert sur expert, ces derniers n'avaient sans doute jamais rencontré un seul cas de TOC, et n'auraient pas été capables de l'identifier.

Il existe plusieurs raisons pour lesquelles ma profession était dans l'incapacité d'aider la famille de Jeffrey. Si les obsessionnels-compulsifs ne se font pas soigner, on n'en rencontre jamais en faculté de médecine ou au cours de l'internat. Mais, surtout, c'est seulement depuis peu que les médecins offrent des solutions. Depuis la découverte de l'utilité incontestable des médicaments et de la thérapie comportementale, je suis impressionnée par l'énergie avec laquelle mes collègues réclament des informations et utilisent ces méthodes. La même chose s'est produite, il y a trente ans, lors de la découverte de l'efficacité du lithium dans le traitement des psychoses maniaco-dépressives. Un nouvel optimisme avait brusquement engendré un regain d'intérêt. Le nombre de cas diagnostiqués avait augmenté en flèche. C'est ce qui se passe aujourd'hui avec le TOC.

Certains aspects de l'histoire du docteur S. sont exceptionnels. Dans de nombreux centres, un thérapeute comportemental aurait suivi le docteur S. et sa femme au début de l'évaluation de Jeffrey. Il n'y avait sans doute pas de spécialiste de ce type parmi le personnel des cliniques auxquelles cette famille s'est adressée. Le soulagement que l'imipramine a procuré au docteur S. et à son fils est encore plus exceptionnel. Il était certainement raisonnable d'essayer l'imipramine – et ce médicament restera un bon premier choix tant que l'on ne pourra pas se procurer la clomipramine aux États-Unis. Mais chez la plupart de mes patients atteints de troubles obsessionnels-compulsifs, il ne produit pas de résultat. C'est pourquoi ils reviennent prendre de la clomipramine. En fait, le docteur S. et Jeffrey avaient aussi essayé la clomipramine, mais l'imipramine marchait aussi bien, sinon mieux. Je ne sais pas pourquoi.

Jeffrey est probablement atteint de deux maladies : d'une part des troubles de l'attention (couramment appelés « hyperactivité »), et d'autre part des TOC, ce qui avait peut-être induit les médecins en erreur dans l'établissement de leur diagnostic. Mais la tendance de bien des membres du corps médical à faire des déclarations au lieu d'avouer leur ignorance est bien réelle et très gênante.

Il est particulièrement triste de constater le mal qu'ont eu les parents de Jeffrey à se faire comprendre par sa maîtresse : traditionnellement, les « bons » parents cherchent des causes psychologiques, alors que les « mauvais » parents penchent pour des explications génétiques et biologiques (cette idée est heureusement en train de perdre du terrain). Je crois que c'est à cause de cette dichotomie malheureuse que la maîtresse refusait à accepter la version du docteur S. et de sa femme.

La famille S. avait eu de la chance. Face à des médecins, ce couple se sentait bien plus à l'aise que la plupart des gens. Ils avaient fait des études supérieures et étaient très intelligents. Et puis, ils avaient raison. Mon conseil aux autres familles est de faire comme le docteur S. et sa femme : continuer de se battre, continuer d'essayer !

Rites et contaminations : Zach et sa famille

J'ai rencontré Zach, alors âgé de neuf ans, et sa famille, bien des années après m'être aperçue que pères et fils sont souvent atteints en même temps de troubles obsessionnels-compulsifs. (Nous avons aussi constaté d'autres combinaisons : des familles où mères et fils, pères et filles, et même des frères dont les parents sont sains, souffrent de TOC. Mais la combinaison père-fils est la plus courante.)

La première journée de Zach dans notre centre fut émouvante. Son père lui avait alors révélé que lui aussi avait commencé à avoir des rituels vers l'âge de sept ans, et avait dû les combattre toute sa vie. Zach avait ainsi trouvé son premier véritable allié contre ses rituels. Quelques mois plus tard, je leur ai demandé, à lui et à sa famille, de faire le récit de leur histoire.

L'histoire de Zach (dictée par Zach)

« J'ai neuf ans. Quand j'en avais six, j'ai commencé à soulever des choses avec les coudes car je pensais que si je le faisais avec les mains, je me les salirais. A sept ans, je me lavais déjà les mains trente-cinq fois par jour. La peur que j'avais de me salir les mains a empiré pendant les deux années suivantes. Jusqu'au jour où j'ai commencé à prendre des médicaments, ces manies m'handicapaient et détruisaient ma vie, qui était d'ailleurs devenue insupportable.

« A six ans, je me suis mis à faire tout un tas de choses très bizarres quand j'avalais de la salive : je devais m'accroupir et toucher le sol. Je ne voulais pas perdre de la salive – pendant un moment j'ai même balayé le sol avec ma main – et plus tard, il a fallu que je cligne des yeux quand j'avalais. Je me sentais frustré, parce que je ne pouvais pas m'en empêcher. Il fallait que je fasse quelque chose chaque fois que j'avalais. A un moment, je devais me toucher les épaules avec le menton. Je ne sais pas pourquoi. Il n'y avait pas de raison à cela. J'avais peur. C'était très désagréable si je ne le faisais pas. Je n'arrivais pas à m'en empêcher. Je devais le faire, j'avais beau résister, c'était comme ça, c'est tout.

« J'avais essayé de le dire à maman. Je lui avais dit qu'il y avait des choses que j'étais obligé de faire. « Tu fais des choses bizarres, tu peux m'expliquer pourquoi ? » Je lui répondis : « Parce que je ne veux pas perdre de salive. » Elle me dit : « Tu voudras peut-être en reparler plus tard. » Je ne voulais pas perdre de salive, c'est tout. Il n'y avait pas d'autre raison. J'avais peur d'en parler. On aurait cru que j'étais fou, ou un truc dans ce genre-là. Je ne voulais pas le dire au docteur Kaufman. J'étais nerveux, la première fois que j'étais allé chez lui, et puis je ne voulais simplement pas en parler. Ça m'embêtait d'en parler, c'est tout. J'en avais honte. Je ne voulais pas que ça se sache. Je voulais être le seul à le savoir.

« Ça détruisait ma vie. Je n'avais plus un instant à moi. Je ne pouvais rien faire. En tout, ça me prenait entre une heure et demie et trois heures par jour.

« J'avais aussi un problème avec les WC. Je devais prendre du papier-toilette et le déchirer en un tas de tout petits morceaux qui devaient avoir exactement la bonne dimension – un millimètre environ. Ils devaient être parfaitement déchirés. Je les jetais ensuite dans la cuvette et tirais la chasse.

« Il fallait que je fasse plein de choses avec mes doigts et ma bouche. Je devais toucher mes lèvres plusieurs fois de suite avec mes doigts si j'avalais ma salive. C'était au tout début. Mais tout avait vraiment commencé avec les coudes. J'avais peur de me salir les mains. Dans ma tête, j'entendais : « Lave-les, elles sont sales. » J'avais *l'impression* qu'elles étaient sales. Après être allé aux WC, je devais me laver les mains, mais j'avais toujours l'impression qu'elles étaient sales.

« J'oubliais les choses les unes après les autres. Après être passé d'un rite à un autre, je l'oubliais complètement. Je me souviens d'une partie d'un rituel : je devais toucher l'endroit où l'eau sort du robinet avec le bout des pouces. Il y a d'autres choses dont je ne me souviens plus. Je ne pouvais pas utiliser mes mains pour fermer le robinet. J'étais souvent en retard à l'école.

« Le médicament marche. Je ne suis plus obligé de faire tout ça. D'abord un rituel a disparu, puis encore un, puis un autre. Ma mère dit que j'ai l'air plus heureux. J'ai beaucoup plus de temps pour moi. Je détesterai toujours ma sœur, mais plus autant qu'avant. C'est déjà moins fort. C'est peut-être les médicaments.

« Depuis le début, je savais qu'il y avait un truc qui ne tournait pas rond. Je me disais comme ça : « Ça disparaîtra demain. Ça partira après-demain, ou le jour suivant, ou un de ces jours. » Mais comme ça ne s'arrêtait pas, je me décourageais et je continuais à faire ces choses. Je ne pouvais pas vraiment expliquer pourquoi. Je me disais que Dieu m'avait choisi comme il m'avait donné des talents il fallait qu'il me donne aussi des problèmes, et il m'a donné ça. Je suis dans une classe pour bons, je me débrouille bien en gym, je suis rapide et fort, je suis parfait. Enfin, presque, autant que possible. Et j'ai un problème d'intestins, mes sept opérations, et mes grains de beauté. [Note de l'auteur : les opérations de Zach sont dues à des problèmes intestinaux héréditaires sans aucun rapport avec son TOC. Il a aussi des taches de naissance.] Tout le monde a des grains de beauté, mais moi j'en ai plus que tout le monde. J'ai un copain qui a eu vingt opérations. Ma mère dit qu'il est parfait, maintenant. Tout le monde a des problèmes; il y en a qui bégaient, d'autres qui ne peuvent pas marcher. J'ai beaucoup de bonnes choses pour moi. Je viens de vivre neuf années plus excitantes que la plupart des gens. Je préférerais ne pas avoir tous ces grains de beauté et ce problème d'intestins, mais je m'aime comme ça. Je ne voudrais pas être quelqu'un d'autre. »

Confession d'obsessions
(écrit par le père de Zach)

« Je m'appelle Sam. Je vis dans une grande ville. Ma vie professionnelle est une réussite. Je m'occupe d'affaires importantes et de grosses sommes d'argent; je travaille dans un domaine très compétitif. J'ai une jolie femme qui m'aime et me comprend, et trois enfants beaux et intelligents. Je ne peux pas me plaindre.

« J'ai trente-huit ans. Je prends 300 mg de clomipramine par jour. Ça aide. Ça me permet d'échapper à la terreur qui accompagne mes impulsions. Ça m'aide à me battre. La colère aussi, ça aide. Je souffre. Parfois, je suis furieux contre mes rituels. Dans ces moments-là, je pense aux gens qui sont aveugles, sourds, ou paralysés. Je résiste à l'envie de m'apitoyer sur mon sort. Je me bats. Et j'essaie de comprendre. Je suis un survivant. Si vous ne me croyez pas, comptez combien de fois le mot « mort » apparaît dans ce que je vais vous raconter. J'ai écrit ce qui suit malgré mes peurs et mon angoisse. Je ne les laisserai pas me contrôler. Je me battrai. Je suis un survivant, et j'en suis fier.

« Ni ma secrétaire ni mes patrons ne savent que mes journées ne ressemblent pas aux journées de mes collègues qui, comme moi, s'occupent de transactions de plusieurs millions de dollars. Ils travaillent. Moi, j'ai deux occupations : ma profession, et la lutte contre mes obsessions.

Venez, entrez dans mes pensées alors que je me prépare à livrer bataille.

« Si vous voulez savoir ce que je ressens, essayez simplement de ne pas penser à des éléphants roses pendant quelque temps. Essayez de penser à autre chose, à n'importe quoi d'autre, à quelque chose qui calmera votre sensation de malaise, et qui peut-être bloquera complètement toutes les pensées d'éléphants roses que vous pourriez avoir.

« Enfouissez vos visions d'éléphants roses dans un tout petit recoin de votre cerveau. Noyez-les dans d'autres pensées. Concentrez-vous. Profondément.

« Maintenant, faites autre chose en même temps. Lisez un livre. Conduisez une voiture. Faites du vélo. Concentrez-vous sur ces deux activités en même temps. Et puis, si par hasard, la pensée déconcertante d'un éléphant rose – ou de la mort, peut-être, bien que l'on ne puisse jamais savoir ce qui vous passera par la tête – se fraye un passage dans votre conscience, chassez-la, effacez-la. Brandissez votre croix comme vous le feriez contre Dracula – inventez-vous des rituels.

« Vite, pensez à quelque chose d'agréable. Pensez à de bons moments. Répétez-vous tout bas sans arrêt ces mantras dont vous avez l'habitude : la vie, c'est bon. C'est bon, la vie. Concentrez-vous. Attention ! N'arrêtez pas de pédaler. Vous allez tomber. C'est bon, la vie. Répétez-le, encore et encore. Vous devez vous le répéter tout bas jusqu'à ce que vous y arriviez. La vie. C'est bon, la vie. Regardez où vous roulez. Vous arrivez à un carrefour. La vie. C'est bon, la vie. Je suis vivant. Plus vite. Le feu est au rouge et vous n'y êtes pas encore arrivé tout à fait. La vie. C'est bon, la vie. La vie, c'est bon, la vie ! Le croisement. Feu rouge, presque. La vie. C'est bon, la vie. Répétez-le encore et encore. Ça y est ! Stop ! J'y suis arrivé ! Ça va, pour le moment, je suis tranquille pendant quelques secondes avant que ça ne recommence. Vous voyez ce que je veux dire ? Et ça ne fait qu'empirer.

« Un jour, j'ai vu un jongleur qui faisait tourner à toute vitesse une douzaine d'assiettes sur des perches. Il avait commencé par une assiette, et en avait fait tourner de plus en plus, en faisant toujours attention à ce qu'aucune d'entre elles ne s'arrête de tourner et tombe. Il courait de l'une à l'autre pour les relancer et essayait en même temps d'en rajouter d'autres. Ça devait le fatiguer, de faire cela. Ma lutte contre les obsessions, c'est pareil.

« Je suis très prudent lorsque je lis un livre, un journal, ou un magazine. Je ne sais jamais quelles choses horribles m'attendent à la page, au paragraphe ou à la phrase suivants. Je lis lentement. Je me concentre sur mon mantra.

« Bon sang! « Mort. » Voilà cet horrible mot. D'accord, essaye de le contrebalancer. Fais gaffe. Il vaut mieux repasser sur ce que tu viens de lire. Essaie de te rappeler où se trouvent les mots. De toute façon, tu ne peux pas continuer, parce que devant toi, c'est le futur, et tu ne veux pas le contaminer avec des yeux qui viennent de lire un mot tellement néfaste. Relis ce que tu viens de lire. Retourne dans le passé. Tu ne peux pas vraiment nuire au passé (tu ne le pense pas vraiment), profites-en. Que diraient les collègues, s'ils savaient ce qui se passe?

« Je viens de lire le mot « mort »? Oui. D'accord, alors attention. Le mot « vie » doit être dans les parages. Retourne en arrière. Où l'ai-je vu? « Vie », où es-tu? Voici le mot « vivant ». Non, ça ne va pas. Ça marcherait si c'était « mourant », mais ça ne peut pas marcher pour « mort ». C'est le mot le plus terrible, « mort ». On ne peut l'apaiser que par le mot « vie ». Et si « mort » commençait par une majuscule, il faudrait aussi essayer de trouver « vie » écrit avec une majuscule, ou trouver deux ou trois « vies » pour que ça s'équilibre.

« Doucement.

« Nooonn! Zut! « Mourut »! Maintenant, je dois trouver « vécut », ou « vivant », ou « il vit », ou quelque chose comme ça, pour contrebalancer « mourut » avant de pouvoir m'occuper du premier mot qui me posait problème. Et si je prenais « vivait » ? Ce n'est pas meilleur que « mourut ». « Vivait », ça veut dire que ce qui auparavant était vivant est mort maintenant. Non, ça doit être un des autres mots.

« Merde ! « Décédé ». Maintenant je dois contrebalancer ce mot avant de pouvoir m'occuper de « mourut », puis il faudra que je neutralise « mourut » avant de pouvoir neutraliser « mort ».

« Je voudrais hurler de colère et de frustration. C'est bête. C'est stupide. Pourquoi est-ce que je fais ça ? Garde ton calme. Vas-y méthodiquement. Prudemment. Lentement. Bon, voici le mot « vivant ». Et là, « il vit ». Bon, encore un, et c'est terminé.

« Et merde ! « Cadavre. » Je ne peux pas continuer comme ça. Pourquoi est-ce que je fais ça ? Attends. « Vie. » D'accord. Je vais m'en servir contre « cadavre ». Il ne me reste plus qu'une seule « vie », maintenant. Juste pour être sûr.

« Non ! Voilà qu'on m'a demandé une feuille blanche, qu'on m'a interrompu au moment où j'allais arriver au bout de ma recherche. Je n'arrive pas à le croire ! Alors qu'il ne m'en restait qu'un à trouver. Maintenant je dois recommencer. Garde ton calme. Il ne sait pas ce que tu fais. Cache-le. Ne laisse personne le deviner. Pourquoi ne suis-je pas normal ? Les autres, eux, n'ont pas besoin de faire ce que je fais. Je suis fatigué. Je ne peux pas continuer comme ça. Dans quel ordre ai-je vu ces mots ? Après tout, je pourrais ne pas le faire. Mais je *dois* le faire. Essaie de ne pas lever tes yeux contaminés avant d'en avoir terminé avec les mots positifs. Quelle heure est-il ?

« Bon sang ! Voilà que j'ai regardé l'heure – le temps, le futur. Je l'ai contaminé. Il faut maintenant que je neutralise ça avec autre chose. Mais avec quoi ? Le passé. Voilà, c'est ça. Trouve un calendrier ou un livre. Tiens, ce vieux livre de classe. La date de publication doit se trouver dans les premières pages. Oui, il date de bien avant ma naissance, et je peux donc m'en servir pour me libérer de la contamination dont je me suis rendu responsable en regardant la pendule, sans en souffrir personnellement. Je fixe l'année, et m'apprête à l'invoquer en la fixant du regard. Attends un peu. La somme des chiffres qui composent cette date, ça fait combien? Dix-neuf. Non, ce n'est pas possible. Le fils de mon ex-secrétaire avait dix-neuf ans lorsqu'il s'est tué dans un accident de voiture. Elle m'avait appelé cette nuit-là à deux heures du matin. Elle pleurait, elle était hystérique. Non, n'y pense pas. Pense à tes mantras. Non, trouve une autre année, une dont la somme fasse dix-huit, comme *Chai,* ou « vie » en hébreu. Ah, voici un autre livre, une autre année – dix-huit. Je me sens mieux. Maintenant, ne regarde pas l'heure. Ne regarde pas l'-

« Je pense que vous avez compris, à présent.

« Ma mère me disait, en me cajolant : « Arrête un peu. Ils se demandent pourquoi tu fais ces choses-là. » « Qu'est-ce que je fais? Mais je ne fais rien », lui répondais-je. Mais je savais qu'ils me regardaient, qu'ils parlaient de moi, qu'ils se moquaient de moi. Et je me sentais idiot. Je sais que j'avais l'air bizarre. Je me sentais faible et ça me porte sur l'estomac. Je ne pouvais pas m'arrêter. J'étais tout le temps mal à l'aise.

« Je suis peut-être fou. Non, sans doute pas. Je suis trop logique. Tout cela est tordu, mais quand même terriblement logique, tout comme la religion.

« La religion ne me sert à rien. Mon Dieu est sévère et exigeant, aussi impitoyable à mon égard que je le suis moi-même. Mes dieux sont durs; ils insistent pour que je fasse constamment pénitence. Améliore-toi, mon vieux!

« Je ne supporte pas la religion. J'ai ma propre magie. Elle est puissante. Elle est exigeante. C'est à moi de faire ce qui doit être fait; c'est à moi de trouver les rituels. Je dois protéger ceux que j'aime. Je dois éviter le perpétuel danger d'une contamination omniprésente.

« C'est tellement primitif, la religion. Tellement puéril. C'est comme ce que je fais, mais à une plus grande échelle.

Faire des sacrifices. Approcher les gens, et puis les faire sortir de ma vie. Il y avait cette fille, à l'université, qui n'a jamais compris pourquoi je ne lui ai jamais proposé de sortir avec moi. J'avais même demandé à un ami de jouer l'éclaireur pour voir si je l'intéressais, et la réponse avait été positive. Il lui avait dit que je voulais sortir avec elle, qu'elle devrait s'y attendre, et moi, de mon côté, je le voulais, j'en avais envie. Ah, l'anticipation d'un moment agréable passé ensemble... C'est dangereux. Je suis sur une corde raide. Les autres rituels suffisent à peine. Ne tente pas le destin. Elle représente le plaisir.

« Une jolie fille. Rien que le fait de penser à elle, et je ritualise – un petit rituel de rien du tout, assez pour me libérer de cette émotion pendant un instant seulement, pour me permettre de fantasmer. Un petit plaisir. Une petite privation.

« D'accord, je n'écouterai pas la radio aujourd'hui. Non, ce n'est pas tout à fait suffisant. D'accord, je n'écouterai la radio ni aujourd'hui ni demain. Toujours pas assez. Plus puissant. Je n'écouterai pas la radio pendant toute une semaine à partir d'aujourd'hui. Ce n'est pas suffisant. D'accord, pendant un mois entier à partir d'aujourd'hui. Mais comment vais-je faire pour m'en souvenir ? Je vais oublier. J'allumerai la radio avant la fin du mois sans faire exprès. Alors là, j'aurai vraiment des problèmes. Je vais sans doute aller à un endroit où il y aura une radio en marche. Est-ce que ça annulera mon rite ? Non, il faut que ce soit volontaire de ma part. Je dois avoir l'intention de l'allumer. Si je rentre dans un magasin où marche une radio, c'est passif, pas actif. Mais il faut tout de même que je me souvienne de ce rituel pendant un mois.

« La plupart du temps, personne ne prête attention à ce que je fais, personne ne sait ce que je vis. Personne ne peut le savoir. Les autres sont normaux. J'ai en général l'impression que je suis le seul à être maudit comme ça. Mais je peux faire quelque chose. Je peux inventer des rites, je peux changer les choses quand j'arrive à calmer ces émotions.

« Je vais me priver de vélo. Non, je vois bien que nous sommes en hiver. Ça ne peut pas marcher. On ne peut pas vraiment faire de vélo en hiver.

« La télévision. Je décide de ne pas regarder la télévision aujourd'hui. Non, ça ne peut marcher que le soir, quand je suis chez moi et que les rideaux sont tirés pour que je ne puisse pas apercevoir involontairement la télévision du voisin. Ça ne peut marcher que si je suis sur le point d'aller me coucher, que la télévision est éteinte, et que je suis certain qu'on ne la rallumera pas. Quand il sera minuit précis, la journée sera alors terminée, et le rituel aura réussi. Pendant un court instant, avant que ça ne recommence, je me serai senti mieux.

« Trop risqué. Je pourrais très bien voir une télévision tout à fait par hasard à n'importe quelle heure de la journée.

« L'ascenseur. Je ne prendrai pas l'ascenseur. C'est plus facile. C'est assez agréable. Je m'interdirai les ascenseurs. Je monterai et descendrai à pied les sept étages de mon immeuble. Mais il doit bien y avoir quelque chose de plus simple. Et les escaliers mécaniques? C'est flou. Ils ressemblent trop aux ascenseurs pour que je puisse les utiliser librement. Pas assez différents pour que je les assigne à une catégorie de privation différente. Doivent être inclus dans la catégorie « ascenseurs », même fonction. Décision politique.

« Vous le voyez bien, même quand j'ai un rituel qui pourrait marcher, je le sabote. Ça ne sert plus à rien de me priver d'ascenseur. Le rite est complètement saturé de doutes. Je ne le « sens » plus. Et tout ça parce que je suis fainéant. Merde!

« D'accord, je ne prendrai pas la voiture. Mais j'aurai besoin d'aller faire des courses, tout à l'heure.

« Je ne sais plus de quoi me priver. Après tout, finalement, je vais peut-être me priver d'ascenseur. Non, c'est trop tard. Si je laisse passer une privation, je ne peux plus m'en servir jusqu'au rituel suivant. Panique. Je ne sais plus quoi prendre. Facile. Concentre-toi. Il doit bien y avoir autre chose. Des jeux de société, peut-être. Pas mal, ça. Des boîtes à musique. Ça ressemble aux tourne-disques et aux magnétophones, mais c'est assez différent pour que ça puisse marcher. Retiens-le, ça aussi.

« Et d'abord, comment cela a-t-il commencé ? Je n'ai ni vu ni même entendu le mot qui aurait tout déclenché, le mot « mort », par exemple. Bien sûr, pour ça, il aurait fallu que je rencontre quelqu'un, de préférence la personne qui avait prononcé le premier mot, pour purifier la première action en prononçant le mot « vie ». J'ai simplement eu ce sentiment, cette gêne, ce besoin presque physique de me calmer, de garder le contrôle.

« Quoi d'autre encore ? Pense un peu ! Le zoo ! Mais arriverai-je vraiment à y aller aujourd'hui ? Est-il encore ouvert ? Ce serait difficile, mais oui, ce serait possible. D'accord, prends ça pour le moment, mais pour parfaire les choses, tard ce soir, quand il sera presque minuit, prive-toi de lecture. Je ferme les yeux pour ne pas pouvoir lire, et je me prive ensuite de lecture pour le reste de la journée. Je les ouvrirai seulement lorsqu'il sera minuit passé d'au moins quinze minutes. On ne sait jamais, nos pendules ne sont peut-être pas à l'heure.

« Oui, ces rites sont vraiment implacables. Je dois travailler dur, mais ils ne me laissent pas de répit. S'il existe plus d'une manière de faire quelque chose, les rituels insisteront pour que je choisisse la plus difficile. Les dieux – les rites – demandent une stricte obéissance. Si je n'y arrive pas tout à fait, je dois recommencer.

« Même les bons sentiments sont source de problèmes. Ils dérangent un statu quo bien équilibré. Je commence par me « jeter un coup d'œil » intérieurement pour voir si j'ai le droit de me faire plaisir. Mais peut-être dois-je d'abord apaiser les dieux. Après tout, je ne peux jamais être sûr qu'ils ont bien accepté ma pénitence rituelle. Je devrais accomplir d'avance quelques rites préventifs pour préparer le terrain.

« Être neutre. Insensible. Sans pitié. Froid. Dur. Indifférent. C'est le seul moyen de garder mon équilibre. J'essaie d'éviter toutes les émotions. De ne pas être trop bon. De ne pas être trop méchant. Contrôle. Si j'arrivais à contrôler ce qui se passe, je n'aurais pas à accomplir tant de rites. Fais de ton mieux pour engourdir tes sens. »

« Je souffre de troubles obsessionnels-compulsifs. Aussi loin que je me souvienne, j'ai toujours été obsessionnel-compulsif. Je n'arrive pas à m'imaginer ce que serait ma vie sans ce comportement. Il fait partie de moi, tout comme mes yeux bleus. C'est comme si j'étais né avec une infirmité, comme un bébé sourd qui ne sait pas ce qu'entendre veut dire.

« Ces troubles m'accompagnent à tout instant du jour et de la nuit. Je ritualise même dans mes rêves. Je suis l'esclave de mes rituels. Pas moyen de leur échapper. Je suis à la fois législateur, juge et procureur. J'« invente » les règles, je les interprète et les applique – strictement, brutalement, constamment, et sans remords.

« Mes premiers souvenirs d'un comportement obsessionnel-compulsif remontent à l'âge de sept ans. Devant chez moi, je jouais avec des enfants à une sorte de « Chat perché ». On appelait ce jeu « les microbes ». Quelqu'un avait les « microbes », et tous les autres essayaient d'éviter d'être touchés et de les attraper, d'être contaminés. Je me souviens de ce que je ressentais. Pour moi, c'était plus qu'un jeu. Il y avait en plus quelque chose de désespéré. Je ne pouvais absolument pas me laisser toucher, me laisser pénétrer par toute cette contamination. Je courais très vite.

Dans ma famille, on appelait cela des « superstitions ».

Je ne sais pas si c'est moi qui ai inventé cette expression, ou ma mère. « Arrête », me disait-elle. Et je voulais m'arrêter. Il y avait de la tristesse dans sa voix lorsqu'elle me suppliait d'arrêter. « Arrête... »

« Quand on se drogue, au début, on a choisi de se droguer. Peut-être le drogué a-t-il autant de mal à s'arrêter que l'obsessionnel-compulsif, mais le drogué, au moins, a choisi librement. Pas moi. Je faisais ces choses-là parce que je *devais* les faire. Je ne comprenais pas. Je ne comprends d'ailleurs toujours pas. Trente et un ans se sont écoulés depuis.

« A l'âge de sept ans, je pensais que lorsque j'en aurais quinze – et cette époque me paraissait incroyablement lointaine – j'arrêterais de faire ces choses. J'aurais dépassé ce stade.

« Je me souviens de ma mère me racontant que son frère aîné faisait des choses semblables quand il était enfant. Il s'en était débarrassé en grandissant. Je ne sais pas pourquoi elle était si sûre qu'il s'en était débarrassé. Elle pense sans doute que moi aussi, je m'en suis débarrassé. Je repense à son frère, de temps en temps. Je me suis mis à repenser à lui, d'autant plus que mon fils, à ma grande consternation, a commencé à se comporter de la même manière. Je le voyais bien. Je comprenais ce qui se passait. Et son comportement me frustrait et me mettait en colère – moi qui, pourtant, aurais dû faire preuve de tolérance – tout comme mon propre comportement avait irrité mon père. Je voulais seulement qu'il arrête.

« Mes rituels ont toujours été marqués d'une logique implacable. Je ritualisais pour garantir un résultat, ou pour éviter quelque chose. Il m'arrivait de changer de raison. Mais mon comportement restait le même : il fallait que je me protège de la contamination. Que je protège mes notes, mes prouesses sportives, ma masculinité, ma vie, mon succès, les gens qui m'importaient.

« Quand mon but changeait, ce qui déclenchait mes

rituels changeait aussi. Par exemple, à un moment, je devais me protéger contre les imbéciles. Il y avait des personnes que je ne pouvais même pas regarder – celles qui avaient déjà redoublé ou celles qui travaillaient mal. A l'école, je me réfugiais derrière un livre que je posais debout sur mon pupitre, et je posais la tête sur l'avant-bras pour m'empêcher d'apercevoir, même par accident, un de ces intouchables. Chaque coup d'œil involontaire me stimulait à nouveau, m'invitait à ritualiser de plus belle. S'il m'arrivait de voir un intouchable au moment où je terminais un rituel, j'étais obligé de recommencer. Je n'arrêtais pas de recommencer. C'était épuisant.

« Une de mes cousines était morte à l'âge de huit ans. J'en avais alors sept. Ce fut une chose effrayante. Les détails de sa mort sont toujours restés mystérieux. Je ne les connais toujours pas. Je n'ai jamais voulu trop en savoir là-dessus. C'était traumatisant.

« En fait, mes premiers souvenirs de rituels inventés datent de cette époque-là. Je me demande s'il n'y a pas eu une sorte d'osmose entre mes rites et la mort de ma cousine; cela ne me surprendrait pas. J'avais peur d'aller chez elle, d'être confronté à sa chambre vide, à la tristesse, à ces non-dits. Sa maison me semblait très vieille et comme enveloppée dans un linceul. Quand j'y étais, je ne voulais rien toucher. Tout ce que je voulais, c'était partir. Être chez elle me bouleversait. Le seul fait d'y penser me bouleversait.

« Je m'étais mis à haïr le prénom de ma cousine. Une de mes camarades d'école avait le même et pour cela je la trouvais détestable. Je ne pouvais pas la regarder, la toucher, penser à elle, sans que ma cousine me revienne en mémoire.

« Quand j'étais étudiant, la femme, plus âgée que moi, du P-DG de la petite entreprise où je travaillais à mi-temps m'avait fait des avances. Ça n'allait pas très bien, à l'époque. J'étais encore sous le coup. J'étais vulnérable. Je n'aurais probablement rien fait même si son prénom avait été différent de celui de ma cousine. Mais comme elle avait le même prénom, cela m'avait décidé. Il valait mieux éviter un instant de plaisir plutôt que de vivre ensuite dans la terreur. Pour le rituel, cela aurait été l'union du sexe et de la mort. A tout jamais. Il fallait l'éviter. Il valait mieux me priver que de souffrir des conséquences aussi incalculables que celles-là.

« Je n'étais pas vraiment sûr des conséquences - mort, damnation éternelle, bêtise, échec, erreurs, contamination. Mais je n'allais pas tenter le diable pour le découvrir.

« Ce qui était déprimant pour moi, grand ritualiste que j'étais, c'était la certitude d'être seul au monde à souffrir, à avoir jamais souffert, et à devoir jamais souffrir comme je souffrais. Je ne pouvais parler à personne de mes rituels ou de mes peurs. J'étais terrifié et humilié. Je me sentais d'autant plus vulnérable, ridicule et détestable que je ne pouvais pas m'arrêter de ritualiser.

« Je me souviens d'avoir surpris un jour un de mes très bons amis alors qu'il faisait certaines choses qui, pour un connaisseur comme moi, ressemblaient étrangement à des rituels. Était-ce possible ? Un compagnon d'armes ? Je ne pouvais pas lui demander. J'aurais préféré mourir plutôt que de révéler mon secret. Aujourd'hui encore, je me pose cette question.

« De toute façon, je ne pense pas que cela aurait changé quoi que ce soit pour moi, mais je dois dire que lorsque j'ai appris récemment qu'environ 2 % de la population est atteinte de troubles obsessionnels-compulsifs, cela m'a libéré. Soudain, je n'étais plus seul à être fou. D'un autre côté, cela ne m'a pas fait plus d'effet que si j'avais appris que mon ex-fiancée et mon ex-meilleur ami avaient décidé de rompre. J'avais l'impression d'avoir eu gain de cause, mais je n'en étais pas plus heureux pour autant.

« Ces rituels, d'où viennent-ils ? Parfois, je les imagine comme des virus, comme des envahisseurs venus d'ailleurs et qu'il faut simplement détruire. De temps à autre – et ça m'intrigue plus que cela ne m'attriste – je m'imagine être le jouet d'extraterrestres. Comment expliquer autrement mon impuissance à combattre des compulsions qui, je le sais bien, sont absurdes ?

« D'où viennent donc ces rituels ? Je pense que c'est une question de molécules. Qu'est-ce à dire ? Qu'ils sont d'origine génétique. La haine que je ressens contre moi-même vient-elle de ces rituels ? Ou bien ceux-ci ont-ils leur origine dans cette haine ? Pourquoi mes rituels sont-ils de type cognitif, alors que d'autres passent leur temps à se laver les mains ? A quoi cela sert-il de se laver les mains de la sorte ? Si je vois le mot « mort », il me semble tout à fait logique de le contrebalancer en regardant le mot « vie ». Ces gens-là essaieraient-ils de laver leur manque d'amour-propre ?

« J'ai une théorie qui n'en est qu'au stade embryonnaire. Elle est basée sur mes souvenirs les plus anciens. Je ne me souviens pas de grand-chose, seules quelques bribes ici et là, des impressions qui, de temps en temps, réveillent des souvenirs.

« Quand j'étais enfant, il y avait rarement quelqu'un pour me rassurer si j'avais peur. Je refuse absolument d'en rejeter la faute sur mes parents. Je ne me souviens pas du tout des premières années de ma vie. Il est contre mon sens des responsabilités, et en contradiction avec ce que je crois être juste, de me décharger sur autrui, tout comme on le ferait d'un enfant abandonné. C'est se défiler. J'en prendrai la responsabilité.

« Peut-être était-on trop sévère chez moi. Peut-être mes parents avaient-ils eux-mêmes des peurs si profondes qu'ils se sentaient incapables ou n'avaient pas envie de s'occuper des peurs du petit garçon que j'étais. Peut-être me regardait-on sévèrement, ou m'accusait-on de tous les malheurs du monde. Peut-être avais-je l'impression d'être manipulé. Peut-être avais-je décidé que les autres ne pouvaient pas me réconforter. Peut-être étais-je chimiquement et génétiquement incapable de me sentir rassuré. Peut-être ai-je eu terriblement peur.

« Mais comment un petit garçon peut-il, tout seul, maîtriser ses peurs ? Comment, je vous le demande ? Peut-être ai-je essayé d'imposer un ordre aux choses. Peut-être me suis-je convaincu, en désespoir de cause, qu'il y en avait un, parce qu'en définitive, je ne pouvais compter que sur moi. Mais c'est ridicule. L'ordre n'existe pas. Ah, mais il doit bien y en avoir un. Ça se tient. C'est logique. C'est beau, dans sa logique. Il s'agit simplement de découvrir cet ordre; pour y parvenir, il suffit d'en apprendre les règles. C'est un grand pas à faire, mais le petit garçon que j'étais avait alors très peur.

« Les règles. De quoi s'agit-il ? C'est simple. Contrer le mal par le bien. Contrebalancer. Personne ne t'aidera. Tu dois le faire toi-même. Les autres ne se rendent peut-être même pas compte du danger. Il faut que tu fasses le bien.

« Et le bien doit être assez fort pour pouvoir contrebalancer le mal, parce que je suis seul contre des forces terribles. Mes efforts doivent être assez grands pour réussir. Il faudrait presque que je sois omnipotent.

« La génétique. Les prédispositions. Fais ce qu'il faut. Anxiété. Ordre. Ritualise. Gestes saccadés. Les rituels doivent tout conjurer. Ils doivent être puissants. Ce qui veut dire qu'ils sont plutôt compliqués, ennuyeux, et qu'ils me mettent à l'épreuve. Plus le danger est grand, plus les efforts pour t'en sortir le seront également. Personne ne t'a dit que ce serait facile. Sois fort. Bats-toi. Tu as une lourde responsabilité. Un tel pouvoir ! N'admets aucune faiblesse. Si tu es faible, les forces du mal triompheront. Résiste. Bats-toi. Survis.

« Pouvoir. Ma magie est puissante. Elle *doit* être puissante. Regarde un peu ce qu'elle doit surmonter. Je dois être prudent. Toujours prudent. »

J'ai rencontré des gens atteints de troubles obsessionnels-compulsifs qui ont très bien réussi dans la vie, comme Sam. J'ai examiné plusieurs banquiers, un parlementaire, des juges, des juristes (mais aussi des gens comme les autres) qui souffraient de formes invalidantes de cette maladie. Ce qui est étonnant, c'est qu'il semble y avoir une sorte de « double comptabilité » qui leur permet malgré tout de bien fonctionner, voire d'être brillants – sauf quand les troubles sont si graves qu'ils paralysent le reste de leur vie.

Sam a un type particulier de TOC qui le force à ressasser continuellement des pensées; il parvient néanmoins à très bien le dissimuler. J'ai rencontré beaucoup d'hommes et de femmes qui occupaient des postes très importants et étaient déchirés par cette vie intérieure, mais qui restaient capables de fonctionner magnifiquement. Certains m'ont raconté qu'ils parvenaient à chasser la routine cauchemardesque de ces préoccupations en se plongeant complètement dans leur travail.

Sam a suivi une psychanalyse pendant de nombreuses années. Il a beaucoup travaillé, avec son médecin, sur les facteurs psychologiques de sa maladie. Je pense que cette relation avec son thérapeute l'aidait beaucoup, mais je crois que la façon dont Sam parle de son enfance vient de son besoin désespéré de donner un sens à des rites incompréhensibles, et non le contraire. Sam non plus n'en est pas sûr. La psychanalyse a beaucoup amélioré son état dépressif, mais n'a rien changé à ses obsessions et ses rituels. Ce qui est clair, c'est que la clomipramine a eu un effet sur ses obsessions. L'état de Zach s'étant amélioré grâce à ce médicament, Sam l'a aussi essayé. Les résultats se sont d'abord fait attendre et n'étaient pas sans problèmes. Au début, il n'y avait que des effets indésirables, mais Sam a persévéré, et lentement, au fil des mois, ses obsessions se sont affaiblies. Elles n'ont toujours pas complètement disparu, mais il y a eu une amélioration remarquable au cours des années.

Les troubles obsessionnels-compulsifs sont davantage compatibles avec le succès professionnel qu'avec le bonheur personnel. Maris et femmes développent un sentiment d'aliénation. Au fil des années, ce qui semblait être une grande retenue et un contrôle de soi admirable devient soupçon et surveillance. Le mari ou la femme d'un obsessionnel-compulsif se sent isolé et rejeté. Cela apparaît clairement dans le récit de la femme de Sam.

Dans le secret des troubles obsessionnels-compulsifs (écrit par la femme de Sam)

« Lors de notre première rencontre, Sam m'avait déjà paru très intense. Il avait peur de « perdre le contrôle », et était étrangement secret. Mais je me disais souvent que je m'imaginais des bizarreries qui n'existaient pas vraiment, que j'essayais de rassembler les morceaux d'un puzzle alors qu'en fait, il n'y avait rien à découvrir. Mais il y avait tout de même quelque chose d'indéfinissable, et à mesure que le temps passait, je m'étais rendu compte que c'était vrai, que ce « quelque chose » était illusoire, mais réellement présent, et qu'il ressemblait vraiment à un puzzle.

« Je trouvais généralement sans mal des raisons, ou du moins des excuses, à son comportement. Je le croyais très nerveux. Il avait des tics passagers. Mais les tics, ce n'est pas bien grave. Sam a toujours fait comme s'il n'en avait pas; je pensais que ça l'embarrassait et qu'il avait choisi de ne rien dire. Mais il avait d'autres excentricités. Il feuilletait parfois un livre ou un magazine comme s'il cherchait un mot en particulier. Son regard trahissait une intensité obsessionnelle. Si je lui demandais ce qu'il faisait, s'il m'arrivait de lui adresser la parole, il répondait à ma question par le silence. Mais je décelais aussi une rage contrôlée. Pourquoi ?

« J'avais souvent remarqué que Sam écrivait des choses

sur un bout de papier qu'il jetait ensuite. Je pense qu'il croyait que je ne le voyais pas. Il le faisait toujours avec beaucoup de détermination. Si, d'un ton plein de sous-entendus, je le questionnais à ce sujet, il faisait semblant de ne pas m'avoir entendue ou essayait de tourner les choses en dérision.

« Ma curiosité devenait trop grande. Je m'étais mise à penser que je trouverais la clef de son étrange comportement dans ces mots qu'il écrivait. J'étais allée fouiller par deux fois dans la poubelle et j'avais ramassé tous ses petits bouts de papier. Je les avais assemblés comme s'il s'agissait d'un puzzle. Ma découverte m'avait rendue plus perplexe encore. La première phrase était « passé, passé, passé », la seconde, « Zeus ne vaut rien ». Je n'ai jamais dit à Sam ce que j'avais fait. Je ne lui ai jamais demandé non plus ce que tout cela signifiait. J'étais sûre qu'il se mettrait en colère.

« Ses comportements étranges étaient passagers. Mais si l'un d'eux disparaissait un autre venait le remplacer. J'espérais encore qu'ils disparaîtraient tous un jour. Sam était souvent déprimé. Il sombrait parfois dans des dépressions profondes qui semblaient survenir en l'absence de problèmes graves. En fait, Sam était toujours capable de se ressaisir quand nous avions des problèmes et de les affronter. Je me demandais donc s'il pouvait vraiment se contrôler quand il le désirait.

« Notre mariage était stable et heureux. Nous nous entendions bien, à mon avis, et nous discutions de nos problèmes et de ce que nous ressentions. Mais ce sombre secret, ce sujet vague et inabordable continuait à peser sur nous. Il accompagnait nos moments de joie et de tristesse, il nous suivait en vacances, n'importe où, partout, toujours.

« Pour moi, c'était une sorte d'égoïsme. Je devais supporter ce comportement sans jamais le remettre en question, sans jamais montrer que je m'en apercevais ou que je le comprenais. Mais je savais qu'il existait, et qu'il prenait souvent le dessus; je savais qu'il se manifestait sans qu'il me soit jamais possible de savoir ce qui l'avait déclenché. Je trouvais aussi Sam, égocentrique et égoïste. Il était tellement replié sur lui-même, tellement préoccupé par sa propre « folie » que je me sentais délaissée, exclue, oubliée. Je suis patiente. J'ai attendu. Je sentais que c'était quelque chose que Sam ne contrôlait pas. J'espérais seulement qu'il allait se confesser, m'expliquer ce qui se passait.

« Nous étions mariés depuis dix ans. J'étais enceinte de notre troisième enfant. Sam passait par des hauts et des bas, et j'avais appris à m'adapter à ses besoins, ses états d'âme, ses bizarreries, sa réserve, sa colère, et son manque d'amour-propre. Je m'étais imaginé qu'il me trompait et qu'il culpabilisait, ou qu'il me détestait mais ne pouvait envisager un ménage désuni. Mais je savais que c'était vraiment quelque chose qui venait de lui. Il était à nouveau au plus bas, très déprimé et irritable. Il était entièrement centré sur lui-même et s'enfonçait chaque jour un peu plus profondément dans sa coquille. Il ne communiquait pratiquement plus.

« J'avais peur à la fois pour moi et pour nos enfants. Cela m'irritait d'attendre un autre enfant, car je voyais que Sam, mentalement, ne faisait plus partie de notre famille. D'une certaine manière, il ne s'intéressait plus qu'à lui-même. Il était possédé.

« J'avais réfléchi à qui aurait pu nous aider : ses parents, notre rabbin, notre docteur. Puis j'avais écarté ces différentes possibilités, car je savais très bien que si je leur parlais, cela provoquerait la colère de Sam. J'avais finalement décidé de mettre toutes mes pensées et tout ce que je ressentais par écrit, et de les lui faire lire. J'avais également exigé qu'il consulte un médecin, menaçant de le quitter s'il ne coopérait pas. Mais je m'étais heurtée à un mur. Je ne pouvais plus l'ignorer, l'excuser, essayer de le comprendre, ou croire que le problème disparaîtrait de lui-même. Je ne pouvais pas supporter cette atmosphère mystérieuse, mon exclusion, son égocentrisme, son comportement bizarre, sa dépression ou son irritation. J'étais furieuse, et j'avais peur. Je me sentais impuissante et je le regardais se noyer sans même faire un geste pour se sauver. J'avais peur qu'il se suicide.

« Sam était alors allé voir un psychiatre et avait commencé une psychanalyse. On avait réussi à identifier sa maladie. Des portes s'étaient progressivement entrouvertes, par lesquelles, petit à petit, la lumière s'était infiltrée. Sam s'était ouvert lentement, et j'avais alors pu mettre son comportement en perspective, et découvrir à quel point celui-ci le contrôlait. Parfois, le fait de le savoir ne lui rendait pas la vie plus facile. Il continuait à déprimer et à piquer des colères. Il semblait encore centré sur lui-même, et je me sentais toujours rejetée. Mais maintenant, j'avais de l'espoir et une explication. Je croyais que son état allait s'améliorer et que son psychiatre l'aiderait à apprendre à vivre avec son mal. J'espérais que sa psychanalyse lui permettrait de mieux comprendre et contrôler son irritation. Aujourd'hui, sa dépression n'est plus aussi profonde qu'auparavant. Ses rituels me sont devenus aussi familiers et naturels que son visage.

« J'espère seulement, à présent, que la clomipramine le guérira complètement, et que nos vies deviendront plus normales. C'est presque impossible à croire, et mon côté superstitieux m'empêche pour l'instant d'y compter. »

Zach, notre fils atteint de TOC (écrit par ses parents)

« Nous avions remarqué que Zach essayait de ramasser ses affaires sans se servir de ses mains, et nous avons tous les deux été effrayés, presque paniqués. A cela s'était bientôt ajoutée notre colère contre le destin. Zach n'avait que six ans.

« Notre nouveau-né n'avait qu'un mois, et je voyais donc régulièrement notre pédiatre. Il m'avait recommandé de ne pas présumer le pire. Zach réagissait peut-être à la présence du bébé. Ses rituels, comme les rides à la surface d'une mare où l'on jette une pierre, s'amplifiaient. Nous avons alors décidé qu'il fallait faire quelque chose, et avons consulté un pédopsychiatre.

« Zach niait complètement ses obsessions et ses compulsions. Il avait l'air de croire que personne ne voyait ce qu'il faisait. Parfois, il ne pouvait pas se servir de ses mains, touchait le sol ou donnait un petit coup de pied en arrière après un certain nombre de pas. Une fois, il s'était allongé par terre dans un centre commercial et avait tracé du doigt un cercle autour de lui. Il donnait l'impression de définir son territoire, de se protéger contre un danger ou un mal invisibles. Et Zach se lavait les mains. Il n'arrêtait pas de se laver. Il ne touchait jamais ni ses chaussures, ni ses lunettes. Ses manches étaient toujours trop longues et lui couvraient les mains. Il les utilisait comme protection quand il devait toucher un objet. Puis il se lavait les mains à nouveau.

« Il passait de plus en plus de temps à se les laver, parfois une minute, parfois deux ou trois minutes. Il avait inventé une routine qui consistait à glisser ses pouces à l'intérieur du robinet et à balancer ses mains sous le filet d'eau jusqu'à ce que son corps tout entier, comme mû par une force incontrôlée, soit pris du même mouvement. Et il ne se séchait pas les mains, alors qu'elles étaient écorchées et crevassées. Souvent, il terminait de se les laver, faisait demi-tour, et recommençait de plus belle. Cette compulsion lui faisait parfois manquer le bus pour aller à l'école, ou rater une activité ou même une fête.

« Zach ressemblait de plus en plus à Sam. Il était coléreux, tendu, et souvent déprimé. Tous deux étaient perfectionnistes et s'emportaient s'ils se trompaient ou ne faisaient pas les choses parfaitement. Tous ces symptômes m'attristaient. Je me sentais incapable d'aider Zach. Son psychiatre disait qu'il continuait de nier qu'il souffrait de TOC. J'étais sûre que je faisais tout ce qui était en mon pouvoir pour l'aider, mais il était incapable de se contrôler à la fois mentalement et physiquement, ce qui me frustrait et m'attristait. Et je ne pouvais vraiment rien faire pour lui venir en aide. Je savais ce qu'il fallait éviter de faire : je ne remettais pas son comportement en question, je ne lui demandais pas d'arrêter, je ne le taquinais pas, je ne le harcelais pas, et je ne faisais rien qui aurait pu l'humilier. Les choses auraient empiré. Mais cela ne m'apportait que bien peu de satisfaction, car je le voyais souffrir. Ces deux personnes que j'aimais et que je regardais vivre avaient perdu tout contrôle d'elles-mêmes et étaient terriblement malheureuses !

« Je me faisais du souci pour son frère et sa sœur, en particulier pour cette dernière, qui était assez grande pour sentir que quelque chose n'allait pas. Elle observait sans comprendre toutes les choses bizarres qui se passaient autour d'elle. Elle nous avait demandé pourquoi Zach se lavait si souvent les mains. J'avais essayé de lui expliquer qu'il était obligé de le faire, qu'il ressentait une émotion spéciale dont il ne pouvait se débarrasser que de cette manière. Elle acceptait ce besoin, mais le comportement étrange de Zach la mettait mal à l'aise et elle le taquinait quand elle était en colère. Un gouffre séparait Zach de son frère et de sa sœur. Il était solitaire même chez lui. Il s'était mis à haïr sa sœur parce qu'elle ne partageait pas ses problèmes. Plus tard, il en avait aussi voulu à son frère. Il les tenait tous deux pour responsables de ses problèmes.

« Zach avait de plus en plus peur de tout, et ne s'éloignait plus de chez nous. Il choisissait très souvent de rester seul. Il était devenu très dépendant à mon égard. Je sentais que je devais protéger ses secrets. Ce n'était pas la vie de famille que j'avais imaginée !

« Nous avons eu la chance de pouvoir participer à l'étude

sur la clomipramine et les TOC au NIMH, à Bethesda. Nous étions dans une impasse. Les psychiatres pouvaient peut-être aider Sam et Zach à s'adapter, mais ils ne pouvaient pas les « guérir » de leurs TOC.

« Deux ans après l'apparition de ses premiers symptômes, au moment où il allait partir à Bethesda pour que ses TOC puissent être évalués, Sam a raconté à Zach sa propre histoire. Zach était vraiment très content de savoir qu'il n'était pas seul. Je crois qu'après ça, il avait eu moins honte, et peut-être moins peur.

« Quand je repense à ces quinze dernières années, je suis sidérée de voir à quel point ces rites me sont devenus familiers. J'essaie de ne pas m'emporter, de ne pas me sentir frustrée, de ne pas perdre patience. Je suis heureuse de comprendre ce qui se passe. J'espère – et je crois – que des progrès importants vont être accomplis dans le traitement des TOC. La clomipramine a beaucoup aidé Zach. Il a toujours des rituels, mais bien moins qu'avant. Il n'est plus aussi déprimé que par le passé, et s'est mis à jouer avec ses amis et à accepter ses propres imperfections. Bien sûr, cela me fait très plaisir.

« L'effet sur Sam n'a pas été aussi net. Mais nous attendons patiemment des changements. Nous discutons à présent de sa réaction à la clomipramine, de ses effets indésirables, des rituels et du TOC. Le fait d'avoir soulevé le voile qui dissimulait ce « lourd secret » a changé nos rapports, a renforcé notre mariage, et nous a aussi donné plus de forces pour nous occuper des problèmes de Zach et pour trouver des solutions quand de nouveaux problèmes se posent. »

***

Deux années se sont écoulées (nous sommes maintenant en 1988), et Zach va toujours très bien. Au début, la réaction de son père à la clomipramine avait été beaucoup plus lente, mais petit à petit, en l'espace d'un an, son état s'était amélioré lentement mais progressivement. Sam reconnaît maintenant qu'il va beaucoup, beaucoup mieux. Comme c'est le cas pour bon nombre de mes patients, les antidépresseurs ordinaires avaient amélioré son état dépressif, mais n'avaient pas eu beaucoup d'effet sur ses obsessions. La clomipramine n'était pas la solution idéale pour son problème, car un des effets secondaires les plus désagréables de ce médicament est une impuissance progressive. Nous avions évité ce problème en diminuant la dose qu'il prenait et en y ajoutant de petites quantités de L-tryptophane.

Nous savons depuis longtemps que les TOC peuvent frapper plusieurs membres d'une même famille. Nous avons examiné un très grand nombre de malades, et sommes maintenant en mesure d'affirmer qu'au moins 20 % de nos patients ont un proche parent (père, mère, frère ou sœur) obsessionnel-compulsif. D'une certaine manière, ces enfants ont de la chance – leurs familles se montrent plus compréhensives quand elles apprennent leur secret. L'aspect héréditaire du TOC vient corroborer notre thèse de l'origine biologique de cette maladie.

On pourrait soutenir qu'il ne s'agit pas d'hérédité, mais plutôt de ce que les enfants imitent leurs parents, ou l'inverse. Le fait qu'une maladie atteigne plusieurs membres d'une famille ne veut pas forcément dire qu'elle est transmise biologiquement. Mais un autre mode de transmission est peu probable. Les parents se cachent de leurs enfants comme du reste des gens. Un autre argument convaincant contre cette « théorie de l'imitation » est qu'on voit rarement un père présenter les mêmes symptômes que son fils. « imiter » signifie qu'un comportement est simplement copié sur celui d'une autre personne. Or les rituels de Sam sont de nature cérébrale, alors que Zach se sent obligé de se laver. Et dans le récit précédent, le docteur S. « vérifiait », alors que son fils Jeffrey « faisait ses ficelles ». Rien ne milite en faveur d'une théorie de l'imitation, et nous sommes plutôt d'avis que ces différences sont une indication importante de l'origine biologique des TOC.

Le témoignage de la mère de Zach corrobore ceux de Sam et de son fils. J'ai choisi de présenter son témoignage, car ceux qui connaissent mal les TOC peuvent trouver ces histoires tellement bizarres et si peu convaincantes qu'ils se demanderont « pourquoi ces gens n'arrêtent-ils pas, tout simplement ? » Le témoignage d'une personne tout à fait normale, qui ne se doute de rien, et qui a vu elle-même à quel point ces « petites » habitudes sont terribles et rigides, peut aider à convaincre les sceptiques.

Mais la leçon la plus importante est sans doute qu'il est essentiel que la famille permette à tous ses membres de discuter franchement entre eux de leurs problèmes. Finalement, la femme de Sam s'est sentie soulagée lorsqu'elle a pu commencer à comprendre ce qui se passait, lorsqu'elle a eu une raison de se sentir malheureuse. Zach a presque changé du jour au lendemain quand il a appris que son père souffrait du même mal. Le secret qui semble être inhérent à ces troubles est l'ennemi principal, et parfois le plus difficile à combattre.

Deuxième partie

Les patients ont la parole : les enfants

Des « hoquets » de l'esprit

Je resterai toujours tout particulièrement attachée à mes premiers patients obsessionnels-compulsifs. C'est eux qui ont dû fournir le plus gros effort pour m'expliquer leur maladie. Ils se sont donc appliqués à la décrire de manière à ce que tout le monde puisse la comprendre. Ils me sont également très chers parce que c'est eux que j'ai suivis le plus longtemps et que cela me permet de voir leur évolution sur de nombreuses années.

Nous rencontrons des histoires « bizarres » comme celles qui suivent avec chaque nouvelle vague de patients. Les rituels de pas de portes, les vérifications, le besoin de se laver, reviennent constamment dans la vie de chacun de nos malades. Chaque nouveau cas est en fait une légère variation sur ces grands thèmes.

Paul : coincé sur le pas de la porte

Paul, âgé de seize ans, avait été adressé à notre centre par un hôpital psychiatrique de la région. Les médecins ne savaient plus quoi faire : Paul « restait coincé sur les pas de portes ». A toute heure du jour, on pouvait le voir, coincé au seuil d'une pièce. Se balançant légèrement d'avant en arrière, il fixait le coin supérieur du cadre de la porte. Quand un infirmier lui demandait ce qu'il faisait, Paul, immobile, répondait en chuchotant : « Je suis coincé. Je dois recommencer pour y arriver; je dois le faire d'une manière spéciale. »

« Qu'est-ce que tu dois faire ? » lui demandait l'infirmier.

« Franchir le seuil correctement », répondait Paul.

Paul s'était vite senti chez lui dans sa nouvelle chambre du NIMH. Il avait poliment admiré la vue, et semblait heureux d'avoir une télévision. Mais il gardait toujours son béret marron, et sous sa longue frange qu'il ne peignait pas, ses yeux noirs me fixaient d'un air inquiet. Après les présentations et le départ de sa mère, nous étions revenus parler avec lui. Il ne s'amusait plus avec la télé, mais se tenait immobile sur le pas de la porte, les yeux levés vers le coin supérieur droit du cadre. Il donnait l'impression de faire un effort terrible de concentration. Mais quand je lui avais adressé la parole, il avait répondu de manière satisfaisante. Il avait eu l'air surpris quand nous lui avions demandé s'il voyait des choses. « Bien sûr que non, docteur Rapoport. Je dois faire ceci, c'est tout. » Je l'avais alors pris par le coude, et j'avais eu l'impression qu'il m'avait suivie avec un certain soulagement. Nous nous étions assis pour discuter.

Paul ressemblait d'une manière déconcertante à mon plus jeune fils. Il aimait parler avec moi, et ma curiosité ne le mettait pas mal à l'aise. Il se dégageait de lui une gentillesse et un respect qui en faisaient un être à part. Mais il était coincé : ses pensées ne le laissaient pas en paix et son histoire était difficile à suivre. Il avait un peu bégayé en me disant qu'il était heureux de voir ici d'autres enfants comme lui. Il voulait les rencontrer. Mais il avait du mal à m'expliquer *comment* il pouvait rester coincé de la sorte. Il était timide, mais cela ne l'empêchait pas d'être apprécié des autres enfants. Pendant toute la durée de son séjour, il n'a jamais pu exprimer ce qu'il vivait. Il avait du mal à communiquer; nous voyions bien qu'il essayait d'expliquer. Il avait aussi des difficultés à l'école. Il avait tenté d'écrire ce qui lui arrivait, mais cela ne lui avait pas été facile. Quelque chose l'empêchait de franchir les portes. Il ne pouvait pas me donner d'explication cohérente car pour lui, la situation était confuse.

Dix ans plus tard, Paul est revenu et a essayé de décrire par écrit ces troubles exaspérants qui n'avaient jamais pu être vraiment expliqués. Voici son récit :

« Je ne sais plus exactement quand tout cela a commencé. Quand j'avais cinq ans, j'étais descendu dire à mes parents que la manière dont je devais mettre mon pyjama m'embêtait. Ils m'avaient répondu de ne pas m'en inquiéter. Il est donc possible que je ritualisais déjà à l'époque où mon père vivait encore. Mais ça a commencé à empirer après sa mort, quand j'avais six ans.

« A sept ans, le car de ramassage scolaire me déposait devant chez moi. Il y avait une palissade blanche devant la maison. Je n'arrivais pas à la franchir. *Quelque chose* m'obligeait à faire demi-tour et à recommencer. Ma sœur était derrière moi et me poussait. Et tout allait bien jusqu'à la fois suivante.

« Plus tard, vers huit ans, je me suis mis à « penser ». Quand je pensais à quelque chose de méchant, il fallait que je pense au nom « Jésus-Christ » pour conjurer cette idée. Cela arrivait surtout quand quelqu'un me faisait peur, comme le grand de la classe qui me disait qu'il me casserait la figure à la sortie. Je ne comprends toujours pas pourquoi j'étais toujours le souffre-douleur. J'étais timide, je ne travaillais pas très bien à l'école, et au début, mes tics ne se voyaient pas. C'est peut-être parce que je ne me défendais pas.

« Vers douze ans, je n'arrêtais pas de ritualiser. En classe, je devais tourner sur moi-même comme une toupie, et les autres se moquaient de moi. Je n'ai jamais aimé me battre. J'avais peur quand les grands me taquinaient ou me menaçaient. Je devais aller faire huit pirouettes dans les vestiaires avant de me sentir « prêt » à entrer en classe. Tout le monde commençait à croire que j'étais fou. Je n'ai jamais été fou. (J'en sais quelque chose, moi qui ai été hospitalisé dans des services où les gens étaient vraiment fous!) C'était la première fois que les autres remarquaient ce que je faisais. Je l'avais caché pendant près de sept ans. Mais c'était terrible, maintenant, car j'étais déjà assez timide. Quand je suis sorti de l'hôpital, ma mère m'a trouvé un psychologue. Il était assez sympa, on jouait à des jeux et des trucs comme ça, mais ça ne m'a pas vraiment aidé.

« En septième, j'ai commencé à ne plus aller en classe. Je n'avais que deux amis. J'avais horreur qu'on me taquine. Mes rituels étaient de plus en plus nombreux. J'avais alors cessé de voir mon docteur et je restais chez moi. Je ne bougeais plus. Il me fallait une journée pour passer d'une pièce à l'autre. Dehors, c'était pire. La barrière dont je vous ai parlé était mon plus gros obstacle – il fallait que je sois raisonnablement satisfait de la manière dont je passais entre les deux poteaux. Les fissures de la chaussée me posaient un autre gros problème. Ce que je ressentais n'avait rien à voir avec ce que ressentaient les autres enfants.

« Je bougeais les bras et je faisais des bruits pour éloigner mes mauvaises pensées. Je restais en pyjama car, pour m'habiller, j'étais obligé de faire tout un tas de rituels que je devais recommencer sans arrêt. Si j'ai abandonné l'école, c'est en partie parce que c'était trop compliqué de m'habiller.

« Après des mois de ce régime, je n'en pouvais plus. C'est pour ça que j'ai été hospitalisé. Ma mère m'avait dit que je devais y aller, mais moi je ne voulais pas. Ma famille ne comprenait pas, mais au moins, elle ne se moquait pas de moi. Mes sœurs me criaient dessus si je restais debout devant la télévision. Elles ne comprenaient pas : *je ne pouvais pas bouger*.

« En fin de compte, leurs cris m'aidaient un peu. Quand j'étais coincé devant la porte de la cour, ma mère me criait de rentrer et parfois ça m'aidait. »

Le récit de Paul ne saurait être plus clair. En fait, ni lui ni moi ne comprenons beaucoup mieux son cas. Mais quand il avait seize ans, il n'était même pas capable d'en parler. Il savait seulement qu'il restait coincé. Nous avons ici tous les thèmes familiers : il reste coincé. Petit à petit, il se rend compte qu'il est différent. Il s'en cache pendant des années. Et bien qu'il donne l'impression d'être « fou », c'est-à-dire « schizophrène » pour la plupart des gens, ce n'est pas de cette folie-là qu'il s'agit. Et c'est pire : il a toujours compris, toujours su à quel point il avait l'air bizarre.

Paul faisait partie d'un de mes premiers groupes d'enfants obsessionnels-compulsifs. J'étais étonnée qu'il puisse être malade à ce point tout en étant si raisonnable. Tard un vendredi soir, je l'avais raccompagné chez lui car il devait rentrer pour le week-end, et son taxi n'était pas passé le prendre.

Pendant le trajet, nous avions bavardé de ses projets pour le week-end. Nous étions arrivés devant le portail de sa maison, et je lui avais promis d'attendre dans la voiture pendant qu'il le franchissait et rentrait chez lui, une distance d'environ une dizaine de mètres à parcourir. Mais Paul devait le faire en soixante-quatorze pas. Et correctement. Toute sa famille était à la fenêtre. Huit paires d'yeux suivaient Paul d'un côté à l'autre du jardin comme des spectateurs pendant un match de tennis, tandis que je restais dans la voiture à le regarder. Paul s'était mis à zigzaguer d'un bout à l'autre de la pelouse en respectant sa trajectoire de soixante-quatorze pas. Ses parents m'avaient fait signe d'attendre. C'était mieux ainsi, m'avaient-ils fait comprendre. Nous l'avions observé ensemble, comme des naturalistes assistant à la danse d'un oiseau exotique. Paul avait mis deux heures à atteindre la maison. Par miracle, son week-end s'était bien déroulé.

C'est ce mélange de normalité entourant les actes compulsifs les plus graves et les plus étranges, ces existences parallèles, qui trompent tout le monde et qui m'ont fascinée dès le début. Je suis troublée par ces rituels bizarres, terriblement invalidants, alors que le reste des processus cérébraux de la victime est épargné, et lui permet de vivre normalement et d'avoir des rapports normaux avec les gens. C'est cette situation unique qui explique que la victime puisse souffrir en secret. J'étais particulièrement intriguée par le côté incroyablement raisonnable de mes patients dès lors qu'il s'agissait de travailler ou d'étudier. Ils souffrent, mais c'est cette apparence de santé mentale qui leur permet de cacher ce qui se passe. Grâce à cet « emballage » insolite, personne ne peut se douter que cette maladie est beaucoup, beaucoup plus courante qu'on ne l'avait pensé jusqu'ici.

Les aspects variés que prend ce mal sont tout aussi incompréhensibles. Paul, lui, se sentait surtout tenu d'accomplir des « rites d'entrée ». Pourquoi restait-il coincé sur les pas de portes au lieu de passer son temps à se laver – le rituel le plus courant ? Existe-t-il un choix de rituels primitifs dont les « centres de contrôle » seraient localisés dans le cerveau ? Comment seraient-ils « sélectionnés » ? Qu'est-ce qui les déclencherait ? Jusqu'ici, aucun modèle – qu'il soit psychanalytique, béhavioriste, ou biologique – n'a su expliquer la spécificité et la sélection des symptômes obsessionnels-compulsifs. On se demande aussi pourquoi les patients changent au fil des années – car c'est le cas pour la plupart d'entre eux. Tel patient, après avoir été un « laveur » pendant des années, deviendra un « vérificateur ».

Je continue de voir Paul; il est toujours aussi charmant et raisonnable. Il pense qu'il ne se débarrassera sans doute jamais complètement de ses rituels, mais son état s'est grandement amélioré. Il a passé de nombreuses années dans des écoles spécialisées où on ne l'a jamais taquiné, et il s'est fait de bons amis. Il a essayé plusieurs médicaments dont la clomipramine, qui n'a jamais marché pour lui, et, pendant des années, il a suivi une psychothérapie qui l'a aidé à mieux s'accepter et à accepter ses rituels. Il a essayé la thérapie comportementale, mais sans grand succès.

Paul suit des cours dans une petite université et a de bons résultats en mathématiques et en économie. Ses professeurs et ses camarades le trouvent un peu timide, mais pour eux, il est comme les autres étudiants. Mais son monde intérieur est toujours différent. Il m'a récemment envoyé quelques réflexions sur sa vie actuelle :

« Je m'efforce toujours de franchir les portes d'un côté seulement en essayant de ne pas regarder à certains endroits;

si je ne peux pas m'en empêcher, ou si j'ai de mauvaises pensées, je dois revenir en arrière et recommencer. Mais la plupart du temps, une seule fois suffit.

« J'ai parfois du mal à traverser la cuisine, car quand je vois un couteau ou un autre objet pointu, je m'imagine généralement que je vais me couper. Alors, je traverse la cuisine sans regarder.

« Il faut aussi que je relise sans arrêt certains passages dans mes livres de cours. Je relis ces passages jusqu'à ce que je pense à quelque chose de bien à la place. »

Paul veut que tout le monde sache qu'il a essayé de s'arrêter. Il dit que demander à un obsessionnel-compulsif de « s'arrêter », c'est comme de demander à un obèse de maigrir. Ça n'a jamais marché. Comme beaucoup d'autres compulsifs, il est souvent déprimé.

Mais comme dans la plupart des récits des enfants et des adolescents obsessionnels-compulsifs qu'il m'a été donné de rencontrer, l'aspect le plus remarquable de l'histoire de Paul reste son côté tout à fait ordinaire. Ces enfants se réveillent un matin, la tête pleine de rituels et de phrases inutiles qu'ils ne peuvent plus chasser. Existe-t-il des tics, de véritables « hoquets » de l'esprit ? Après avoir rencontré ces malades, je suis devenue obsédée, moi aussi, d'une certaine manière. J'étais en présence d'un phénomène auquel je n'avais jamais été préparée. Il fallait que j'aille plus loin.

Arnie : la distribution de journaux

Arnie s'était mis à « penser » à l'âge de treize ans. Nous avions rencontré ce garçon mince et franc, aux très bonnes manières, à cette époque-là. Sa politesse exceptionnelle lui donnait l'air adulte, ce qui arrive souvent chez les enfants de parents âgés. Son père, un pasteur, venait d'être muté dans une nouvelle ville. Arnie avait horreur de déménager. « Je suis timide, m'avait-il expliqué, c'est vraiment terrible de déménager. » Comme les fois précédentes, il avait trouvé un petit job dès son arrivée : il distribuait des journaux dans son quartier. Il venait de commencer, et il avait plus d'une centaine d'adresses. Un soir, il avait oublié plusieurs clients, et ces derniers avaient téléphoné pour se plaindre. Cela s'était déjà produit, et Arnie était alors simplement ressorti pour distribuer les journaux chez les gens qu'il avait oubliés. Les réclamations n'avaient pas été particulièrement désagréables; les gens demandaient simplement « Où est mon journal? » ou « Pouvez-vous m'en apporter un? ».

Mais cette fois-ci, Arnie ne pouvait pas s'empêcher de penser à ces appels. Il se faisait des reproches, et se répétait les plaintes de ses clients.

Le lendemain, ce fut pire. Après chaque pâté de maisons, Arnie devait revenir sur ses pas pour s'assurer qu'il y avait bien un journal devant chaque porte. Dès qu'il avait fini sa vérification et se remettait en route, il se disait : « Je ferais bien de vérifier. » Il retournait donc vérifier, puis vérifier une dernière fois. Auparavant, son travail lui prenait une heure et demie; à présent, il y passait trois ou quatre heures. Tous les livreurs de journaux vous diront qu'on oublie toujours une maison de temps en temps. C'est un travail qui demande un juste équilibre entre application et vitesse. Mais, justement, les obsessionnels-compulsifs ne peuvent pas travailler rapidement. Pour un vérificateur, distribuer des journaux est un cauchemar. Ce fut le début de sa maladie, comme l'expliquent Arnie et ses parents.

Il était malade depuis un an quand lui et sa famille nous ont appelés. Il était fils unique. Ses parents étaient déjà très inquiets de son état à cette époque-là. Ils avaient d'abord essayé de l'aider à s'habiller et à se doucher. Ils avaient dû y renoncer, et Arnie avait alors été placé en hôpital psychiatrique pendant un an. Sa principale obsession était de vérifier, mais comme c'est souvent le cas, il s'était également mis à compter, à se laver, et à penser à des choses inutiles, autant d'attaques contre sa vie.

Son état s'était amélioré pendant la semaine qu'il avait passée dans notre centre. Personne ne savait pourquoi. C'est possible, avec le TOC; nos entretiens l'avaient peut-être aidé. Il se peut aussi que son état commençait déjà à s'améliorer. Quant à nous, nous essayions simplement de le connaître, et ne lui avions donné aucun traitement. Mais Arnie et ses parents étaient ravis. Malgré mes protestations, le révérend et sa femme, les larmes aux yeux, m'avaient serré la main, et m'avaient dit en partant : « C'est Dieu qui nous a conduits ici, docteur Rapoport. Nous ne pourrons jamais vous remercier assez. » Ils n'ont jamais voulu croire que nous n'avions rien à voir avec cette rémission.

Arnie avait vingt et un ans quand il est revenu me voir huit ans plus tard. Comme Paul, il avait écrit un récit de cette époque difficile, et il nous avait demandé de faire lire son récit aux nouveaux enfants :

« J'ai commencé à douter de *tout,* à me demander si je faisais les choses correctement ou si je les avais vraiment faites. Je restais debout la nuit dans ma chambre, à passer en revue la journée pour m'assurer que j'avais bien fait tout ce que je devais faire.

« Je devais réfléchir à tout ce qui s'était passé dans la journée, y compris me demander si j'avais bien lu le journal ou regardé la télé. *Je suis alors passé des obsessions aux actes compulsifs.* Je mettais de plus en plus de temps à me brosser les dents ou à me doucher. Je me couchais très tard, ce qui me faisait arriver en retard à l'école. Deux mois plus tard, ça n'était plus un problème, puisque je n'y allais même plus. Quand ça n'allait vraiment pas, je mettais soixante minutes pour me doucher, et plus d'une heure à m'habiller. Si je mettais des chaussettes, je devais vérifier que j'avais la plante des pieds propre.

« A la longue, je m'étais mis à avoir peur de me lever, peur d'affronter les gestes compulsifs que je devais faire en me lavant et en m'habillant. A un moment donné, je me levais à dix heures du matin et je ne m'habillais pas avant huit heures du soir. »

Arnie s'en était bien tiré pendant un certain temps. Il avait les meilleures notes de toute sa classe, et n'avait eu aucune compulsion jusqu'à sa troisième année d'université. Sa vie qui jusqu'alors était calme, agréable et bien ordonnée s'était alors brusquement désintégrée. Son besoin compulsif de lire était revenu. Ses notes avaient baissé, et il était retourné chez lui, abandonnant l'université sans terminer son trimestre.

Arnie s'était mis à « penser ». De temps à autre, des idées de violence lui venaient à l'esprit. Il s'imaginait qu'il tuait ses parents ou qu'il se crevait les yeux avec des aiguilles. Il savait bien qu'il n'avait jamais fait de mal à personne délibérément, et qu'il ne le ferait jamais. « Je sais bien que ce sont des idées folles, mais je ne peux pas m'empêcher de les avoir; elles sont beaucoup plus fortes que des idées normales », m'avait-il déclaré. Il blasphémait, et c'est ce qui le préoccupait le plus. Il se considérait profondément chrétien, mais plus il cherchait à refouler ces pensées, plus elles revenaient à la charge.

Arnie a repris ses études à la fac. Comme Paul, il s'est remis à bien travailler. Mais l'effort qu'il fournit pour pouvoir fonctionner et vivre normalement l'épuise, car il doit encore combattre ces pensées et ces rituels.

Voici ce qu'il écrit maintenant : « Cet été, mon emploi de magasinier dans un magasin de chaussures a réveillé mes rituels de vérification. Je devais trier des chaussures par taille et par genre, et mon besoin de vérification me forçait à travailler beaucoup plus lentement que je ne le voulais. L'autre employé m'a d'abord dit de me dépêcher, puis il m'a laissé tranquille et ne m'a plus adressé la parole. Mais vous savez, docteur Rapoport, j'ai quand même fait mon travail, et mon patron était satisfait. »

Trier des chaussures pendant ses vacances n'était pas le type de travail qu'Arnie avait souhaité, mais il a appris à trouver du plaisir dans la réalisation de projets modestes. Comme si ce besoin de vérifier ne suffisait pas il doit aussi lutter contre d'autres symptômes. Voici ce qu'il raconte : « J'ai un problème avec les nombres. C'est le plus récent de mes problèmes. Je n'ai jamais été superstitieux, et je ne pense pas vraiment que je le sois à présent. Mais les nombres sont devenus terriblement importants. Je dois veiller à ne pas répéter les choses 6 ou 13 fois, 60, 66 ou 130 fois. Les nombres pairs dont le total fait 6, 13 ou 130 doivent être évités, comme c'est le cas pour 42, 33, 85, ou 76. »

La thérapie comportementale n'était pas disponible et de toute manière, il éprouvait de la réticence à l'essayer. La clomipramine semblait l'aider un peu, mais elle avait cessé d'agir après six mois. A plus forte dose, on observait une légère diminution de son besoin de compter, mais la somnolence et la nausée qui en résultaient étaient désagréables.

Arnie, ce jeune homme mince, timide et nerveux, m'avait dit qu'il était très important de continuer d'espérer. Les docteurs l'avaient aidé à ne pas se décourager et il les en remerciait, mais il regrettait les années passées à parler d'habitudes qu'il est incapable de changer.

« C'est grâce aux psychiatres que j'ai compris que tout en étant vraiment sous pression, mon père se souciait énormément de moi. Mon rapport avec mes parents s'est beaucoup amélioré. Mais je ne sais toujours pas pourquoi je me comporte de cette manière. Mes habitudes ne se sont jamais modifiées. »

Arnie a appris à être moins exigeant et à se contenter de peu. Il dit que c'est ce qui lui donne toute sa force.

Morris : Monsieur Propre

Tous les matins, pendant une heure, Morris, dix-huit ans, se lave les mains et les bras au Monsieur Propre. Il se frotte les mains si fort qu'il les écorche; parfois, ce traitement vigoureux le fait saigner. Quand il voyage avec sa famille, il se sent parfois enfermé, pris au piège dans le break familial. Il vaut mieux qu'il conduise, ce qui l'occupe et le soulage plus que tout le reste.

Morris se rappelle très précisément comment tout a commencé. Pourtant, il n'avait que trois ans à l'époque. Il se trouvait dans la nouvelle maison où sa famille venait d'emménager et était nerveux. Il avait tiré une chaise jusqu'à l'évier, avait grimpé dessus et ouvert le robinet, et s'était lavé les mains. Ce geste l'avait soulagé à chaque fois pendant les deux années suivantes. Au début, il devait le faire sans arrêt, mais son besoin de se laver avait progressivement disparu.

Il n'avait eu ni compulsions ni obsessions – un miracle, pensait-il à présent – jusqu'à son entrée au collège. C'est alors qu'elles s'étaient réveillées. Il s'était mis à s'imaginer sa mère, qui était pourtant en bonne santé, dans un fauteuil roulant. Il avait tenté de masquer ces idées ou de les refouler. Il avait consulté un psychologue qui lui avait dit qu'il avait le droit d'être en colère contre sa mère. Morris le savait, mais ne pensait pas que c'était la question – et de toute façon, vrai ou faux, peu lui importait puisque cela n'améliorait pas son état et ne semblait avoir aucune influence. L'obsession du fauteuil roulant, qui était d'une force absurde et terrible, continuait à le hanter.

Quand cette pensée devenait particulièrement insupportable, Morris réveillait sa famille. Son père, sa mère, et parfois sa grande sœur, discutaient avec lui et cherchaient à comprendre ce qui se passait. Mais personne n'y parvenait.

D'autres symptômes étaient venus éclipser l'image du fauteuil roulant. Morris partait quelquefois faire du cheval avec son père, et s'imaginait que celui-ci avait une liaison avec l'employée de l'écurie (ce qui était faux). Il y avait une autre obsession dont il n'arrivait pas à se débarrasser. Morris avait revu le psychologue plusieurs fois, parce qu'il se posait des questions sur le mariage de ses parents, et avait des fantasmes sexuels à leur propos. C'était vrai, leur mariage l'intéressait, et il fantasmait à leur sujet. Son psychologue et lui étaient devenus de bons amis, mais ça n'avait servi à rien.

Il s'était alors mis à avoir des compulsions paralysantes pendant ses cours. C'était à la fac qu'elles étaient les pires. Il devait effacer sans arrêt ce qu'il écrivait, ce qui lui faisait prendre énormément de retard dans ses notes de cours. S'il avait une de ces crises pendant un examen, il avait une mauvaise note car il ne le terminait pas.

Morris avait vécu des jours heureux à l'université quand il était tombé amoureux d'une fille de sa classe. Elle était devenue un soutien précieux pour lui. Ils avaient fait l'amour, mais elle n'avait jamais rien su de ses obsessions et compulsions. Pour Morris, ces angoisses avaient un caractère plus privé et plus difficile à partager que toutes les choses intimes qui pouvaient les lier. Il trouvait cela aussi humiliant.

La réapparition fréquente de ses obsessions l'avait obligé à ne plus voir cette jeune fille et ses amis, puis à abandonner ses études. Parce qu'il n'a jamais dit la vérité à sa petite amie, elle pense encore qu'il a cessé de l'aimer, ce qui n'est pas du tout le cas. Les moments passés auprès d'elle sont pour lui ses seuls souvenirs de vrai bonheur. Sa vie est remplie d'épisodes de doute obsessionnel extrêmement pénibles – par exemple, il a passé deux mois à se demander s'il souffrait d'une maladie vénérienne (ce qui n'est pas le cas). Son besoin de se laver revient de temps à autre pendant un mois; en fait, il ne s'en est jamais complètement débarrassé. La clomipramine n'a eu aucun effet sur lui.

Pourtant, Morris garde toujours l'espoir de voir son état s'améliorer. Il fait du jogging, de l'haltérophilie (pour une raison ou une autre, l'exercice lui fait du bien), et il est toujours très occupé.

Un jour que Morris allait très mal, son père était venu me voir. Il était bouleversé, et m'avait demandé un entretien. C'était un bel homme. Il était gêné et hésitait à se confier. Il m'avait avoué qu'il avait eu une liaison des années avant que son fils ne tombe malade. « Les problèmes de Morris viendraient-ils de là ? », m'avait-il demandé. Je lui avais répondu que je ne voyais pas comment cela était possible. Les difficultés que traversait son mariage ne suffisaient pas à expliquer la maladie de son fils. Ce que nous cherchions était une réponse à une question précise : pourquoi certaines gens réagissent-ils au stress de cette manière ? Paul, Arnie et Morris étaient parmi les premiers enfants obsessionnels-compulsifs que je rencontrais. Ils m'ont beaucoup appris – et, ce qui est tout aussi important, ils m'ont grandement aidée à désapprendre ce que j'avais appris. Mis à part leurs obsessions, ces enfants étaient comme les autres : un peu timides, mais s'ils avaient été bien portants, personne n'y aurait accordé de l'importance. Leurs maladies avaient commencé insidieusement, alors qu'ils faisaient des choses tout à fait banales, qu'ils avaient déjà faites je ne sais combien de fois : franchir une porte, se laver, distribuer les journaux dans le quartier.

L'objectivité avec laquelle ces adolescents décrivaient la progression de leurs symptômes m'avait d'abord paru étrangement adulte. Mais ils n'étaient pas mûrs avant l'âge; ils avaient simplement plus de bonne volonté et étaient plus coopératifs que les patients que voient habituellement les psychiatres. J'ai commencé à mieux comprendre cette maladie en parlant avec un très grand nombre d'obsessionnels-compulsifs – des enfants, des adultes, et leurs familles. Ils m'ont paru « normaux » et d'un abord facile. Au début, la « compréhension » que j'avais de leur mal n'était qu'une impression basée sur ce que je percevais pendant nos discussions, et sur ce que je ressentais en observant ces rituels surprenants.

Dix ans plus tard, cette « compréhension » était devenue une conviction que ce mal ressemble plus à un tic, à des troubles physiologiques que ne le pensaient les médecins. Ces enfants sont des enfants comme les autres, c'est certain, mais ils souffrent d'un curieux « hoquet » de l'esprit.

Troisième partie

Le point de vue d'un médecin

Il y eut d'abord les récits des patients. Puis je me suis aperçue en écoutant leurs histoires que, d'une certaine manière, un « corps étranger » habitait leur esprit, tout à fait sensé par ailleurs. Une écharde de l'esprit, des scories de pensée qui « irritaient » leurs processus mentaux et ne leur laissaient aucun répit.

Dans la moitié des cas, les troubles obsessionnels-compulsifs se déclarent pendant l'enfance. D'habitude, cette maladie atteint surtout les garçons, mais lorsqu'elle se déclare plus tardivement, les femmes sont aussi touchées que les hommes. Se laver, compter, vérifier, tels sont les thèmes les plus courants des rituels. Le terme « obsession » vient du latin obsidere, *assiéger, et, en effet, ces malades sont vraiment assiégés, véritablement possédés.*

Les mots qu'ils emploient diffèrent, mais tous les enfants me posent la question suivante : « Pouvez-vous les chasser? Pouvez-vous me les faire sortir de la tête? » Voici ce que m'a dit Sally, une fille intelligente de quatorze ans : « J'aimerais pouvoir revenir en arrière au tout début, parce que, à présent, j'ai l'impression que c'est devenu complètement incontrôlable. Autrefois, je passais avant mes rites; maintenant, c'est le contraire. Ce qui me fait souffrir le plus, c'est de savoir qu'ils sont inutiles et irréels, et de continuer quand même.

« Je me sens vraiment déphasée et ça me fait très peur. J'aimerais pouvoir redevenir celle que j'étais autrefois. Je garde l'espoir que tout ça n'est qu'un mauvais rêve, que je vais me réveiller et que tout sera normal. Avant, je m'aimais comme j'étais, mais à présent, j'ai l'impression que je ne me connais même plus. J'ai tellement d'ambitions et de rêves, mais je sais qu'avec les TOC, je ne les réaliserai jamais. C'est comme si j'étais dans un labyrinthe mental et que je ne pouvais pas en échapper. J'espère pouvoir guérir. »

Mon contact avec ces enfants est immédiat et chaleureux, comme il l'est entre amis qu'unit une préoccupation commune. Ils ne se conduisent pas envers moi, ni envers personne, comme des « névrosés », ce qui n'est pas le cas d'autres gens méfiants ou habitués à faire leur autocritique, dont les rapports avec les autres sont continuellement voués à l'échec, et qui passent leur vie à s'autodétruire. Ils n'accusent personne, ne me demandent pas pourquoi le professeur ne les aimait pas, ou pourquoi leurs familles ne les comprennent pas. Leurs parents les soutiennent, et leurs amis regrettent leur absence. Ils nous disent : « Il se passe quelque chose de bizarre et de fou. Je vous en prie, débarrassez-m'en! » Ce livre n'est pas le mode d'emploi d'une technique spéciale pour parler aux gens atteints de TOC. Il raconte simplement ce que j'ai appris en écoutant et en observant, ce que j'ai appris, depuis que j'ai commencé ces recherches, en observant la coïncidence remarquable de différentes études sur la fréquence de cette maladie, l'utilisation d'un nouveau médicament, et les anomalies du cerveau chez les obsessionnels-compulsifs.

Dans tous les pays où l'on étudie les TOC, le symptôme le plus courant est un besoin compulsif de se laver. Le personnel de notre centre, dans son jargon, comptabilise les nouveaux cas par nombre de « laveurs », de « penseurs », et ainsi de suite. Nous savons à présent qu'au moins 85 % de nos patients se sont lavés de manière excessive et compulsive à un certain stade de leur maladie. Pourquoi? Existe-t-il un centre primitif dans le cerveau qui serait stimulé lors de ces troubles et qui régulerait les comportements de toilettage? Je me suis demandé un moment si ce symptôme ne provenait pas de l'intérêt que nous portons aux installations sanitaires, aux désodorisants, à « l'hygiène personnelle », si typique des Américains. Les informations recueillies sur les TOC *dans d'autres pays ne sont pas d'une grande précision, mais elles suggèrent que dans d'autres cultures, moins obsédées par la propreté – celles des paysans du Nigeria et de l'Inde, par exemple – on trouve aussi des malades souffrant de la forme la plus répandue des* TOC.

La toilette peut, selon le contexte, être un comportement animal, une bonne habitude sanitaire, des rituels de purification ou accomplis par un groupe pour se protéger contre un danger. Je n'avais cependant pas beaucoup réfléchi à ces différents aspects quand la mère de Charles m'avait appelée pour la première fois, en 1976.

Le garçon qui n'arrêtait pas de se laver

A quatorze ans, Charles passait chaque jour plus de trois heures sous la douche, et mettait encore deux heures à s'habiller. Il se comportait de cette manière étrange depuis deux ans.

« J'ai entendu parler de vos recherches, docteur Rapoport », m'avait dit sa mère. « L'autre hôpital ne sait pas quoi faire. Charles ne se douche plus quand il est interné, mais quand il revient à la maison, il recommence, tout simplement. »

« Et lui, que dit-il de tout ça ? », avais-je demandé.

« Il dit seulement qu'il ne peut pas s'en empêcher. Qu'il est obligé, c'est tout. »

Ni une psychothérapie, ni de nombreux médicaments psychiatriques ordinaires, ni des mois de thérapie comportementale à l'hôpital n'avaient eu le moindre effet. Charles cherchait toujours à nettoyer ce « truc poisseux » qui lui collait à la peau. Comme ses parents travaillaient pour l'armée, Charles pouvait se faire soigner dans les hôpitaux militaires, et les docteurs avaient fait de leur mieux. Mais ils avaient rarement été confrontés à pareil cas. En général, un psychiatre ne verra qu'une poignée d'obsessionnels-compulsifs au cours de sa carrière. C'est alors que Charles et sa famille avaient lu quelque part un article sur l'étude que nous commencions. Ils nous avaient appelés du Dakota du Nord. Aujourd'hui, nous sommes submergés de malades venant de partout, mais à l'époque, je croyais encore qu'il s'agissait d'une maladie rare. Charles et sa famille étaient donc venus à Bethesda en 1976 afin de participer à notre étude.

Charles, qui avait dû abandonner ses études (ou plus exactement, qui n'avait plus été capable de sortir de sa douche pour arriver à l'heure au lycée), avait été jusque-là un élève curieux qui aimait la biologie et s'intéressait aux plantes, à la génétique, et à la chimie. Son professeur de biologie l'encourageait à faire des études pour devenir enseignant ou médecin. Au laboratoire, Charles était très doué pour l'observation et l'expérimentation.

Mais il avait perdu confiance en son « bon sens » et en ses sens. Ses mains et son corps étaient propres, mais il ne pouvait plus le savoir ni le constater par lui-même. Sa mère était désespérée; la vie était devenue un cauchemar de contamination invisible. Charles « savait », il était « sûr » qu'une substance poisseuse lui collait à la peau. Il ne pensait plus qu'à ça.

Sa mère cherchait à l'aider, mais c'était en vain. Si elle s'était mise à participer à ses rites alors qu'elle savait qu'ils n'avaient aucun sens, c'était parce qu'elle ne supportait pas de voir son fils malheureux quand il ne pouvait procéder à ses rituels. Elle frottait donc à l'alcool à brûler tout ce qu'il aurait pu toucher. Elle l'aidait à nettoyer sa chambre sans arrêt à grande eau. Elle ne recevait personne pour éviter toute « contamination » extérieure. Le père de Charles passait de plus en plus de temps au travail et rentrait tard pour échapper à cette atmosphère malsaine.

J'ai vu comment les TOC peuvent bouleverser la vie familiale en dressant ses membres les uns contre les autres et en détruisant la routine de la vie quotidienne. C'est quelque chose que je connais bien maintenant, mais à cette époque-là, c'était étrange pour moi d'observer sans comprendre une famille qui ritualisait. « Il n'avait jamais été déraisonnable auparavant, m'avait déclaré sa mère, il n'était vraiment pas différent de la plupart des autres garçons. Alors, quand quelque chose avait vraiment beaucoup d'importance pour lui, je sentais que je devais jouer le jeu même si je ne comprenais pas de quoi il s'agissait. Sinon, ça le contrariait tellement! »

Au début, discuter en tête à tête avec Charles avait été facile et agréable. Il était intelligent et pouvait être drôle. Il avait l'espoir de guérir grâce à nos recherches. Mais un problème s'était posé presque immédiatement. L'idée de subir un électroencéphalogramme, un examen des ondes du cerveau, le terrifiait, parce qu'il fallait coller les électrodes sur le cuir chevelu avec une pâte très gluante que l'on peut pourtant laver très facilement. Charles s'était mis à hurler que *rien*, vraiment *rien* n'était facile à nettoyer pour lui! Ce garçon calme et intelligent s'était soudain mis à vivre avec une étrange intensité son horreur des sensations visqueuses. « Ce qui est gluant est horrible. C'est une sorte de maladie, vous ne pouvez pas comprendre », m'avait-il dit. Pour lui, le pire aurait été de toucher du miel. Une fois lancé sur ce sujet, il était intarissable. Ce qui était gluant était synonyme de danger, d'anéantissement.

L'eau était différente car elle ne mettait pas en danger ce qui était solide. Charles sentait sa peau menacée en permanence par quelque chose de gluant, et c'était pour lui synonyme de terreur et d'attaque insidieuse. Il ne connaissait rien de pire. Il venait de passer deux ans à se laver sans cesse et sans aucune raison. Il s'était mis à hurler que lui mettre quelque chose de vraiment gluant sur la peau serait terrible. « Je le sens », nous avait-il jeté dans le feu de la discussion. « C'est là, il n'y a pas de doute. C'est insupportable. » Il savait qu'il *n'était pas* en contact avec quelque chose de visqueux, tout en ne le sachant pas vraiment. Nous avions insisté : pas d'EEG, pas d'étude. Nous lui avions fait subir l'EEG. Il avait passé la nuit entière à se laver.

Charles s'était plié à nos exigences, et il avait bien fait. Un mois plus tard, nous nous sommes livrés, lui et moi, à une cérémonie étrange mais, pour nous, extraordinaire. J'étais présente quand il a versé du miel sur la lame d'un couteau et l'a saisie à pleines mains en souriant. Tout le pavillon applaudissait. C'était notre premier patient à réagir de manière spectaculaire au traitement à la clomipramine.

Je sais maintenant que Charles n'était pas différent des autres enfants atteints de troubles obsessionnels-compulsifs, mais à l'époque, c'était un des cas les plus bizarres qu'il m'avait été donné de rencontrer.

C'était un de mes premiers obsessionnels-compulsifs; nous passions donc des heures ensemble à parler du « pourquoi » de ces lavages répétés. Il décrivait ce qu'il ressentait – un sentiment extrêmement pressant d'« obligation ». Aucune voix intérieure ne lui dictait son comportement étrange – « C'est ce que tout le monde me demande, docteur! Ça, ce serait *vraiment* fou. » Il avait les larmes aux yeux quand il m'avait déclaré : « Je vous en prie, ne dites pas que je suis fou. C'est cela qui a été le pire jusqu'ici, que les autres enfants et même mes sœurs me traitent de cinglé. » Il savait que c'était *l'impression* qu'il donnait, mais il ne se sentait pas fou. Il *devait* se laver, c'est tout.

Notre conversation était devenue plus facile quand il s'était rendu compte que je ne le croyais pas fou. La facilité avec laquelle nous avions établi le contact était trompeuse : tout paraissait si normal, si simple. J'étais tellement habituée à des entretiens avec des patients soupçonneux, irrités, isolés, et irrationnels, qu'il m'avait fallu un certain temps avant de réaliser qu'avec la plupart de mes nouveaux patients, ce type de préparation ne servait à rien.

Charles était devenu le chouchou des infirmières de notre service. Il était ouvert, reconnaissant, et affectueux. Quand nous l'avions rencontré pour la première fois, il n'avait qu'un seul ami. Ses rituels ne lui laissaient pas le temps de sortir. De nombreux patients nous ont raconté qu'ils avaient gardé un seul ami pendant leurs années de solitude.

J'avais demandé à Charles ce qui se passerait s'il *cessait* de se laver. Il était devenu perplexe, et n'avait pu me répondre que très vaguement, déclarant qu'il « tomberait peut-être malade » ou que « ça pourrait lui porter malheur ». Il n'arrivait pas à s'expliquer comment cette toilette rituelle était parvenue à limiter sa vie de manière aussi radicale. Une explication psychologique de ce comportement invoquerait un sentiment de honte et de culpabilité lié à la masturbation. D'autres adolescents malades m'ont certainement parlé de leurs désirs sexuels, de leurs peurs, et de leurs pulsions, mais pas Charles. Cette théorie est loin d'expliquer cette maladie. Nous avons examiné quantité de patients sur de nombreuses années, pour découvrir que les choses sont encore plus compliquées. Les symptômes peuvent changer au fil des ans, et c'est généralement ce qui se passe. Souvent, quand leur mal se déclare avant l'adolescence, les obsessionnels-compulsifs comptent, vérifient, ou font des gestes répétitifs. Pendant l'adolescence, ils se lavent. Plus tard, ils peuvent se mettre à ressasser des idées. Mais 85 % de nos patients, à un moment ou à un autre de leur vie, ont des rituels de propreté. Une explication intéressante des symptômes types des TOC devrait pouvoir prédire qui tombera malade, expliquer pourquoi l'individu passe tout ce temps à se laver, et pourquoi ces symptômes apparaissent et disparaissent.

Les symptômes de Charles ont disparu pendant un an. Ils ont réapparu progressivement alors qu'il prenait toujours régulièrement son médicament. Il avait développé une tolérance à ce dernier.

Charles n'est toujours pas complètement guéri. Malgré une amélioration spectaculaire due à la clomipramine, il cache son activité rituelle en s'y adonnant le soir quand il est seul. Il se sent toujours un peu contraint de faire ces gestes quand il se lave et s'habille. Il ne parvient pas encore à franchir une porte sans faire demi-tour et recommencer. Quand il prend une douche, il a toujours un rituel particulier avec le savon. Il le garde sous l'eau pendant une minute dans sa main droite, puis le tient hors de l'eau dans sa main droite pendant une minute encore. Il lui arrive de répéter ce processus pendant près d'une heure. La clomipramine n'a aucun effet, et la thérapie comportementale a très légèrement amélioré son état. Il continue cependant à se battre contre ces envies et garde l'espoir de trouver de l'aide.

Ses rituels et son besoin de symétrie ressemblent à la description ethnologique des rites d'une tribu primitive, ou à la caricature d'un ordre religieux imaginaire. *Mais personne ne lui a jamais appris à faire ces rituels.* Charles est « typique » des enfants et des adultes obsessionnels, mais il n'a jamais rencontré personne d'autre se comportant ainsi. Quand je lui demande : « Pourquoi fais-tu tout ça ? », il me répond très sérieusement en secouant la tête : « Je ne sais pas. Je ne sais vraiment pas. »

Après Charles, j'ai rencontré et traité plus d'enfants et d'adultes obsessionnels-compulsifs que la plupart des hôpitaux psychiatriques n'en voient en vingt ans. Mais c'est grâce à lui que je me suis rendu compte de la fréquence et des ravages de cette maladie. Pourquoi se souvient-on plus particulièrement de certains patients ? Avec Charles, c'est peut-être parce qu'il m'accordait sa confiance et qu'il m'était reconnaissant. Quoi qu'il en soit, j'étais décidée à en savoir plus sur son mal.

Darrel est totalement différent de Charles. Il n'a jamais compris pourquoi d'autres gosses qui participaient à notre étude tenaient à se laver. Il ne s'était jamais senti obligé de ritualiser. Le jour où tout avait commencé pour lui, il avait réveillé ses parents tôt le matin, terrifié. Il leur avait demandé, il les avait suppliés de l'enfermer dans sa chambre. Il leur avait déclaré qu'il avait peur de sortir dans la rue et de tuer quelqu'un. Comment ? Peut-être en poussant cette personne sous les roues d'une voiture, ou quelque chose comme ça. Ses parents étaient stupéfaits. Darrel était un garçon calme qui jouait bien du piano et aimait l'école. Il ne leur avait jamais posé de problèmes, n'avait jamais eu besoin d'être soumis à une discipline stricte, et n'avait pas mauvais caractère.

Quelqu'un l'avait-il mis en colère ? « Vous ne comprenez pas », leur avait-il dit (j'entends ces mots presque tous les jours depuis que j'étudie cette maladie) : « Je n'en suis pas vraiment certain, mais je pense que c'est *possible* pour moi de faire une chose pareille, ou d'électrocuter quelqu'un. » Ses parents avaient essayé de lui changer les idées. En vain. *Il ne pouvait pas s'empêcher d'y penser.*

Ils avaient fait ce qu'il leur demandait, et l'avaient enfermé à clef dans sa chambre. Quelques heures plus tard, ils étaient allés le chercher pour le petit déjeuner. Il pleurait, et posait une question bizarre : « Comment puis-je *savoir* si je vais tuer quelqu'un ? » Toutes les « bonnes » réponses n'avaient aucun effet sur lui – « Tu es un bon garçon, tu es doux, tu saurais t'arrêter, tu ne ferais jamais de mal à personne », et ainsi de suite. Darrel écoutait patiemment ces phrases inutiles qui lui donnaient quelques instants de répit avant de recommencer. « Mais comment savoir si... » « Comment le savoir ? »

Je l'avais rencontré à l'époque où il prenait encore de très fortes doses d'halopéridol, un tranquillisant puissant utilisé dans le traitement de la schizophrénie. Cela faisait plusieurs mois qu'il était dans le service des malades violents à l'hôpital. Sa démarche était raide, et son ton monocorde. Il parvenait cependant à décrire l'état curieux dans lequel il se trouvait – il savait qu'il était innocent tout en ne le sachant pas. « Comment savoir de manière sûre si je n'ai pas tué quelqu'un ? », demandait-il sans cesse.

Tout mon temps avec Darrel était pris par ce genre de discussion philosophique. A vrai dire, il ne voulait parler de rien d'autre. C'était son seul sujet de conversation. Il ne pouvait pas se fier à sa mémoire, à ses yeux, à ses pensées. D'une manière ou d'une autre, tous les obsessionnels-compulsifs veulent savoir comment savoir.

La maladie du doute

Une caractéristique majeure et étrange des troubles obsessionnels-compulsifs est que le malade ne peut être rassuré par ce que lui disent ses sens. Les obsessionnels sont incapables de « savoir » des choses simples qui nous paraissent évidentes et que nous vérifions constamment par un mécanisme dont nous n'avons même pas conscience, sauf lorsqu'il cesse de fonctionner. Qu'il soit déficient à ce point chez ces malades me stupéfie, car ceux-ci posent des questions sur la nature de notre connaissance auxquelles nous avons du mal à répondre : L'herbe est-elle vraiment verte ? Mes yeux sont-ils bleus ? A cela, on répond : « Mais c'est évident, voyons ! »

Les obsessionnels-compulsifs en viennent réellement à douter de leurs propres sens, du moins de manière sélective. Les jeunes enfants sont démoralisés et désorientés parce que leurs parents ne les aident pas, qu'ils ne puissent pas les aider, et se disputent avec leurs familles qui ne comprennent pas pourquoi ils n'arrêtent pas de ritualiser. « Quand vous écrirez votre livre, m'ont-ils dit, expliquez bien que *Nous ne pouvons vraiment pas nous en empêcher.* »

De quoi traitent ces rituels? Les rites ou les obsessions des compulsifs (terme que nous employons pour les malades qui ont un besoin impérieux de ritualiser) et des obsessionnels (qui ont plutôt un besoin de ressasser) concernent rarement des questions ou des comportements « neutres » (mais cela arrive parfois; nous décrirons plus loin certaines de ces curieuses obsessions à caractère « neutre »). De quoi traitent-ils donc? On peut répertorier les symptômes des TOC de plusieurs manières. Tout le monde s'accorde pour dire que les préoccupations les plus courantes sont la saleté (se laver, les microbes, le toucher), le souci de sécurité et celui des espaces clos (placards, portes, tiroirs, appareils électriques, interrupteurs), et des pensées ayant souvent pour objet des comportements violents, sexuels, ou blasphématoires, qui sont inacceptables (« J'ai tué quelqu'un », « Je suis une lesbienne »), mais ne donnent jamais lieu à un passage à l'acte. Un trait commun à toutes ces préoccupations est la perte de contrôle du malade sur une fonction essentielle.

Tous nos patients admettent que leurs pensées sont étranges ou démentes; ils sont gênés d'avoir de telles manies, et leurs amis se moquent d'eux. Ils gardent secrètes leurs idées et leurs actions; pour s'en cacher, certains apprennent même à jouer la comédie.

Quand le mal empire, les patients se cachent. Une des complications les plus graves des TOC est que le malade évite les autres et les situations qui provoquent ces comportements bizarres. Même les compulsions les plus impersonnelles – mettre de l'ordre dans ses tiroirs ou compter jusqu'à 32, par exemple – sont embarrassantes, car elles possèdent aussi la force intérieure qui caractérise ce syndrome et à laquelle on ne peut s'opposer. Le geste le plus insignifiant paraît bizarre quand on le répète sans arrêt.

Mes malades sont très inventifs dès qu'il s'agit de dissimuler leur TOC, mais j'ai découvert certaines de leurs ruses. Quand elle avait douze ans, Marion, âgée aujourd'hui de vingt-six ans, faisait une courte prière avant de se coucher. Sa grand-mère, qui dormait dans la chambre à côté, entendait grincer les ressorts du lit et présumait que sa petite-fille avait fini sa prière. Quand sa grand-mère commençait à ronfler, Marion se glissait sans bruit hors du lit et priait pendant encore trois heures.

Pendant notre étude au NIMH, deux garçons, tous deux grands laveurs obsessionnels, se douchaient pendant cinq minutes dans leur pavillon pour éviter de se faire remarquer. Ils se glissaient ensuite dans un autre service qui était vide pour cause de travaux, mais où les douches fonctionnaient. Ils s'y lavaient pendant des heures jusqu'à être satisfaits de leurs rituels.

Quand j'ai commencé cette étude, j'étais beaucoup trop impressionnée par le fait que mes patients arrivaient à bien fonctionner malgré ces rituels invalidants. Certains d'entre eux occupaient des postes importants. D'autres faisaient la fierté de leurs écoles. Je l'ai dit plus haut, il n'existe pas au monde de meilleurs acteurs ou actrices. Au fil des ans, j'ai appris à connaître l'envers du décor. On aurait pu les aider plus tôt s'ils n'avaient pas été aussi doués. Je connais trop d'histoires de réussites publiques et d'enfers privés; « faire semblant » est à présent un talent qui m'inquiète plus qu'il ne suscite mon admiration.

Les TOC sont-ils une maladie cérébrale?

Dès le début de nos recherches, tout portait à croire que les obsessionnels-compulsifs avaient un problème cérébral, fait dont il nous avait fallu tenir compte. Bien sûr, il y avait d'abord eu les récits de la majorité de nos patients, qui nous disaient, « C'est nouveau, ce n'est pas *moi.* » Puis il y avait cet autre groupe, plus petit mais tout aussi impressionnant, de malades qui souffraient en même temps d'autres troubles neurologiques.

Steven n'avait jamais souffert de TOC avant la semaine qui avait suivi son onzième anniversaire, date de sa première crise d'épilepsie. Ses parents avaient été soulagés d'apprendre qu'on pouvait contrôler ces attaques par des médicaments anti-épileptiques, et encore plus de découvrir que Steven les tolérait bien.

Mais l'épilepsie n'était pas son plus gros problème. A vrai dire, la veille de sa première crise, il avait demandé à sa mère : « Est-on *obligé* de penser à des chiffres ? », question qu'elle avait trouvée saugrenue. On l'avait débarrassé de ses crises, mais les chiffres étaient restés. S'il était retourné chez le docteur, c'est parce que le chiffre 4 dominait sa vie, lui gâchait ses études, et l'empêchait de s'amuser.

C'est au beau milieu d'un après-midi ensoleillé que Jacob avait été transporté d'urgence au service de neurochirurgie de l'hôpital universitaire de sa ville. Cet enfant sportif de huit ans jouait au football avec ses frères aînés quand il était brusquement tombé dans le coma. Après quatre heures de chirurgie, une hémorragie cérébrale due à une rupture d'anévrisme avait été soignée. Son rétablissement avait été extrêmement rapide (ce qui est courant chez un garçon bien portant de huit ans); c'était, du moins, l'avis de son neurochirurgien. Mais à son réveil, ce fut le cauchemar : il était prisonnier de rituels. Il n'avait pas posé les questions postopératoires habituelles : Quand pourrai-je rentrer chez moi ? Quand aurai-je le droit de me lever ?, mais s'était mis à faire un tas de choses : il devait tout toucher 7 fois. Il avalait 7 fois de suite sa salive, et quand il demandait quelque chose, c'était toujours par 7. Ses journées à l'hôpital étaient remplies de multiples de 7 et, pire encore, par le *temps* qu'il passait à tout faire 7 fois. Des mois après son opération, sa vie n'était plus qu'une répétition de gestes rituels. Il n'avait pu retourner à l'école que grâce à un traitement à la clomipramine qui avait enrayé son besoin de toucher et de compter.

Steven et Jacob étaient des cas exceptionnels. La plupart des enfants et adultes obsessionnels-compulsifs n'ont jamais subi d'opérations cérébrales et ne souffrent pas d'épilepsie ou d'une autre maladie neurologique identifiable. Mais ce type de patients apparaissait en nombre plus important que prévu au cours de nos recherches. Cela ne pouvait pas être un simple fruit du hasard.

Steven et Jacob souffraient de maladies neurologiques qui n'affectaient pas une seule région du cerveau. Mais après quelque temps, nous avions pu identifier un type spécifique de dysfonctionnement cérébral, s'accompagnant d'obsessions et de compulsions. Cette structure cérébrale appelée « ganglions de base » est enfouie profondément dans le cerveau; son nom signifie littéralement « nœud nerveux inférieur ». Elle sert de relais entre tous nos sens, nos fonctions motrices et les zones supérieures du cortex.

C'est en examinant un nombre important de malades que nous nous étions rendu compte que beaucoup d'entre eux avaient alors, ou avaient eu par le passé, des petits tics ou des contractions du visage ou des mains. Il faut examiner un certain nombre de patients pour s'en apercevoir, car les tics sont en général assez courants dans la population. Mais comme nous recrutions de plus en plus de gens pour notre étude et que nous découvrions que les TOC étaient courants, il devenait clair que les obsessions et les compulsions étaient liées à ces tics et contractions.

A lire ce que d'autres ont écrit sur les tics et compulsions, on se sent modeste. A vrai dire, je me rends bien compte que mes propres observations sont rarement originales; l'idée d'un rapport entre, d'une part, les obsessions et compulsions et, d'autre part, les ganglions de la base, n'est absolument pas récente.

En 1894, Sir William Osler, alors médecin-chef au Johns Hopkins Hospital, écrivait un article intitulé « Sur la chorée et les affections choréiformes ». Vous reconnaîtrez immédiatement sa description du cas d'une fillette souffrant de « Tics des muscles de la face et du cou; d'idées fixes; d'arithmomanie » :

« A. B., âgée de treize ans, examinée le 6 septembre 1890. L'enfant est bien développée et bien nourrie, quoiqu'un peu forte pour son âge. Depuis un peu plus d'un an, elle souffre de petits spasmes occasionnels des muscles du visage et du cou, visibles par le haussement soudain de ses sourcils. Peu de temps après le début de ces petits spasmes, elle a commencé à avoir toutes sortes d'idées et de pratiques étranges, dont de nombreuses persistèrent pendant plusieurs semaines ou mois et furent ensuite remplacées par d'autres non moins bizarres. Voici à quoi ressemblaient certaines de ses bizarreries, qui étaient presque toutes des variations de l'idée fixe connue sous le nom d'arithmomanie. Avant d'aller au lit le soir, elle levait chaque pied et tapait neuf fois le bord du lit. Après s'être brossé les dents, elle devait compter jusqu'à cent. Pendant au moins une année, elle est toujours entrée dans sa maison par la porte de derrière, protestant qu'elle ne pourrait plus jamais entrer par la porte de devant. Au cas où sa mère aurait voulu l'empêcher d'entrer par la porte de derrière, elle porta sur elle la clef pendant des mois. En arrivant devant la porte, elle frappait trois fois sur le rebord de la fenêtre voisine, et trois fois sur la porte elle-même avant de l'ouvrir. Elle refusait absolument de lacer ses chaussures. Quand elle buvait de l'eau, elle prenait une gorgée, puis posait le verre, le faisait tourner une ou deux fois, et répétait ce geste à chaque gorgée. Avant de mettre des sous-vêtements propres elle devait compter tant de fois qu'elle ne se changeait pratiquement plus, sauf lorsque sa mère la menaçait sévèrement. »

La malade avait été envoyée à la campagne chez sa tante à qui on avait vivement recommandé de discipliner et de dresser l'enfant, dont la guérison avait été totale.

En 1885, décrivant pour la première fois le syndrome qui porte aujourd'hui son nom, Georges Gilles de la Tourette notait un lien entre les obsessions et les tics moteurs. Ce neurologue parisien étudiait l'hystérie, et s'intéressait également à l'hypnose. Mais sa renommée est surtout liée au syndrome de Tourette, une affection singulière dans laquelle le malade gesticule et fait des bruits incontrôlables. Dans les cas les plus graves, il peut s'agir de grossièretés. Comme pour les TOC, des cas cliniques individuels ont été décrits depuis le moyen-âge, mais il a fallu l'excellent article de Tourette, portant sur neuf cas, pour asseoir l'existence de ce syndrome qui est bien étudié à présent.

Dans un tiers des cas, outre les tics et les exclamations, le syndrome de Tourette s'accompagne d'obsessions et de compulsions ressemblant à celles de mes patients. Dans son premier article, de la Tourette écrivait : « Plus ces éructations sont révoltantes, plus la personne est tourmentée par la crainte de les proférer à nouveau, et cette obsession pousse ces mots dans son esprit et sur le bout de sa langue. »

Depuis son premier article, le lien entre le syndrome de Tourette et les compulsions a été largement souligné. Par exemple, il existe une forte probabilité de trouver dans les familles touchées par ce syndrome des obsessionnels-compulsifs. La maladie de Tourette est très certainement une affection des ganglions de la base. Je pense aujourd'hui qu'elle est intimement liée, d'un point de vue neurologique, aux troubles obsessionnels-compulsifs.

C'est cependant à Constantin von Economo (1876-1931), un médecin très original d'origine grecque, dont la famille avait émigré en France, que nous devons la meilleure description d'une affection neurologique – c'est-à-dire d'une maladie cérébrale connue – capable de donner naissance à des obsessions et des compulsions. Von Economo avait fait ses études de médecine à Vienne et y avait passé la plus grande partie de sa vie professionnelle. Sa célèbre monographie sur l'encéphalite léthargique, datant de 1917, est une des descriptions les plus élégantes qui soit des effets psychologiques d'une maladie cérébrale. Parce qu'il était à la fois médecin et anatomiste, il avait su lier la description clinique de plus de cinq cents variantes de la maladie du sommeil à son étude des anomalies cérébrales.

De 1916 à 1918, une grave épidémie d'encéphalite virale a frappé l'Europe, faisant des milliers de morts, et plongeant des milliers d'autres gens dans un état de stupeur profonde accompagné de troubles moteurs ressemblant à ceux de la maladie de Parkinson. Von Economo consacra sa vie à l'étude de cet agent contagieux et à son action sur le cerveau, et prouva qu'il agissait surtout sur les ganglions de la base.

Mais aujourd'hui, ce sont ses observations sur la maladie de Parkinson qui intéressent avant tout la plupart des historiens de la médecine, car cette maladie se répand avec le vieillissement de notre population. Les travaux de von Economo ont permis d'établir un lien entre ce syndrome et les ganglions de la base. Mais ce n'est pas son analyse des changements dans les mouvements de ses patients qui m'intéresse, mais les nombreuses transformations psychologiques qu'ils connaissent, tout particulièrement en ce qui concerne l'expression de la volonté. Voici ce que von Economo a écrit sur l'état mental du malade après une attaque d'encéphalite léthargique :

« Ces patients ne diront pas : " J'ai un spasme à la main »", mais plutôt : " Il faut que je bouge la main de cette manière. " La subjectivisation fréquente de ces processus, ressentis par les patients comme compulsifs, est, me semble-t-il, un de leurs attributs caractéristiques... Or, par exemple, dans l'épilepsie, le patient dit : " J'ai un spasme au bras ", c'est-à-dire que le mouvement n'est pas subjectivé, bien qu'il ait son origine dans le cortex cérébral. »

Von Economo se demande ensuite comment une région « inférieure » du cerveau, celle des ganglions de la base, pourrait être à l'origine de fonctions aussi complexes que la « volonté » et l'« intention ». Alors qu'il avait supposé, comme l'avaient fait à l'époque d'autres neurologues, que le cortex cérébral contrôlait ces fonctions, sa propre recherche démontrait que cette région du cerveau était intacte chez les malades atteints d'encéphalite léthargique. Il concluait alors qu'en ce qui concernait la volonté, le passage aux centres supérieurs ne se faisait que partiellement. Il pensait qu'il devait y avoir « une relation intime entre la région frontale et la région de la base en ce qui concerne l'activité d'élocution, de volonté et d'émotion ».

Malheureusement, on ne peut pas simplement déduire l'origine neurobiologique des obsessions et compulsions de l'étude de ces patients. Comme le montre Oliver Sacks, le neurologue-écrivain qui a décrit de manière si éloquente l'influence des maladies cérébrales sur l'esprit, le cerveau des patients atteints d'encéphalite léthargique a subi de nombreuses petites attaques virales qui affectent de multiples régions : le thalamus, l'hypothalamus, le diencéphale, et la matière grise centrale. En ce qui concerne le lien que j'établis ici, il est intéressant de noter que c'est au niveau de ces structures que se fait l'intégration des émotions, de l'information sensorielle, et des comportements moteurs.

Je l'ai déjà dit, nos obsessionnels-compulsifs font souvent des petits mouvements bizarres et difficiles à décrire. Il s'agit pour certains de tics, de contractions faciales ou de crispations des mains qui ressemblent à des cas légers de syndrome de Tourette, alors que chez d'autres, ce sont de simples tics. Et chez d'autres patients encore, il s'agit de mouvements saccadés et rapides des mains et des pieds. Certains ont des manies complexes et bizarres : ils se touchent le nez, se tirent les cheveux, se tordent un bras en arrière. Je n'avais rien vu de tel depuis l'université lorsque j'avais étudié une maladie postinfectieuse appelée chorée de Sydenham. Les TOC se retrouvaient donc à nouveau associés à un problème neurologique.

Nos patients sont d'excellents acteurs, ce qui leur permet de déguiser brillamment ces mouvements. Une femme m'avait montré comment elle pouvait embellir les contractions de ses bras pour donner l'impression qu'elle s'étirait; une autre, qui avait un besoin compulsif de toucher, comme elle pouvait tout simplement sembler vive et affectueuse.

Les rituels et les obsessions ressemblent à des tics par leur caractère inopportun et incontrôlable. Les pensées répétitives, comme le pensait le psychiatre français Pierre Janet, sont peut-être une façon pour les neurones de se décharger – comme dans le cas des tics moteurs ou des crispations nerveuses. Janet pensait qu'il existait une sorte de « psycholepsie », de tics de l'esprit. Dans le cas de l'épilepsie, les crises peuvent disparaître pendant des mois ou des années puis réapparaître brusquement. Il en est de même pour les obsessions, qui peuvent sommeiller pendant des semaines ou des mois, et se déclencher soudainement. Mes patients me demandent pourquoi ces pensées disparaissent, et pourquoi elles ressurgissent inévitablement. Je suis généralement incapable de répondre à ces questions.

J'ai été frappée moi aussi par la ressemblance entre les obsessions et les tics. Proviendraient-elles d'impulsions électriques dans des circuits défectueux du cerveau ? Ces gestes et ces sentiments absurdes indiquent-ils que le malade, comme s'il s'agissait de convulsions, est pris d'un « accès » de pensées ? La pensée est-elle victime de mini-orages « électriques » (ressemblant aux décharges électriques de l'épilepsie), générateurs d'obsessions ?

J'ai bien de la chance de pouvoir mener mes recherches aujourd'hui, car je bénéficie de la découverte de nouvelles techniques permettant d'observer le cerveau humain en activité. Grâce à certaines techniques de tomographie cérébrale, nous sommes maintenant capables de détecter l'activité électrique ou biochimique du cerveau, non seulement à la surface, mais aussi dans des régions plus profondes. L'exploration la plus approfondie du cerveau vivant est maintenant possible grâce à la tomographie à émission de positons (« PET-scan »). Celle-ci repose sur le fait que le cerveau consomme du glucose et de l'oxygène comme les autres parties du corps. On marque, grâce à un isotope radioactif, des substances chimiques normalement utilisées par le cerveau. A mesure que l'isotope se désintègre, il émet des positons (des électrons à charge positive) qui produisent des rayons gamma détectés par des instruments positionnés près du corps.

Le PET-scan a été utilisé avec d'autres techniques de tomographie dans des cas de troubles obsessionnels-compulsifs. Nous avons maintenant la preuve qu'une région du cerveau (le noyau caudal) et certaines parties des lobes frontaux se comportent de manière anormale chez les obsessionnels-compulsifs. Deux laboratoires indépendants ont découvert que ce type d'anomalie se rencontrait uniquement dans les cas de TOC. Nous avons de plus en plus d'indices quant à l'origine neurologique de cette anomalie de la pensée, qui se situerait en particulier au niveau des régions cérébrales étudiées par Osler et von Economo. Les régions du cerveau qui semblent anormales sur le PET-scan de l'obsessionnel-compulsif sont celles touchées dans la maladie de Parkinson de type encéphalitique et dans le syndrome de Tourette. Les pièces du puzzle commencent donc à s'ordonner.

J'ai fait des études de médecine (au lieu de m'orienter vers la psychologie expérimentale) dans un but bien particulier. Je voulais étudier les relations entre les anomalies de la pensée et du comportement et les anomalies physiologiques. Mais dans le cas des troubles obsessionnels-compulsifs, les pensées du patient sont anormales dans des domaines tellement subtils que ce sont les philosophes, et non les médecins, qui en ont fait une étude approfondie et détaillée. Les obsessionnels-compulsifs ont un problème avec la « volonté » et le « savoir ». Les nouvelles découvertes sur cette maladie révèlent une biologie de l'esprit qui, jusqu'ici, était inimaginable.

Désapprendre pour comprendre

> « Je pense que l'idée que tout phénomène névrotique peut être guéri dérive de la croyance de l'homme de la rue selon laquelle les névroses sont quelque chose de tout à fait inutile qui n'a pas droit de cité. En fait, ce sont des maladies constitutives, sévères, qui se limitent rarement à quelques attaques, mais persistent en général pendant de longues périodes ou pendant toute la vie » (Sigmund Freud).

J'ai « désappris » rapidement. Il m'a fallu abandonner presque tout ce que je pensais savoir sur les troubles obsessionnels-compulsifs. On m'avait enseigné que ces patients présentaient généralement une personnalité d'un type « obsessionnel » particulier : les individus de type compulsif sont perfectionnistes, ponctuels, froids, ordonnés; ils le sont pour *presque tout* et ont *toujours* été ainsi : 20 % de nos patients environ répondent à cette description, une minorité. Parmi les jeunes, beaucoup sont assez peu soigneux de leur personne, se souciant peu de leur apparence, de leur chambre et de leurs affaires. Chose curieuse, un grand nombre de nos malades à tendance perfectionniste ou ritualiste choisissent soigneusement en quoi ils vont être parfaits et ce qu'ils vont nettoyer.

Le contraste entre cet îlot de propreté fanatique et un océan de désordre peut être saisissant. Cela ne me choque plus aujourd'hui, mais la première fois que j'ai vu le désordre que mes patients pouvaient supporter, je fus étonnée. J'étais venue rendre visite à John et à Richard, tous deux âgés de seize ans, tous deux atteints d'un besoin compulsif de se laver et placés sous observation dans notre service de pédiatrie au NIMH. Ils n'arrêtaient pas de se doucher, et l'un d'entre eux changeait aussi ses draps plusieurs fois par jour. Les infirmières avaient dû adopter un comportement professionnel inhabituel. Elles avaient d'abord fermé à clef l'armoire à linge pour que les autres patients du pavillon ne manquent pas de serviettes et de draps propres. Puis elles leur avaient rationné le savon : pas plus de deux par jour. Elles avaient ensuite été obligées de leur interdire d'apporter leurs draps à la blanchisserie réservée aux malades, afin de permettre aux autres patients de faire, eux aussi, leur lessive.

En dépit de quoi, et au même moment, les infirmières ne parvenaient pas à les convaincre de ranger leurs vêtements qui traînaient par terre dans la penderie ! On assistait à un échange qui aurait pu se produire avec n'importe quel adolescent – et qui se produisait souvent chez moi :

« Rangez vos affaires dans le placard, s'il vous plaît. Ramassez vos livres. »

« Je le ferai plus tard. »

Cette attitude sélective est tout aussi surprenante dans d'autres circonstances. Quand ils se rencontrent, mes patients s'entendent plus facilement entre eux s'ils ont exactement le même symptôme. Mais celui qui se lave ne comprend généralement pas pourquoi tel autre a besoin de vérifier. Bien sûr, ils sympathisent et se soutiennent mutuellement, car ils reconnaissent le gaspillage, la compulsivité et l'absurdité de leurs conduites respectives. Mais ils n'ont pas la moindre envie d'imiter d'autres obsessionnels-compulsifs, et s'en tiennent à leurs propres obsessions ou compulsions. De manière générale, un « laveur » éprouvera donc de la compassion pour un « vérificateur », mais, tout comme moi, il hochera la tête en se disant : « Heureusement que moi je ne fais pas cela ! »

Il est curieux de voir comment, d'une certaine manière, ces gestes sont contrôlés par le patient. Il peut les bloquer quelques minutes, voire quelques heures, mais ils finissent toujours par revenir. Ce quasi-contrôle ne se limite pas aux mouvements mais affecte également les pensées et les rituels. Pendant des années, le caractère « intentionnel » des obsessions a servi à défendre l'idée qu'elles découlaient essentiellement d'un problème affectif. Mais certains symptômes neurologiques peuvent aussi être contrôlés pendant un temps. Les malades atteints du syndrome de Tourette, par exemple, peuvent maîtriser provisoirement leurs crispations nerveuses, leurs tics, et même leurs éclats de voix.

Ma formation psychanalytique m'avait convaincue que certaines pensées et certaines peurs étaient symboliquement mises en scène dans des rituels compulsifs. Le cas de « l'Homme aux rats » de Freud en est un exemple. Ce jeune homme, tourmenté depuis l'enfance par des obsessions, avait consulté Freud en 1907. Il avait entrepris une analyse centrée sur une image qui lui revenait sans cesse à l'esprit, celle de rats lui dévorant l'anus. La cure nécessitait l'établissement de rapports complexes et imaginatifs entre le fantasme du jeune homme et ses sentiments envers son père, l'argent, et la sexualité. La cure utilisait aussi les rêves et les associations du sujet.

J'avais voulu apprendre cette technique en lisant des cas classiques, et en travaillant sous la direction de praticiens expérimentés. Je pensais que tôt ou tard, après avoir fait plus ample connaissance avec le patient et gagné sa confiance, tout comme Freud avec « l'Homme aux rats », je découvrirais ce qui poussait le patient à se laver, à vérifier, ou à compter. Si ce dernier ne parvenait pas à identifier le désir coupable ou la peur qui en étaient responsables, c'est que le travail que nous aurions accompli n'aurait pas été assez loin.

Je sais à présent que la plupart de nos patients ne découvriront jamais ce sentiment « caché ». Bien sûr, comme tout le monde, les obsessionnels réussissent éventuellement à parler de choses qui les gênent au premier abord. Mais malgré une amélioration de la qualité de nos rapports et leur confession d'autres pensées et sentiments intimes, la moitié au moins de nos « ritualistes » ne sait absolument pas « ce qui peut bien se cacher là-dessous ». L'autre moitié propose des théories qui tentent d'expliquer le geste répétitif lui-même.

J'avais l'impression qu'avec les troubles obsessionnels-compulsifs, c'était comme si un programme intérieur, habituellement sous contrôle, se déclenchait tout seul. Les compulsions et les obsessions peuvent être des actions ou des pensées impersonnelles qu'il faut répéter; la peur ou une autre situation de ce type n'entrent pas en jeu. Je ne connais aucune théorie capable d'expliquer cela.

Stanley, par exemple, qui a maintenant seize ans, devait sans arrêt recommencer ce qu'il faisait. Cette manie l'avait pris brusquement à l'âge de quinze ans, et il la haïssait. Ce basketteur talentueux redoutait le ralentissement que ces répétitions provoquaient chez lui, car même s'il parvenait à les déguiser, elles gênaient son jeu. Il s'efforçait de « collaborer » de son mieux à nos recherches, mais il n'avait pas la moindre idée de ce qui le poussait à répéter deux fois tout ce qu'il faisait. Le mieux qu'il pouvait faire, c'était décrire sa motivation comme une forte envie de répétition et un malaise s'il ne le faisait pas. Le plus frappant, c'était la force obstinée qui était à l'origine de ce comportement « absurde » et qui rendait tout le reste insignifiant.

Auparavant, confrontée à une mère qui aurait passé des heures avec son fils à nettoyer sa chambre, à des parents qui auraient enfermé leur enfant pour l'empêcher de « tuer » quelqu'un, ou à une femme qui serait ressortie d'un restaurant avec sa fille parce qu'elles n'y seraient pas entrées « correctement », j'aurais hoché la tête d'un air entendu et parlé d'« éducation abusive » ou de « problèmes de démarcation ». Il nous reste beaucoup à apprendre sur ces troubles! Mais les anciens schémas ne marchent plus.

J'avais appris à me méfier de « l'élimination du symptôme ». Cela pouvait provoquer une « substitution », insistait un de mes professeurs de psychiatrie, si bien que la disparition du symptôme pouvait être une manière trop superficielle d'aborder le problème. Une fois supprimé, un autre ou même plusieurs nouveaux symptômes surgiraient à sa place. Récemment encore, ces troubles étaient présentés comme particulièrement aptes à révéler le symbolisme latent du comportement anormal. Les « laveurs » étaient certainement l'incarnation clinique de lady Macbeth. De toute évidence, les « vérificateurs » avaient des souhaits de mort envers leur famille et devaient donc les nier. Leurs symptômes étaient certainement un moyen de faire face à ces désirs répréhensibles, à ces conflits inexprimés, et à ce sentiment de culpabilité.

Ce que Sigmund Freud a dit sur la névrose obsessionnelle-compulsive est bien moins doctrinaire. Ses écrits comportent des spéculations génétiques et biologiques. Tout en réfléchissant aux influences du psychisme sur la névrose obsessionnelle-compulsive, il écrivait : « Quant aux facteurs qui peuvent produire de tels troubles du développement, c'est là que la psychanalyse s'arrête. Elle laisse ce problème à la recherche biologique. » Il reconnaissait également que, par rapport à d'autres névroses comme l'hystérie, il était très difficile d'identifier les liens significatifs qui existaient pour les névroses obsessionnelles.

Le fait que les troubles obsessionnels-compulsifs, la maladie la plus citée pour illustrer les principes fondamentaux de la psychanalyse, soient les derniers à bénéficier de ce traitement, reste une des grandes ironies de la psychiatrie.

Les psychologues comportementaux ont été les premiers à révolutionner le traitement des TOC. Dans les années soixante et soixante-dix, ils expliquaient volontiers ces troubles par une théorie de l'apprentissage. Si les symptômes établissent, pour le patient, un rapport entre une peur et quelque chose capable de diminuer cette anxiété, cela donne naissance à un rituel. Même si ces théories sont encore débattues, ce type de traitement est efficace dans nombre de cas. Mais ces dernières années, c'est grâce à une réaction exceptionnelle aux médicaments et à l'identification d'anomalies cérébrales que d'importantes découvertes ont été faites sur les bases biologiques de ces troubles. Malgré ce changement d'orientation, la contribution de la thérapie comportementale est indéniable. J'avais appris son efficacité dans le traitement des phobies et des TOC dans les années soixante-dix. Pour les malades qui le souhaitent et sont capables de suivre ses indications, la thérapie comportementale doit être essayée avant tout le reste. C'est en écoutant les obsessionnels-compulsifs me raconter leur maladie les uns après les autres que mon opinion s'est forgée : si on laisse de côté leur problème, il s'agit de gens normaux. Et c'est l'utilisation des médicaments et la thérapie comportementale qui m'ont persuadée qu'ils n'ont jamais eu « besoin » de ces symptômes pour garder leur équilibre ou pour rester maîtres d'un conflit psychologique interne.

Le psycho-pharmacologue, le médecin qui utilise des médicaments pour changer le comportement, dispose d'un puissant outil pour combattre les TOC. Chaque fois que je prescris un médicament, je fais une mini-expérience. La plupart de nos malades ont essayé d'autres médicaments qui n'ont pas marché, ou d'autres thérapies qui ont échoué. L'utilisation de la clomipramine, ce nouveau médicament, m'a convaincue que, pour mes patients, le seul objectif rationnel est la disparition la plus rapide de leurs symptômes.

Quand la clomipramine est efficace (et ce n'est pas le cas pour au moins un tiers des patients), les idées et les images parasites disparaissent sans qu'aucun nouveau symptôme ne se développe. Les parents sont soulagés. Ils ne suivent plus partout leurs enfants; ils sont heureux de recommencer à s'occuper d'eux-mêmes. La mère de Charles s'est remise à aider son mari dans son travail. La mère de Paul a pu voir sa fille plus souvent. Le comportement des parents, même quand il s'agit d'attitudes extrêmement bizarres et déraisonnables, est le plus souvent une réaction aux exigences difficiles d'un enfant malade, exigences qu'ils ne sont que trop heureux d'oublier quand leur enfant cesse de souffrir.

La clomipramine : un médicament miracle?

J'effectue des recherches psycho-pharmacologiques depuis 1964. L'étude de la clomipramine a commencé en 1975. Les universitaires s'y intéressaient mais les incertitudes à son sujet étaient nombreuses. Il était difficile de croire à l'existence d'un traitement aussi spécifique contre les TOC. J'avais fait mes études au début de la révolution pharmacologique en psychiatrie. Cette révolution avait produit une grande quantité d'informations sur le cerveau et sur de nouvelles techniques de traitement des maladies mentales. C'est à la découverte de médicaments efficaces qu'on doit le retour de la psychiatrie dans le giron de la médecine.

Les médicaments psychiatriques ont surtout un effet sur l'humeur générale – l'anxiété et la dépression, par exemple. Les obsessions et les compulsions sont des problèmes tellement spécifiques qu'il était peu probable qu'un médicament donné aurait un effet.

Mais mon scepticisme s'est vite transformé en conviction. Après trois semaines de clomipramine, l'état de nos patients avait commencé à s'améliorer. Ce n'était pas le cas du groupe de patients qui prenaient un placebo dans notre expérience en « double aveugle ». Un placebo est une substance présentée sous le même conditionnement que le vrai médicament mais qui n'a aucun effet : le plus souvent c'est une pilule de sucre. Dans une expérience en « double aveugle », le malade prend le médicament pendant un mois ou deux, puis le placebo, ou vice-versa. Jusqu'à la fin de l'expérience, ni l'expérimentateur ni le patient ne savent à quel moment celui-ci prend le placebo ou le médicament.

Gérald, quinze ans, était en première année de lycée professionnel où il étudiait pour devenir électronicien. Son avenir paraissait assuré. Le plus important employeur de sa ville natale était une entreprise d'électronique qui lui avait promis un bon poste après ses études. Mais deux ans avant notre rencontre après un incident sans gravité – une couverture chauffante avait pris feu dans sa chambre – il s'était mis à ruminer des idées de malheurs dont sa famille ou ses amis auraient pu être victimes.

Pour repousser ces pensées, il se sentait obligé de se laver. Quand ses obsessions le tourmentaient, il y passait deux ou trois heures par jour. Ses études laissaient de plus en plus à désirer; il s'était mis à faire l'école buissonnière. Finalement, il était devenu incapable d'aller en classe.

Sa famille avait entendu parler de nos recherches sur la clomipramine à la télévision. Gérald était timide et l'ambiance de notre grand hôpital le mettait mal à l'aise. Nous lui avions donné un placebo (nous l'avons su à la fin de l'expérience) pendant les cinq premières semaines. Il se sentait découragé et arrivait à peine à suivre la routine du service pendant cette période. Il restait le plus souvent dans sa chambre pour éviter tout ce qui aurait pu déclencher ses rites de propreté.

On lui avait donné de la clomipramine pendant les cinq semaines suivantes, et il avait changé du tout au tout. Nous avions d'abord pensé que son état avait empiré. Il nous parlait plus que jamais de ses symptômes, et la manière dont ces derniers le gênaient dans sa vie courante paraissait l'inquiéter davantage. Il passait beaucoup plus de temps à essayer de nous expliquer ce qu'il ressentait. Mais, paradoxalement, c'était un signe d'amélioration. Maintenant, il prenait au sérieux ce que nous faisions et nous parlait de ce qui le préoccupait véritablement. En quelques semaines, de toute évidence, Gérald allait beaucoup mieux. Il était devenu enthousiaste, travailleur, et séduisant. Son travail bénévole à l'atelier d'électronique de l'hôpital était excellent et son chef disait le plus grand bien de lui. Son contact avec le personnel soignant était devenu plus chaleureux. Nous étions heureux de le voir renaître. Le fait de se trouver à Washington commençait à l'intéresser, et il allait en ville pour visiter des musées. Il disait en plaisantant que les gars de chez lui se seraient moqués mais comme ces choses-là lui plaisaient, il s'en fichait. Chose étonnante, ses rituels disparurent. De temps à autre, il imaginait bien quelques scènes de violence contre sa famille, et avait parfois quelques crises de propreté, mais celles-ci étaient faibles, secondaires, en marge de sa pensée, et se remarquaient à peine.

Mon enthousiasme pour la clomipramine a été renforcé par les résultats obtenus chez d'autres adolescents qui, comme Gérald, étaient gravement atteints, et par le soulagement de leurs familles et de leurs thérapeutes. Quand un nouveau remède est disponible, il est non seulement important de savoir s'il marche, mais aussi, s'il est meilleur que les autres médicaments déjà sur le marché.

Depuis le traitement de Gérald, nous avons découvert les avantages de la clomipramine. Elle est plus efficace qu'un autre antidépresseur, la diméthylimipramine (DMI). Dérivé de l'imipramine, la DMI est un antidépresseur aussi efficace que la clomipramine. Mais cette dernière est bien plus efficace pour les TOC. Pour comparer ces deux médicaments les patients ont d'abord pris l'un pendant cinq semaines, puis l'autre pendant les cinq semaines suivantes. Pour que la comparaison reste impartiale, ces expériences ont été conduites en « double aveugle ». Les résultats de cette comparaison entre la clomipramine et la DMI étaient clairs. La DMI faisait autant d'effet qu'un placebo. Quelle que soit l'action de la clomipramine sur le cerveau, celle-ci est certainement très spécifique : elle enraye les obsessions et les compulsions.

Quand un traitement aussi spécifique est découvert, il représente un grand progrès vers une compréhension de la physiologie de la maladie. L'action positive et sélective de la clomipramine sur les obsessions me fascine encore, mais nous sommes loin d'avoir trouvé la panacée. Ce qui semblait être un « remède miracle » n'apporterait qu'une amélioration partielle. Dans un tiers au moins des cas, elle ne fait pas d'effet. Nous ne savons pas pourquoi. Nous avons d'abord analysé le sang des malades qui n'avaient pas réagi au traitement pour voir si le médicament s'y trouvait en plus faible quantité, ce qui aurait permis d'expliquer l'absence d'effet. Mais ce n'était pas le cas. Les examens cliniques ne nous permettent pas de prédire à qui la clomipramine profitera. Le médicament peut aussi bien faire de l'effet dans des cas très sérieux que dans des cas peu graves. Des études récentes conduites dans des laboratoires suédois et américains montrent que de meilleurs résultats ont été obtenus chez les patients qui ont un niveau de sérotonine élevé, ce qui cadre avec la théorie d'une action de ce médicament sur la sérotonine.

Personne ne sait vraiment comment marche ce médicament ni pourquoi son action sur les individus est sélective. Mais c'est grâce à lui que l'on s'est à nouveau penché sur cette maladie mystérieuse et horrible. Et il livrera peut-être la clef de l'énigme.

David et la drogue : son odyssée

L'action sélective des médicaments donne à la psychiatrie des indices nécessaires à une meilleure compréhension de la biologie des maladies mentales. Ces indices ont parfois des origines bizarres. David, un de nos malades, nous a fait un récit remarquable de la biologie des obsessions et des compulsions basé sur sa propre expérience de toxicomane. Son histoire est une expérience « naturelle ».

Ce beau jeune homme de dix-huit ans énigmatique et élégant, qui connaissait bien la rue, avait été adressé deux mois plus tôt à un programme de désintoxication de Baltimore. Cela faisait un an qu'il buvait six packs de bière par jour et prenait, depuis l'âge de quatorze ans, tantôt occasionnellement, tantôt souvent, des amphétamines, de la poudre d'ange (PCP), de la cocaïne, des barbituriques, du valium, ainsi que du LSD et de la psilocybine. Il avait pris chacune de ces drogues au moins vingt fois, et certaines d'entre elles des centaines de fois.

Il était si souvent absent en classe qu'il avait été renvoyé du lycée en dernière année. Il avait eu de nombreux accidents de voiture, et on lui avait retiré son permis de conduire. Incroyable mais vrai, il avait réussi, chez lui, à faire croire à ses parents que tout allait bien. Tous deux étaient des avocats débordés qui voyageaient souvent. Mais quand il avait été arrêté pour vol, ils avaient finalement compris.

C'est seulement après avoir commencé le programme de désintoxication que David avait raconté à son conseiller ce qu'il cachait avec infiniment plus de soin que sa toxicomanie : il avait des « pensées dingues et des trucs qu'il devait faire ». Essentiellement, il devait compter sans arrêt jusqu'à 22. Cela durait depuis des années, et avait commencé bien avant qu'il ne se drogue. Il se lavait aussi les mains, ce qui lui prenait une heure à chaque fois. Mais c'était le besoin de compter qui lui gâchait ses journées. Quand ses « crises » le prenaient, il devait tout arrêter pour taper 22 fois des petits coups sur le mur, ou par multiples de 22. Il était obligé de rentrer, de sortir, de se lever ou s'asseoir 22 fois de suite.

Il nous avait été envoyé par son conseiller. Nos travaux intéressaient énormément David qui, du fait de son expérience de toxicomane, acceptait plus volontiers que les autres patients l'idée qu'un médicament spécifique puisse combattre ses obsessions.

Pour lui-même, il distinguait trois types de drogue selon l'effet qu'elles avaient sur ses obsessions et ses compulsions : l'amphétamine et la cocaïne aggravaient ses rituels. Il en prenait souvent parce qu'il était « accro », mais il passait ensuite son temps à taper des séries de 22 coups sur son mur. Il se sentait plutôt mieux quand il prenait de l'alcool, du valium, ou de la poudre d'ange, mais ses rituels ne diminuaient pas en intensité. Ce qui l'intéressait, c'est qu'après avoir pris de la psilocybine ou du LSD, ses rituels et ses obsessions disparaissaient entièrement pendant cinq ou six heures. L'effet de ces drogues était complètement prévisible.

David se demandait si nous pouvions expliquer ce phénomène, et nous pensions pouvoir le faire. La psilocybine et le LSD agissent sur le système cérébral d'un neurotransmetteur que nous avons déjà rencontré : la sérotonine. Les neuromédiateurs sont des composés chimiques produits par des neurones, qui transmettent des messages à d'autres neurones ou à d'autres régions du cerveau. Les neurones sont des cellules extrêmement spécialisées; chaque neurone produit un neurotransmetteur particulier, qui véhicule un message spécifique à un type de cellule spécifique. Aucune des autres drogues sur la liste de David n'agit sur la sérotonine. Ce que son histoire avait d'impressionnant, c'était la correspondance entre l'effet des drogues qu'il prenait et l'action de la clomipramine telle que nous la comprenons. Tout comme ses « bonnes » drogues, celle-ci agit sur la sérotonine, stimulant probablement sa production, du moins dans certaines régions du cerveau.

L'état de David empirait avec l'amphétamine et la cocaïne, ce qui était aussi logique. Ces drogues ont une grande influence sur la dopamine, un autre neuromédiateur qui lui, agit *contre* le système de la sérotonine. La clomipramine stimulerait la production de sérotonine, alors que les amphétamines augmenteraient la production de dopamine dans les ganglions de la base. Nous pensons que ce sont ces régions du cerveau qui fonctionnent mal chez les obsessionnels-compulsifs. Les drogues qui n'agissent pas sur les symptômes obsessionnels de David ont peu d'influence sur la dopamine ou la sérotonine.

Bien entendu, la question suivante était de savoir si la clomipramine soulagerait David. Ses expériences personnelles nous indiquaient que son état aurait de fortes chances de s'améliorer grâce à un médicament stimulant la production de sérotonine cérébrale.

Pendant les cinq premières semaines de notre étude (nous avons découvert par la suite qu'il prenait de la DMI, l'antidépresseur de « contrôle ») il ne s'était produit aucun changement. Mais pendant la deuxième partie de l'étude, il avait éprouvé un soulagement qu'il n'avait pas connu depuis quatre ans, à l'exception de ces quelques heures de répit grâce au LSD : il n'était plus obligé de compter.

Des cas comme celui de David sont extrêmement utiles. C'est le passage d'un cas clinique particulier, de l'histoire d'un patient, à une interrogation sur le fonctionnement du cerveau qui m'avait, en premier lieu, attirée vers la recherche médicale. Pouvoir passer de la réalité quotidienne au laboratoire et inversement est un aspect unique de la vie du chercheur.

Parce qu'ils agissent également et principalement sur la sérotonine, des médicaments plus récents sont actuellement testés pour leur effet sur les troubles obsessionnels-compulsifs. Deux d'entre eux – la fluoxétine et la fluvoxamine – sont prometteurs. Ces deux médicaments seront peut-être aussi efficaces que la clomipramine, mais il est encore trop tôt pour en être sûr.

Un dernier mot sur David : à la fin de son traitement, il nous a confié qu'il avait eu plus de mal à parler de ses obsessions que de sa toxicomanie à sa famille. « Vous voyez », nous avait-il dit, « *tout le monde* prenait de la drogue. Mais je ne connaissais personne qui était obligé de compter. »

Sucromanie

Le 21 mars 1987, le programme de télévision « 20/20 » consacrait une émission aux TOC. Nous avons mis des mois à répondre au déluge d'appels que cette émission a provoqué. A cette occasion, des obsessionnels-compulsifs et leurs familles nous avaient raconté des histoires remarquables. Chaque semaine, je passais en revue deux mille appels avec mon personnel, tandis que des bénévoles (des patients et leurs familles qui avaient participé aux études précédentes) envoyaient des informations à toutes les personnes qui avaient appelé. Nous avions orienté la plupart d'entre elles vers le centre de soins le plus proche de leur domicile, et rencontré celles qui rentraient dans le cadre de notre étude. Mais l'appel qui m'avait le plus intriguée concernait le sucre :

La femme parlait d'une voix chevrotante. « J'ai regardé l'émission sur les compulsions à " 20/20 ", mais je suis sûre qu'on n'a jamais entendu parler d'un cas comme le mien. » Elle s'était alors mise à faire le récit d'une variante du TOC dont je n'avais effectivement jamais entendu parler, mais qui était, à sa façon, aussi intolérable que toutes les autres. Cette femme souffrait de TOC, j'en suis sûre. Je ne l'ai jamais rencontrée – nous avons perdu sa fiche dans une avalanche de papiers, pendant ce mois où notre personnel (d'habitude bien organisé) s'est laissé submerger par les appels téléphoniques. Mais nous avions parlé longtemps, et cette conversation m'est restée en mémoire.

Les compulsions de Mlle X avaient commencé quand elle n'était plus très jeune, ce qui la différenciait déjà du reste de mes patients; chez la plupart de mes malades, ces troubles se manifestent avant quarante ans, âge auquel avaient commencé les problèmes de Mlle X.

Elle m'avait raconté qu'elle était faite pour rester célibataire, qu'elle avait toujours aimé une maison bien tenue, et qu'elle adorait faire des gâteaux. Les hommes causaient trop de problèmes et salissaient toujours tout. Jusqu'alors, je pensais qu'elle appartenait à la catégorie des « rangeurs », des « vérificateurs », ou peut-être même à celle des « nettoyeurs » ou tout simplement, à celle des « laveurs ». Mais il s'agissait de tout autre chose.

« Docteur Rapoport, ne riez pas, s'il vous plaît. J'ai un problème avec le sucre. Le sucre glace.

– Le sucre?

– C'est bien ça, le sucre. Vous savez, celui qui est fin, le sucre glace.

– Et alors? lui avais-je demandé d'un ton incertain.

– Eh bien, c'est venu brusquement, m'avait-elle avoué. Il y a environ vingt ans, j'ai eu très envie de voir comment ça serait, je veux dire, comment je me *sentirais* si je saupoudrais du sucre glace partout chez moi. Vous savez, comme sur un gâteau.

– Vous en avez mis partout dans votre appartement?

– C'est bien ça. J'ai un saupoudroir pour mettre du sucre glace sur les gâteaux. C'est une petite boîte en fer-blanc munie d'une poignée, avec des petits trous sur le dessus. C'est ce que j'ai utilisé.

– Où l'avez-vous saupoudré ?

– Oh, un peu partout. Je devais absolument en mettre partout, sinon *je me sentais mal à l'aise.* Il fallait que ce soit régulier. J'en ai mis par terre, sur les meubles. Je me suis arrêtée quand j'en ai manqué. Pour une raison ou pour une autre, je savais que le sucre normal n'aurait pas fait l'affaire.

– Et ensuite ?

– Bien sûr, l'appartement était dans un triste état. Mais je pouvais au moins me reposer. C'était mieux que le sucre soit là où il était, plutôt qu'ailleurs, ce qui m'aurait empêchée de me concentrer. Si je ne l'avais pas fait, je me serais sentie très mal.

– Vous faites cela depuis vingt ans ?

– Ça dépend, justement. Parfois, cette sensation disparaît pendant des mois, et je peux alors nettoyer. Ça aussi, ça me soulage. Je peux inviter les gens chez moi, et nettoyer ce qui est poisseux. »

Mlle X avait promis de nous écrire. Comme je l'ai dit, elle avait appelé pendant le mois le plus chargé. J'étais sûre d'avoir rempli un des formulaires que la clinique envoie par la poste avant de prendre congé d'elle. Je lui avais promis de la mettre en rapport avec un collègue de New York (où elle vit, dans cet appartement probablement entièrement saupoudré de sucre).

Je n'ai jamais retrouvé le formulaire, et elle ne nous a jamais rappelés. Beaucoup de questions m'étaient venues à l'esprit le lendemain : Et les fourmis, les cafards, et le reste ? Avait-elle d'autres compulsions culinaires ? Continuait-elle à faire la cuisine ? Dans quel état son appartement pouvait-il bien se trouver ?

J'aime penser que l'information que j'ai donnée à Mlle X lui a été utile. Peut-être a-t-elle essayé la thérapie comportementale (ma première suggestion) ou la clomipramine (ma seconde). J'espère qu'à présent, elle ne saupoudre plus que ses petits gâteaux.

Secrets

Les psychiatres étudient une communauté dans son ensemble pour comprendre sa population et ses problèmes de santé. Les malades ne se comportent peut-être pas dans les cliniques comme à l'extérieur. Il est possible qu'à l'hôpital, les médecins ne voient chaque cas que sous un angle particulier, ou selon certains critères. On n'y voit peut-être que les cas les plus compliqués ou les gens les plus malades. Pour certains types de soins, il n'y a que les personnes les moins bien portantes, les plus fortunées, ou celles qui viennent au rendez-vous, qui sont examinées.

L'épidémiologie est la discipline qui étudie la fréquence et le type de maladies qui frappent une population, dans son ensemble ou bien de façon sélective. Ces dix dernières années, une révolution a eu lieu. L'épidémiologie psychiatrique a trouvé sa justification. Grâce à des progrès dans la normalisation des diagnostics psychiatriques, des entretiens spécifiquement appropriés à l'étude de communautés entières ont été mis au point. Nous avons eu la chance d'étudier les TOC dans les années quatre-vingt. Nous pouvons à présent tenter de répondre à la question suivante : S'il existe un grand nombre de « cas » de TOC, où se trouvent-ils donc et comment se débrouillent-ils ?

Je travaille généralement dans mon cabinet. J'organise des réunions avec le personnel, je vois des malades, je réponds au téléphone, je prépare des comptes-rendus d'examens médicaux, etc. Mais j'ai participé, en 1985, à une étude épidémiologique pour laquelle j'ai dû quitter mon cabinet médical. C'était une enquête bizarre : je cherchais des obsessionnels-compulsifs qui, eux, ne cherchaient pas de l'aide. C'était une étude épidémiologique, une étude d'une population, ce qui signifiait que c'était à *nous* d'aller vers *eux*. Nous voulions estimer la fréquence de cette maladie et apprendre comment s'en sortaient les gens dont les TOC n'avaient pas été « découverts ».

Je suis retournée au lycée, ou plutôt, aux lycées, et j'y ai passé un an à recevoir des élèves dans le local qui servait d'infirmerie. Quand j'étais gosse, la balance et le cabinet marqué d'une croix rouge représentaient pour moi la Médecine et la Science. A présent, me retrouver assise dans ces salles surchauffées et mal peintes (le vert était encore la norme), où des adolescents entraient en traînant les pieds, me faisait une drôle d'impression. Un entretien toutes les deux heures. Nous étions à la campagne, à cinq heures de voiture de mon centre de recherches. Mon équipe et moi étions parfois reléguées dans des bibliothèques ou des couloirs (un lycée public est un endroit épouvantable pour un entretien privé) quand l'infirmière scolaire avait besoin de sa salle. Nous étions des étrangers tolérés qui conduisaient une « enquête de santé publique » auprès d'élèves qui s'ennuyaient poliment.

Certains jours, quand nous n'avions pas grand-chose à faire, nous nous demandions ce que nous faisions là. Il y avait beaucoup de chômage; ces gamins étaient plus préoccupés par leur avenir professionnel que par l'autre sexe. La plupart d'entre eux nous regardaient d'un air interdit quand nous leur demandions s'ils avaient des « habitudes » qui ne les lâchaient pas – se laver ou compter, par exemple.

Travailler à l'extérieur de mon cabinet me donnait un sentiment de vulnérabilité. Pénétrer tous les jours dans un bâtiment où personne ne vous connaît était une sensation étrange. Mais nous voulions rencontrer des gens qui ne nous cherchaient pas, et c'était la seule manière d'y parvenir.

Mais cela en valait la peine. Il existait un groupe d'élèves que nos questions n'avaient absolument pas ennuyé. Bien au contraire, ils avaient été surpris. Ils ne s'attendaient pas à ce qu'on leur parle de leur mal, ni à se trouver soudain en présence d'individus qui les questionnaient sur leur « autre vie ». Ces cas « à l'extérieur » étaient exactement ce que nous recherchions. La plupart des obsessionnels-compulsifs ne parlent jamais de leurs symptômes. Nous voulions découvrir pourquoi ils ne cherchaient aucun secours. Que pensaient-ils de leurs habitudes et pensées étranges ? En parlaient-ils ?

Fred fut notre première découverte. Il était arrivé à son rendez-vous avec vingt minutes de retard.

– Je suis toujours en retard, s'était-il excusé.

– Et pourquoi donc ? lui avais-je demandé.

– C'est simplement parce que je fais tout très lentement.

– Cela ne te pose pas de problèmes ?

– Bien sûr. Mes amis n'aiment pas attendre. Et je ne termine jamais mon travail.

– C'est dur, l'école ?

– Pas vraiment. Ça devrait être facile. Mais je dois tellement vérifier ce que je fais. J'arrête pas. Je ne termine jamais rien. »

Fred ne connaissait personne d'autre qui restait quatre heures sous la douche ou se lavait les mains cent fois par jour.

Je lui avais demandé pourquoi, à son avis, il faisait ces choses-là. « Je suis différent, c'est tout, m'avait-il répondu. Je pense que j'ai un problème. Mais personne ne peut me comprendre. Quand j'étais petit, je pensais que c'était Dieu qui m'avait mis ces idées en tête. Je m'endormais en m'imaginant qu'Il m'avait choisi pour une sorte d'épreuve spéciale. Je me disais : “ Dieu va venir et m'expliquer pourquoi je suis si différent des autres, et alors, tout le monde arrêtera de me taquiner. ” »

Fred avait récité la même liste bizarre de symptômes que j'entendais depuis des années. Il disait les avoir depuis toujours.

« J'en ai marre de devoir faire ces choses-là », m'avait-il avoué. C'est comme les nombres. Tout par groupes de quatre, éviter les six, et ne devoir regarder les choses que d'une certaine manière.

– De quelle manière ?

– Bah, comme regarder la pendule de ma chambre, puis regarder la porte. Je dois aussi me regarder la plante des pieds, et mes amis trouvent ça ridicule.

– Ils se moquent de toi ?

– Non, ils sont assez sympa. Mais ils me demandent si ça va, et savent quand ils doivent me laisser seul. »

Fred était quand même assez optimiste. Il savait qu'il aurait le dessus ou qu'il s'y habituerait. Mais il ne s'en aimerait pas moins pour autant.

Sa grand-mère était morte un an plus tôt, et il n'avait plus personne à qui parler. Sa mère était complètement prise par deux emplois à mi-temps depuis que son père était parti. « Tout le monde a tellement de soucis », m'avait-il dit. La plupart des gosses de ces écoles rurales avaient des problèmes familiaux pires que les siens et n'en parlaient pas. Je lui avais donné un numéro de téléphone. Il m'avait promis d'appeler, mais je savais qu'il ne le ferait pas.

Les vingt adolescents obsessionnels-compulsifs révélés par cette étude n'avaient jamais parlé de leurs problèmes à personne. La plupart d'entre eux en souffraient depuis des années. Quand nous « tombions » sur des cas, nous entendions parler d'enfances solitaires et bizarres. Debby, une adolescente rondelette, m'avait avoué qu'elle récitait certains nombres tous les jours pendant des heures.

« C'est vraiment dingue. Je ne l'ai jamais dit à personne, mais ça n'arrête pas. Ça fait des années que ça dure.

– De quoi s'agit-il, à ton avis ?, lui avais-je demandé.

– Quand j'avais six ans, j'avais entendu parler du grillon qui suivait Pinocchio. Je pensais que j'avais une petite voix comme la sienne dans la tête, et que ces nombres venaient de lui. Mais le rôle de Jimmy Cricket, c'était de venir en aide à Pinocchio, alors que je ne voyais pas comment ça pouvait m'aider. J'attendais de voir ce qu'il allait faire. Je me disais : “ Il ne va tarder à arranger ça. ” »

Debby faisait partie d'un groupe d'une douzaine d'enfants qui avaient leur propre « histoire de science-fiction » pour expliquer l'origine de ces pensées qui s'étaient « implantées » dans leurs esprits.

Trois de ces élèves étaient allés voir un psychologue, mais pour discuter *d'autres* problèmes. Ils ne lui parlaient pas de leurs rituels de propreté ou des drôles d'idées qui étaient trop privées et tellement folles qu'ils se seraient sentis humiliés. Il ne leur était jamais venu à l'esprit d'en parler. Ces gosses étaient des acteurs extraordinaires. Ils inventaient des astuces, des gestes et des excuses pour cacher leurs rituels ou leurs préoccupations.

« Comment fais-tu pour que tes amis ne découvrent pas tes manies ? » avais-je demandé à Debby.

Elle avait écarquillé les yeux et m'avait répondu : « Je suis toujours en retard à mes rendez-vous, et je vais tout le temps aux toilettes. Mes amis pensent que je suis une tête de linotte, et c'est ce que je leur laisse croire. Je suis en fait très organisée et très sérieuse. On ne me connaît pas vraiment. Personne n'est au courant de mon besoin de compter et de vérifier.

« Quand je dois vérifier quelque chose ou me laver, je prends un air bête et je dis : “ Il faut absolument que j'aille me passer un coup de peigne. Je suis tout ébouriffée ”, ou quelque chose comme ça, et tout ce que font mes amis, c'est rire derrière mon dos quand je m'éloigne. Peut-être les gens deviennent-ils des acteurs parce qu'ils ont quelque chose à cacher. »

Nos efforts avaient été utiles, comme le démontre le récit précédent. Les conclusions auxquelles nous étions arrivés en clinique étaient bien fondées; traités ou non, tous ces cas se ressemblaient. Notre découverte de vingt cas dans une circonscription scolaire ordinaire ne paraissait pas énorme, mais elle venait renforcer les enquêtes précédentes. Celles-ci avaient été menées sur des adultes; nous arrivions maintenant à des conclusions identiques avec des adolescents.

A partir de ces cas et de la manière dont nous avions sélectionné les sujets questionnés, notre épidémiologiste avait pu calculer le pourcentage d'adolescents vraisemblablement atteints de TOC. Nous avions tous été surpris par ses résultats. Aux États-Unis, cette maladie toucherait plus d'un million d'adolescents et un plus grand nombre encore d'adultes. Pourquoi n'en sait-on rien? Parce qu'en règle générale, les obsessionnels-compulsifs ne cherchent pas d'aide, sans doute parce qu'ils pensent qu'on ne peut pas les aider. Il faut dire aussi que personne n'a cherché à les découvrir.

Nous étions revenus deux ans plus tard, en 1987, pour revoir tous nos sujets. Je m'étais installée avec Fred sous le porche de son immeuble. La veille, je lui avais téléphoné pour qu'il m'indique la route, et c'est lui qui avait choisi l'heure de notre rendez-vous. Ça ne l'avait pourtant pas empêché de descendre avec une demi-heure de retard. A la manière dont sa mère l'excusait, j'avais bien vu que cela devait lui arriver souvent; une de ses répétitions, probablement. Il était finalement sorti de sa chambre. Il y avait beaucoup de monde dans cet immeuble; quelqu'un, à l'intérieur, faisait beugler une télé et quelqu'un d'autre écoutait, allez savoir pourquoi, la fréquence de la police.

Nous nous étions assis sur les marches en béton. Fred avait vraiment l'air d'aller très mal. Il avait perdu dix kilos.

« Vous n'avez pas eu de mal à trouver? m'avait-il demandé. J'avais peur de ne pas vous avoir bien expliqué le chemin. » Je l'avais rassuré.

– Je ne suis pas doué pour indiquer le chemin. En fait, je suis bon à rien, avait-il ajouté. Je me souviens de vous.

Vous êtes venue à l'école et vous m'avez demandé comment ça allait.

– Comment se sont passées ces deux dernières années ?

– Bien. Ça ne me pose plus de problème.

– Qu'est-ce que tu veux dire par là ?

– Bah, je me suis rendu compte que Dieu m'a fait comme ça, et que c'est comme ça que je dois être. Je *dois* simplement passer mon temps à nettoyer. Quand les autres se moquent de moi et m'appellent Monsieur Propre, je n'y fais pas attention. Maintenant, je *veux* faire ces choses-là. Je me force à le vouloir, parce que c'est quelque chose que je ne peux pas changer. »

Il allait mal. Il prenait encore quatre douches par jour, d'une demi-heure chacune. Il fantasmait sur la mort de ses parents, ce qui l'effrayait. Et il vérifiait sans cesse ses devoirs, ce qui l'empêchait de les terminer. Il passait toujours de justesse dans la classe supérieure. Au moment de partir, il m'avait dit qu'il dormait mal et qu'il restait éveillé pendant des heures jusqu'à ce que le sommeil le gagne, mais qu'il se relevait quelques heures plus tard. Il pensait sans arrêt à sa solitude et à ses contrariétés, et se demandait s'il avait fait quelque chose, pendant la journée, qu'il ne fallait pas faire.

« Mais je dois vivre avec, il n'y a rien d'autre à faire. Alors j'apprends à aimer ce que je fais. »

J'aurais voulu en discuter, mais cela n'aurait servi à rien.

Sans blague !

Beaucoup de gens aiment raconter des histoires drôles. Mais peut-on se sentir obligé de raconter des histoires drôles qui ne le sont pas ? Il y a peu de temps, j'aurais répondu : « Bien sûr que non », mais j'ai rencontré quelqu'un pour qui c'était le cas. Il est parfois très difficile de dire ce qu'est une compulsion. Nous avons réussi à identifier les patients « types » : ceux qui se lavent et vérifient, les enfants qui sont certains d'avoir tué quelqu'un, et ceux qui ont en tête des idées horribles et inacceptables. Mais les limites de ce mal me laissent perplexe. Murray, lui, se sentait obligé de raconter des blagues. Mais il n'était pas drôle – ou plutôt, son problème ne l'était pas. Il arrivait cependant à berner beaucoup de monde.

Nous avions failli ne pas le rencontrer, car ses parents n'arrivaient jamais à se mettre d'accord, même sur l'heure de son rendez-vous. Il vivait avec sa mère et son beau-père dans un État, alors que son père et sa belle-mère habitaient dans un autre. Ses parents naturels se disputaient encore violemment, alors que chacun d'entre eux s'était remarié cinq ans auparavant et semblait heureux. Même avant notre première rencontre avec Murray, ses parents nous appelaient tous les jours à tour de rôle. « Ça vous arrive de voir des enfants qui se sentent obligés de raconter des blagues idiotes ? » demandaient-ils. Nous leur répondions : « Bien sûr, mais pas dans cette clinique. »

Finalement, c'est nous qui avions décidé qui amènerait Murray, et quand, et comment. Cela nous avait permis de régler le problème avec ses parents. Mais le mal inhabituel de leur fils restait entier.

Nous nous demandions s'il fallait le soigner. Quelques années auparavant, à l'âge de douze ans, il s'était mis à se laver trop souvent et à vérifier que la porte de son armoire était bien fermée. Il y passait des heures entières tous les jours, mais ce problème avait disparu sans soins particuliers. A présent, Murray se plaignait surtout de se sentir obligé de raconter des histoires drôles, ce qu'on lui reprochait également à l'école et chez lui. Il se sentait obligé de raconter des blagues de mauvais goût en pleine classe malgré la colère de ses professeurs, l'irritation de ses camarades, et les menaces du directeur.

Cela ne ressemblait absolument pas aux problèmes de nos autres patients. Cette famille, ou plutôt, ces familles inquiètes, avaient fait des kilomètres pour que ce garçon de quatorze ans vienne nous débiter des blagues vraiment stupides! Je croyais que c'était une mauvaise plaisanterie. Nous nous demandions si Murray en avait tellement assez de ces adultes qui n'arrêtaient pas de se quereller qu'il opérait peut-être une diversion – c'était peut-être tout ce qu'il avait trouvé pour qu'ils cessent de se chamailler? Mais quand il avait commencé à expliquer, nous nous étions rendu compte que nous n'étions pas en présence d'un imbécile.

Ce garçon joufflu avait un léger tic, un genre de clignement de l'œil droit. « Je suis en classe, je fais attention, et je peux répondre. Je me mets alors à penser " blague ", et je suis *obligé* de commencer. Vous voyez (ses mots se bousculaient et il arrivait à peine à parler assez vite) ça me prend, tout simplement. Je lève la main, je me mets à rire bêtement, et il faut absolument que je raconte une blague. C'est une sorte de crise, ou quelque chose comme ça.

« Je sais qu'il est interdit de discuter en classe et que le prof va se mettre en colère, mais c'est plus fort que moi. Donc, je dis : " J'ai une blague à raconter. " Il me répond : " Pas maintenant, Murray ", mais c'est trop tard, j'ai déjà commencé. »

Je l'avais interrompu : « Ça ne t'attire pas d'ennuis? »

« Si, m'avait-il avoué d'un air pitoyable, j'ai été exclu une douzaine de fois, et on m'a finalement mis à la porte. J'avais de bonnes notes, je voulais aller à l'université, et maintenant je ne sais pas ce qu'on va faire. » Il s'était mis à pleurer. Il n'avait pas l'air de plaisanter.

J'avais attendu qu'il se calme, et lui avais demandé : « Bon, eh bien, tu peux nous montrer? Tu nous racontes une histoire drôle? » Son expression s'était alors figée, et il avait pris un air stupide. Machinalement, il avait commencé à nous raconter une « blague ». « J'vais vous en raconter une », avait-il insisté, mais son histoire drôle se bornait à une phrase idiote – « un homme met la tête dans un seau d'eau » – du niveau mental d'un enfant de deux ans. Il avait été pris d'un rire convulsif et se tenait les côtes. Suivait alors une autre « blague ». Cette fois-ci, quelqu'un se retrouvait couvert de boue. « Un homme tombe dans la boue. » Nous n'étions pas en présence d'un enfant de deux ans, mais d'un garçon de quatorze ans, inquiet et effrayé.

Mais tout le monde se rendait compte, à présent, que Murray ne trouvait pas ça drôle. « Ouf, c'est fini ! » avait-il dit quand « l'envoûtement » avait cessé. Il était vraiment obligé de le faire. La meilleure école de la ville l'avait renvoyé à cause de ces blagues, et sa vie se désintégrait. Pire encore, il n'avait rencontré personne capable de comprendre ce qu'il vivait. Les profs, ses amis, et une grande partie de sa famille le trouvaient désobéissant et le croyaient fou. Il mettait presque toujours tout le monde en colère contre lui.

Comme il avait eu des périodes pendant lesquelles il se lavait et comptait, nous savions qu'il avait déjà souffert de troubles obsessionnels-compulsifs. Mais nous ne savions pas si son besoin de raconter des blagues était lié à cette maladie. Je n'avais jamais rien vu de semblable, tout comme les trois neurologues qui l'avaient examiné avant nous.

Je lui ai donné de la clomipramine pendant un mois. Ses blagues ont disparu, et il été réadmis à l'école : un succès ! Ses parents se chamaillent toujours, mais Murray participe au journal de l'école et joue dans l'équipe de football, ce qui lui prend beaucoup de temps, et semble l'aider à rester en dehors des conflits familiaux. Quand il a arrêté le médicament quelques mois plus tard, ses blagues ont commencé à refaire leur apparition.

Il existe un rapport entre le cas de Murray et le syndrome de Tourette qui, comme je l'ai dit plus haut, est une maladie liée aux troubles obsessionnels-compulsifs. Dans le syndrome de Tourette, la victime a des tics et émet des sons, parfois des mots, surtout des grossièretés, des insultes et des obscénités. Il arrive aussi que le malade s'exprime de manière incongrue.

Ces mots ou ces phrases varient en fonction du milieu socioculturel du patient et de la situation particulière dans laquelle il se trouve. Un de mes patients se sentait obligé de dire des grossièretés quand il se trouvait en société, mais un jour, dans un avion pour Miami, il avait dû se bâillonner pour s'empêcher de crier : « Ceci est un détournement ! » C'était juste après le détournement d'un grand nombre d'avions de cette ligne vers la Havane. A bord, les passagers avaient été avertis que même une plaisanterie était illégale et serait punie. Quel que soit le « programme » élaboré par le cerveau, les instructions données au patient par ce rituel macabre sont « dis ou fais ce qui est le plus inacceptable ». Murray fréquentait une école pour garçons doués où « l'inacceptable » était de se comporter bêtement. *Être obsédé par l'idée de faire* ce qui est inacceptable est caractéristique des TOC ; *devoir le faire* effectivement relève plutôt du syndrome de Tourette.

Murray se porte bien, à présent. Il n'a plus de tics, et n'éprouve plus ce besoin irrésistible de raconter des histoires idiotes. Il prend de la clomipramine depuis un an seulement, et trois ans et demi se sont écoulés depuis notre première rencontre. Le médicament l'a « réparé », il en est sûr. Ses projets sont de devenir docteur et de faire de la recherche médicale. Je ne suis plus très sûre de la véritable action de ce médicament dans son cas. En règle générale, les gens pour lesquels la clomipramine a vraiment marché ont dû en prendre pendant longtemps. Et le TOC, comme le syndrome de Tourette, peuvent tous deux disparaître spontanément sans que l'on sache vraiment pourquoi.

Musique entêtante

Don, debout près de la fenêtre, parlait au téléphone. Sa conversation était très animée. Ce garçon mince de seize ans s'exprimait avec aisance. Quand je l'avais interrompu, il m'avait fait sentir son irritation, d'une manière typiquement adolescente. Quand il me parlait des airs de rock qu'il entendait, il ressemblait encore plus au lycéen de banlieue qu'il était. « Ils se cramponnent, docteur Rapoport, et je ne peux pas m'en débarrasser. »

« Oui, oui, je vois ce que tu veux dire. Nous avons tous des airs qui nous trottent dans la tête. Tiens, moi, l'autre jour, j'ai regardé une nouvelle émission de télé, et je fredonne l'indicatif depuis des jours. J'en parlais ce matin, d'ailleurs. »

« Ce n'est pas ça. » Don, l'air sérieux à présent, avait perdu son sang-froid et donnait l'impression de vouloir pleurer. « C'est pas du tout ça. Si je suis à l'hôpital, c'est à cause de ça. Voyez-vous, ces airs chassent tout le reste. C'est horrible. »

Il doit y avoir erreur, m'étais-je dit au début. Que faisait donc ce garçon dans notre étude des troubles obsessionnels-compulsifs ? « Tu ne te sens pas obligé de te laver, de vérifier, ou de compter ? » lui avais-je demandé.

« Bien sûr, ce sont des choses que je faisais *avant,* mais un peu seulement. Il fallait que je fasse tout deux fois de suite, et il n'y avait que les chiffres pairs qui marchaient. Je me lavais les mains sept ou huit fois par jour. » Il avait l'air de s'ennuyer et de s'impatienter.

« Mais c'est pas vraiment *ça* qui m'a attiré des ennuis. C'est cette musique qui me tourne dans la tête. Elle n'arrête pas. »

« Quelle sorte de musique? »

« Eh bien, parfois, c'est une sorte de musique de fond effrayante, comme dans les vieux films d'aventure, quand le méchant s'approche de vous, et qu'on entend une sorte de vrombissement. »

Pendant quatre ans, Don avait discuté avec un psychologue de son anxiété et de ses difficultés relationnelles. Mais il ne lui avait *jamais* parlé des airs qui lui tournaient dans sa tête. Pourquoi? Il avait d'abord pensé que c'était pareil pour tout le monde. Plus tard, il n'en était plus si sûr. Cela ne lui avait jamais semblé important. Il vivait avec cela depuis tellement longtemps qu'il s'y était habitué.

« Il faut que vous compreniez ce qui se passe avec ces airs », avait-il insisté. « Les gens ont beau se plaindre d'airs qui leur trottent dans la tête, ils les aiment bien *quand même*... Moi, je n'y prends jamais aucun plaisir. Ça dure des heures, des jours, des semaines, des mois et des années. Je ne peux pas les arrêter. Ils n'en font qu'à leur tête.

« Par exemple, l'été dernier [en 1985], le groupe de rock " Tears for Fears " avait un hit qui s'appelait " Everybody Wants to Rule the World ". C'était pas terrible, comme chanson. Mais je l'ai gardée en tête pendant un an. Et c'est comme ça depuis l'âge de neuf ans.

« C'est très difficile pour moi de m'adapter à ces airs. Je dois faire deux fois plus d'efforts que les autres pour faire les choses ordinaires. Ces chansons me troublent l'esprit, me fatiguent, et me font perdre la plus grande partie de mon temps. Et chaque air est associé à un souvenir particulier. »

Je l'avais interrompu : « Mais n'est-ce pas le cas pour tout le monde? »

« Pour moi c'est différent. Pour moi, c'est un ordre auquel je dois obéir. J'ai horreur de déménager, et ces airs sont liés à certains endroits où j'ai vécu mais auxquels je ne suis pas particulièrement attaché. C'est comme si c'était leurs étiquettes. Il aurait pu s'agir d'une liste de noms. Mais au lieu de ça, ce sont des airs. »

Si Don avait une obsession, c'était la musique. Cela n'est pas sans rappeler des types rares d'épilepsie caractérisés par une courte absence pendant laquelle le malade entend de la musique. Mais *rien,* à part l'obsession, n'est capable de faire durer ces airs pendant des années. Certaines tumeurs cérébrales rares du lobe temporal peuvent provoquer ce genre d'expérience pendant quelque temps et même pendant des mois, mais Don avait subi une tomographie axiale du cerveau qui n'avait pas révélé de tumeur. Ces airs le persécutaient depuis des années. S'il y avait eu une tumeur, celle-ci se serait déjà déclarée.

Dans son cas, nous étions également certains d'être en présence d'obsessions car Don avait eu les symptômes caractéristiques de cette maladie : se laver, compter, et vérifier. Les airs étaient un peu la même chose. Ils n'avaient rien d'agréable : ils étaient incompréhensibles, entêtants, et d'une force monotone et répétitive qui est l'essence même de toute obsession. Il devait se battre contre cette musique pour pouvoir vivre.

Chez les obsessionnels-compulsifs, la plupart des représentations sont d'ordre visuel. Mais les manuels de psychiatrie font mention de rares cas d'airs entêtants. On cite le cas d'un étudiant de vingt-trois ans qui ne pouvait pas se débarrasser d'un air populaire. Un vieil homme entendait sa propre voix répéter sans arrêt une phrase dénuée de sens – « Quand ils étaient jeunes, ces garçons. » Peu après avoir rencontré Don, quelqu'un d'autre m'avait demandé de l'aider dans un cas semblable.

George K., fermier dans l'état du Maine, nous avait appelés après avoir entendu parler de notre projet à « 20/20 ». Cela faisait trente et un ans qu'un air de violon de six notes lui trottait dans la tête. Personne ne le savait ; il l'avait caché à sa femme pendant les premières années de leur mariage.

Cela faisait un an que son épouse était morte. A l'époque, George n'avait pas pu venir à Washington pour des raisons de santé, mais quelques mois plus tard, alors que j'étais en visite dans une clinique de Boston, il était passé me voir et m'avait raconté son histoire.

Quand il était encore jeune, au tout début de sa maladie, il s'était demandé pourquoi il avait ce problème. Comme il n'avait jamais été très fort en introspection, il n'avait pas trouvé grand-chose. Il aimait la musique qu'on jouait à la radio, mais n'avait jamais fait d'effort particulier pour l'écouter. Quand il était plus jeune, un assez bon violoneux avait joué lors d'une fête à laquelle il assistait. Mais les morceaux qu'il avait joués étaient mélodieux et variés, et n'avaient rien de cette sorte de gigue courte, ennuyeuse, répétitive et entêtante.

George et sa femme ne se cachaient rien, et il avait finalement dû lui dire ce qui se passait. « Ça m'a échappé un jour où j'avais vraiment le moral à zéro, m'avait-il dit. J'avais peur qu'elle se moque de moi, mais je ne m'attendais pas à la voir s'asseoir et se mettre à pleurer. Elle était ensuite venue vers moi et m'avait remercié. Elle avait l'air heureuse. Elle m'avait dit qu'à mon air perpétuellement sérieux et agacé, elle avait toujours pensé que j'étais fâché contre elle, ou que tout ce qu'elle disait m'ennuyait, car je ne l'écoutais jamais comme j'aurais dû le faire. J'aurais dû lui en parler bien avant, mais je pensais qu'elle me croirait fou. Elle avait l'air tellement plus heureuse, après ça; je m'étais senti soulagé. »

George n'aimait pas quitter sa ferme, mais il était allé deux fois à l'hôpital pour demander secours. A chaque fois, les médecins l'avaient ausculté, lui avaient fait un examen auditif, l'avaient questionné sur d'autres « hallucinations », puis avaient consulté des neurologues, des psychologues et des spécialistes de l'oreille, et avaient discuté de son cas. A chaque fois, on lui avait déclaré qu'on ne connaissait pas la nature de son mal.

Sa femme était morte d'une crise cardiaque; elle faisait de l'hypertension. Il avait maintenant soixante ans et en souffrait également. Les médicaments qu'il prenait le rendaient assez malade, mais il s'occupait toujours de sa ferme, et n'avait pas l'intention de changer d'activité. Il en était venu à accepter cet air comme une contrariété continuelle, comme quelque chose d'ennuyeux et d'agaçant. Il était habitué, c'était son expression, « à vivre dans le bruit ». Mais depuis qu'il avait vu le programme télévisé, il s'était mis à espérer, pour la première fois depuis des années, qu'il pourrait se libérer de cet air « rien que pour voir l'effet que ça ferait de ne pas l'entendre pendant un jour ».

Je ne lui avais donné qu'une faible dose de clomipramine à cause de ses autres problèmes médicaux. Il avait aussi pris du L-tryptophane, l'acide aminé précurseur de la sérotonine qui renforce parfois l'action de la clomipramine quand elle est prise en petite quantité. Son médecin personnel le surveillait, mais nous étions restés en contact. Après deux semaines, l'air avait perdu de sa force. C'était toujours le même air, me disait-il, mais il s'était affaibli comme une émission de radio qu'on reçoit de moins en moins bien sur l'autoroute à mesure qu'on s'éloigne de l'émetteur. Il avait finalement disparu après plus de trois mois. George m'avait déclaré qu'il n'arrêterait jamais de prendre ce médicament. Il m'avait dit d'un air pensif : « C'est tellement reposant, le silence. J'aimerais seulement que ma femme soit encore là. Maintenant, je pourrais vraiment l'écouter. Elle me disait que je ne l'écoutais jamais. »

Les obsessions musicales sont un type très rare de TOC; c'est également le cas des images visuelles, relativement peu communes chez nos malades. Mais comme le TOC est une maladie beaucoup plus courante que nous le pensions, il y a probablement des milliers d'autres gens comme Don et George qui croient qu'*eux seuls* entendent ces airs, et qui ne savent pas que des médicaments et/ou une thérapie pourraient les soulager. Si vous n'en parlez jamais (nos patients évitent de le faire leur vie durant, ou presque), personne ne pourra jamais vous aider. Parler d'airs qui vous trottent dans la tête n'est certainement pas un sujet de conversation ordinaire, et les obsessionnels sont de toute façon des gens très réservés. Il est possible que seuls les musiciens aient du mal à cacher ce dont ils souffrent, car ces airs risquent d'influencer leurs compositions.

Était-ce le cas pour Erik Satie (1866-1925), en l'occurrence ? Il vivait seul à Paris, parfois dans une très grande pauvreté, mais s'habillait toujours avec beaucoup de soin. Les détails de sa vie privée sont typiques des TOC. De son vivant, il n'a jamais laissé entrer personne dans sa chambre. A sa mort, on a trouvé dans sa penderie une douzaine de costumes, de chemises, de faux cols, de chapeaux, et de cannes. Tout était neuf et identique. On a également découvert une boîte à cigares contenant plusieurs milliers de bouts de papier portant des symboles et des inscriptions qui tous, pour une raison inconnue, faisaient référence à Charlemagne.

Peut-être ses TOC avaient-ils aussi influencé sa musique, bien que ce soit moins clair. On rencontre ce que les musicologues appellent son « obsession trinitaire » dans ses compositions, souvent conçues par groupes de trois. Satie a dit qu'il voulait présenter dans sa musique différents aspects d'un même thème. Presque toujours, il en proposait trois, les trois « Gymnopédies » étant les plus connues.

Les visions des obsessionnels-compulsifs sont concrètes et détaillées. Ce ne sont pas des hallucinations, mais des images précises, comme projetées, et qui sont toujours identiques, jusqu'au moindre détail, quand elles réapparaissent. Elles viennent de « l'intérieur », alors que les hallucinations sont perçues comme venant de « l'extérieur ». La seule chose que ces images obsessionnelles ont en commun avec les hallucinations est que ceux qu'elles hantent n'en veulent pas !

Malgré les nombreuses études psychologiques de cette question, la nature des images mentales reste encore controversée. On a suggéré qu'elles ne sont pas de véritables représentations picturales. Elles seraient vagues, et serviraient de support à la représentation, au lieu d'être véritablement représentatives. Mais l'image mentale de l'obsessionnel-compulsif est en fait *l'air* qu'il entend, *l'air reproduit dans sa totalité,* sans jamais une seule variation. Il semblerait donc que certaines images mentales soient très détaillées, vivantes, et concrètes.

Une fois encore, je dois terminer sur une note d'incertitude. Ces manifestations bizarres ne concordent pas exactement avec nos modèles du TOC. Nous sommes sûrs qu'elles en font partie parce que des malades comme Don, qui entendent des airs, ont eu d'autres épisodes pendant lesquels ils se lavaient, vérifiaient, etc. Ces patients réagissent aussi, de manière sélective, à la clomipramine. Mais quelle est la cause de l'enracinement profond dans leurs cerveaux de ces airs ou de ces bribes de phrases ? Quelle est la force qui les stimule ? Entendre un air serait-il un rituel, un type de compulsion, ou plutôt une obsession, une préoccupation intense avec une suite de notes particulières ? Quand un air nous trotte dans la tête – comme cela peut arriver, plusieurs heures par jour, plusieurs jours de suite – s'agit-il d'une forme bénigne de hoquet cérébral ?

Préoccupations

J'avais reçu un appel du voisin d'un ami. Arthur, son fils de seize ans, avait des ennuis. Me serait-il possible de l'examiner ? Il n'allait plus à l'école, ne parlait plus à sa famille, et maintenant, ne voulait plus se lever. Son père m'avait parlé des médecins qu'Arthur voyait depuis plus d'un an et des médicaments qu'il avait essayés. Mais son fils avait l'air de plus en plus maussade; il n'avait plus rien du gosse insouciant qu'ils avaient connu.

Tourmenté par l'acné, les yeux rouges, l'air misérable, Arthur n'était pas très heureux de me voir. « La dernière chose dont j'ai besoin, c'est d'un autre psy! Personne ne me comprend. C'est dingue! » Il m'avait dit qu'il savait que s'il disait quoi que ce soit, je le prendrais pour un fou, et que de toute façon, rien ne l'avait jamais beaucoup soulagé. « Je n'arrête pas d'y penser. Je ne veux même plus jouer au football, alors que j'étais la vedette de l'équipe du lycée. » L'école n'avait jamais très bien marché pour lui, mais à présent, me disait-il : « Je ne peux même plus rien terminer car les mots me gênent. »

Ses mots n'avaient pas grand sens, non pas parce que j'avais du mal à le suivre, mais parce que ce qu'il décrivait ne concordait pas vraiment avec les troubles que j'avais l'habitude de soigner. A l'époque, je ne pensais pas aux obsessions et aux compulsions; la recherche au NIMH commençait à peine. Mais je commençai à mieux comprendre son comportement en l'écoutant.

Nous avions d'abord passé des heures à éviter de parler de son problème. Il essayait de savoir si je le croyais fou. « Ça vous arrive de parler à des gens qui sont *vraiment* cinglés ? » m'avait-il demandé. « Parfois. » « Peut-on ne pas être fou, mais avoir quand même des pensées qui vous *rendent* fou ? » « On dirait que c'est ce qui se passe pour toi », lui avais-je répondu. Cette réplique l'avait convaincu que je pourrais peut-être le comprendre et l'aider. Il m'avait alors finalement raconté ce qui le gênait tant, ce qui l'avait rendu si malheureux pendant deux ans.

« Comment savoir, m'avait-il demandé, comment savoir si quelque chose ne va pas dans ma tête ? » J'avais commencé à lui répondre quelque chose de raisonnable, mais il m'avait interrompue. « Je sais, je sais. C'est ce que *tout le monde* me dit. Mais comment le savoir réellement ? Et comment me débarrasser de l'idée qu'il y a quelque chose qui *cloche* dans ma tête ? Je n'arrête pas d'y penser. »

Au quatrième « ça n'arrête pas », j'avais commencé à comprendre. Cela m'avait pris du temps, car cette conversation se déroulait dans mon autre cabinet et non pas au NIMH où nous travaillions sur ce sujet qui était au centre de mes préoccupations. Mais je m'étais finalement rendu compte qu'Arthur avait une obsession : ce qui se passait dans sa tête.

« Tu n'es pas fou », lui avais-je déclaré. « Je pense que tu as probablement des obsessions; c'est quelque chose de bien plus courant qu'on ne l'a cru jusqu'ici. Mais raconte-moi depuis le début. » C'est ce qu'il avait fait, toujours sans grand enthousiasme.

Deux ans plus tôt, au cours d'une fête de son lycée, il avait pris du LSD. Il s'était senti « bizarre » pendant quelques heures, mais le lendemain tout allait bien jusqu'au moment où il s'était mis à penser : « LE LSD M'A-T-IL DÉTRAQUÉ LE CERVEAU ? » Cette pensée ne l'avait plus quitté; au contraire, elle était devenue de plus en plus compliquée. « SI JE PASSE TANT DE TEMPS À ME FAIRE DU SOUCI, C'EST QUE QUELQUE CHOSE DOIT S'ÊTRE DÉTRAQUÉ DANS MA TÊTE. EST-CE QU'IL Y A QUELQUE CHOSE QUI CLOCHE ? EST-CE À CAUSE DU LSD ? EST-CE QUE ÇA S'AMÉLIORERA JAMAIS ? » Une fois qu'il avait commencé à prendre du retard dans ses études, tout le monde s'était mis à le traiter comme si quelque chose n'allait vraiment pas dans sa tête. C'était surtout cela qui le préoccupait et qui l'empêchait d'étudier et de s'amuser.

Lors de notre réunion suivante, ses parents furent surpris d'apprendre qu'Arthur souffrait d'obsessions. Il avait été examiné par de nombreux docteurs qui avaient déclaré qu'il était déprimé, schizophrène, ou perturbé par le LSD. Mais il s'agissait maintenant d'un nouveau diagnostic. Je voulais en plus qu'il prenne de la clomipramine, un médicament qui n'était même pas encore sur le marché! Tout cela ressemblait à de la science-fiction pour ses parents, qui avaient essayé, sans résultat, les traitements normalement prescrits pour les autres diagnostics. Mais au moins, c'était nouveau. Son père avait alors acheté le médicament à Paris (comme il voyageait souvent pour son travail, ils avaient eu la chance de pouvoir facilement obtenir de la clomipramine dans un pays où elle était en vente). Six semaines plus tard, Arthur revenait chez lui, retournait à l'école, et jouait à nouveau avec l'équipe de football.

Son état s'était progressivement amélioré. Il était d'abord devenu plus gai, mais il passait encore la plus grande partie de son temps à réfléchir à ce qui se passait dans sa tête. Il m'avait ensuite avoué qu'il pensait toujours autant à « ce qui se passait dans sa tête », mais que cette préoccupation n'avait plus autant d'importance ou de pouvoir sur lui. Il arrivait même un peu à l'occulter. Finalement, cette idée s'était mise à disparaître dès qu'elle lui venait à l'esprit et avant même qu'il ait pu réagir.

J'avais appris à mieux connaître Arthur à cette époque-là. Sa mère était née aux États-Unis, alors que son père venait d'Europe. Ce dernier avait toujours été déçu par l'insouciance de son fils. Ses filles aimaient le sport et étaient très proches de leur mère, ce qui ne le gênait pas. Mais pour une raison ou une autre, Arthur n'était pas à la hauteur. J'avais aussi appris qu'il avait été sévèrement réprimandé pour avoir pris du LSD, et qu'il s'en était voulu à lui-même.

Ce qui était exceptionnel dans son cas, c'était la pureté de son obsession : il n'en avait qu'une! Il n'en avait pas d'autre, ni aucun rite compulsif. Non seulement il était atteint d'un mal que les médecins reconnaissent rarement, mais cette maladie avait pris chez lui une forme quelque peu inhabituelle. On connaît les ruminations – c'est ainsi qu'on nomme ce type de pensées obsessionnelles – depuis aussi longtemps que les compulsions; elles ne sont pas rares. Si tous les médecins s'étaient trompés dans leur diagnostic, c'était non seulement à cause de la pureté de ces ruminations, mais aussi parce qu'elles étaient centrées sur une seule idée.

Plus tard, Arthur avait eu l'occasion de parler à d'autres enfants qui participaient à notre étude, et en avait rencontré certains qui avaient le même genre d'idées – des idées répétitives, avec leur vie propre. Au cours des années suivantes, Arthur était devenu plus heureux, et d'autres changements s'étaient produits. Il n'avait jamais beaucoup aimé réfléchir auparavant; il ne comprenait pas pourquoi certaines personnes passaient tellement de temps à discuter de ce qui était « peut-être » vrai. Il m'avait dit qu'à présent, ses camarades d'université se confiaient parfois *à lui*.

Arthur et moi nous étions félicités de l'amélioration de son état, mais celle-ci n'a pas duré. Il fait à présent une rechute environ tous les six mois! Sa vie d'étudiant est consacrée au football, au ski, aux examens, et aux filles. Mais brusquement, comme surgies de nulle part, ce qu'il appelle ses « pensées sur ce qui se passe dans sa tête » reviennent. Il me téléphone alors tard le soir : « Docteur Rapoport, je ne peux pas dormir. Je *sais* qu'il y a quelque chose qui cloche dans ma tête. » Il n'avance plus de théories sur la raison de ces crises, ne prend plus de drogues, et n'a pas de visions ou de manières bizarres de penser. Il a même de bons résultats à l'université.

Pendant ces crises, il « sait » que quelque chose est sur le point de se briser en lui. Terrifié, il ne peut pas s'empêcher de penser à ce qui se passe dans sa tête; le vieux souvenir de sa seule expérience avec le LSD le préoccupe. Ce souci l'empêche de se consacrer à ses amis, sa famille, son travail, et tout le reste. Il se sent très légèrement rassuré quand il en parle avec ses parents ou avec moi, mais sans plus. Il n'existe qu'un seul traitement qui soit efficace, et c'est la clomipramine, mais il faut quelques semaines pour qu'elle fasse effet. Un anxiolytique, le Xanax, semble agir avant la clomipramine. Pour Arthur, ces jours passés à attendre l'effet des médicaments sont les pires.

Il me pose toujours la même question : « Comment savez-vous ce que j'ai vraiment ? Et si vous vous trompiez à mon sujet, et si, en fait, je n'étais pas obsessionnel-compulsif, mais schizophrène ? » Cela n'est pas le cas. Il a maintenant des obsessions qui sont de plus en plus « normales » : des doutes plus ordinaires s'infiltrent dans son esprit, comme par exemple : « Est-ce que je fais les choses comme il faut ? » Depuis l'enfance, il n'a jamais pleuré, sauf pendant ces crises. Mais ses doutes disparaissent toujours en quelques semaines grâce aux médicaments.

Arthur m'a écrit de l'université : « Je pense que la meilleure chose qu'un obsessionnel puisse faire pour lui-même est d'essayer, même pendant de brèves périodes, de ne plus penser à ce qui l'obsède, ce que, bien sûr, suggèrent les gens. Mon obsession change d'un jour à l'autre, d'une heure à l'autre, d'une minute à l'autre. Je passe maintenant mon temps à chercher le thème commun à tous mes soucis. Même quand je me sens mieux, je suis donc obligé de réfléchir, et le processus se remet alors en route.

« Le sentiment de culpabilité est pour moi quelque chose de nouveau. Je me débrouille bien à la fac, mais quand je prends quelques heures pour rendre visite à un vieux copain, je me mets à penser que je devrais être en train de travailler, et que je décevrais tout le monde si je ne retournais pas travailler. Je fais donc demi-tour, sans aller voir mon ami.

« Ça va mieux. Je ne m'inquiète plus vraiment de devenir fou, mais maintenant, j'ai ce sentiment de catastrophe imminente. Mes pensées font des nœuds. Ces inquiétudes me préoccupent et ça m'abat tellement que je me mets alors *vraiment* à m'inquiéter.

« Mon instinct me dit que c'est très mauvais pour moi de continuer à gamberger de cette manière. Quand je me sens mal, j'évite tout le monde, ce qui me laisse encore plus de temps pour me perdre dans le dédale de mes pensées. Je recommence alors à me dire que si j'essaie d'éviter de réfléchir, c'est la preuve que je dois être vraiment anormal; je dois donc avoir quelque chose de détraqué. Et c'est ce que je pense, de toute façon. C'est sans fin. Je ne peux pas mieux décrire ce que je ressens. Je crois qu'on ne peut pas me comprendre. »

A l'automne 1987, quelques mois après m'avoir écrit les lignes qui précèdent, Arthur a fait une grave dépression alors qu'il était sous clomipramine. Il ne s'agissait plus d'obsessions. Il s'était absenté de l'université pendant un semestre, et avait commencé une psychothérapie. La dépression est la complication la plus courante des TOC. Pour beaucoup d'obsessionnels, ce problème est secondaire par rapport au handicap que représentent les rituels. Le cas d'Arthur est curieux, car ses rituels ont réagi à la clomipramine. Peut-être existe-t-il une forme de TOC liée à la dépression, mais dans son cas, ce lien n'est pas clair. Quand Arthur arrête la clomipramine, ses obsessions resurgissent. Sa dépression continue. La psychothérapie semble un peu l'aider, mais il est encore trop tôt pour dire si elle parviendra à soigner complètement sa dépression. Entre-temps, Arthur se débrouille comme il peut. Il n'aura probablement jamais une vie facile.

Répétitions

Les Armstrong, parents adoptifs de Stanley, étaient tous deux chercheurs. Élever un enfant adopté avait été plus facile qu'ils ne l'avaient cru : ils n'avaient eu aucun des problèmes contre lesquels on les avait mis en garde. Mais maintenant, ils étaient malheureux et déroutés. Stanley devait répéter tous ses gestes deux fois de suite quand il était dans un bon jour, mais parfois plus. Il ne pouvait pas s'en empêcher. Ses parents disaient que c'était apparu comme ça, et nous avions du mal à en savoir plus.

Stanley était le type même de l'athlète : musclé, cheveux en brosse, peu loquace. Pour les gamins du quartier, il était « un des leurs », et quand il avait du temps libre, il le passait à jouer au basket-ball avec des copains devant le garage de la maison. Ce garçon était pourtant différent quand je l'avais rencontré. Il m'avait dit d'un air morose qu'il devait répéter sans arrêt ce qu'il faisait. Ses obsessions et son besoin de répétition ne le lâchaient pas, et il ne prenait plus plaisir à faire du sport. Le problème venait en partie de ce qu'il se sentait accablé sans pouvoir en parler. Il n'avait vécu que pour le sport : à présent ce besoin de tout répéter deux, quatre, six, huit fois ou plus, gâchait ses performances. Il pouvait à peine participer aux compétitions, et encore moins trouver le temps et la concentration nécessaires pour gagner.

Stanley et ses parents n'avaient pas eu besoin de nous convaincre qu'il souffrait de troubles obsessionnels-compulsifs. Il avait déjà passé des mois à discuter de ce problème avec son psychologue, sans résultat. Nous lui avons donc donné de la clomipramine.

Sans résultat non plus. Le médicament ne marchait pas pour lui, et ses effets secondaires – dans son cas, des spasmes musculaires – avaient limité la dose qu'il pouvait prendre. Il souffrait de plus en plus de compulsions, mais c'était un lutteur. Il m'avait dit qu'il utilisait à présent toute l'énergie qu'il mettait autrefois dans le sport pour combattre ses répétitions. Il voulait devenir chercheur, comme ses parents. Il ne laisserait pas tomber. Je lui avais dit qu'avec son cran, il gagnerait tous les combats.

Nous étions restés en contact. Sept ans plus tard, alors qu'il se préparait à entrer en faculté de médecine, il nous avait appelés car il cherchait un travail d'été. Il voulait nous aider avec notre étude des TOC. Nous avions accepté, et il nous avait énormément aidés en recherchant d'anciens patients dans le cadre d'une étude complémentairc. Il leur téléphonait et se présentait en expliquant que lui aussi avait participé à l'étude initiale, et qu'il allait beaucoup mieux mais qu'il se battait toujours. Il leur demandait ensuite ce qu'ils étaient devenus. Notre taux de réponses était sensationnel. Il avait réussi à obtenir la coopération de plus de 90 % des patients. Cet été-là, je lui avais demandé d'écrire quelque chose sur sa première crise de compulsions. Voici son histoire :

« Un jour, alors que j'étais en dixième, je me suis mis à devoir ranger mes chaussures parfaitement quand je les retirais. “ Parfaitement ” est le mot clef pour le début de ma maladie. Je devais les mettre parfaitement par terre. Je devais écrire d'une écriture parfaite, parler parfaitement, sans aucun lapsus et sans aucune variation dans le ton de ma voix ou dans mon débit. Je devais rythmer parfaitement mes pas en balançant mes bras le long de mon corps.

« Les tests d'intelligence étaient pour moi la croix et la bannière : il fallait que je noircisse les cercles d'une manière si parfaite que je n'arrivais jamais à les terminer.

« A cette époque-là, je ne me rendais pas compte que quelque chose n'allait pas. Je pensais seulement que j'étais lent par nature. Que c'était ma personnalité. J'ai commencé à distribuer des journaux quand j'étais au lycée et je me suis alors aperçu à quel point j'étais différent. Je devais me retourner sans arrêt pour voir si des journaux n'étaient pas tombés de ma remorque (ça ne s'est jamais produit), et je devais aussi retourner vérifier, pour chaque maison, que je n'avais pas oublié son journal (je n'en ai jamais raté une seule). La distribution de quarante journaux me prenait deux heures, alors que les autres gosses mettaient une heure. Quelque chose me forçait à vérifier.

« Ces obsessions étaient comme des “ moustiques de l'esprit ”. Je n'arrivais pas à m'en débarrasser. Elles me harcelaient : elles étaient toujours présentes, pressantes, comme une démangeaison, une force.

« Mon souci de propreté en faisait aussi partie. Si quelque chose qui me semblait " impur " se trouvait près de moi ou me touchait, je me sentais mal à l'aise. Par exemple, quand j'étais en huitième, en cours d'histoire j'étais assis près d'un climatiseur " impur ". Ne me demandez pas pourquoi ou comment quelque chose devenait impur; je n'en sais rien. *Mais je le ressentais.*

« C'est au lycée que je me suis mis à compter. La journée commençait normalement, mais soudain, je ne pouvais plus penser à autre chose qu'à " 6, 6, 6, 6 " ou " 8, 8, 8, 8 ". Je n'avais aucun contrôle sur ces chiffres, ils n'en faisaient qu'à leur tête.

« Notre fanfare participait à un concours à l'époque, et ces chiffres m'avaient troublé au point de m'empêcher de garder la cadence. Nous avions perdu, et j'avais toujours senti que c'était à cause de moi. C'est peut-être vrai. Je faisais aussi partie de l'orchestre symphonique. Pendant un concert, je n'avais pas pu jouer de la clarinette, car j'avais tellement de chiffres en tête que je ne pouvais pas me concentrer sur la musique ni " l'entendre ". J'avais seulement fait semblant de jouer.

« J'avais fait un essai pour faire partie de l'équipe de golf, mais mon obsession de la propreté me mettait mal à l'aise. Quand je frappais la balle, la terre volait, et les choses alentour, y compris moi-même, devenaient " impures ". Je savais que pour frapper la balle correctement avec le club, il fallait creuser le sol et faire une motte. Mais il aurait fallu que je me fasse violence. J'avais raté plusieurs fois la balle, et n'étais pas rentré dans l'équipe.

« Plus tard, toujours au lycée, le sexe était devenu mon obsession. Je me sentais coupable de me masturber, mais le pire était l'idée obsessionnelle que mes voisins m'avaient peut-être vu par la fenêtre. Je me disais que c'était impossible car l'angle de la fenêtre de ma chambre ne le permettait pas. Mais cette maladie devient parfois ridicule. *J'étais sûr qu'ils étaient montés sur le toit pour regarder par ma fenêtre.* J'étais obligé de réfléchir à cette éventualité, car cette idée ne me lâchait pas.

« J'ai songé au suicide, au soulagement que la mort m'apporterait. Je ne pouvais jamais être vraiment *sûr* que les voisins *ne me voyaient pas* me masturber. Tout devait être clairement défini, mais la vie ne l'est jamais. C'est quelque chose que je sais, maintenant que je suis à l'université.

« Mes obsessions évoluent et changent constamment. Après la perfection, les chiffres et le sexe, ma dépression s'était généralisée. Mes obsessions s'étaient étendues à d'autres aspects de ma vie (je considère mes obsessions comme des êtres à part entière). Je m'inquiétais de ce que je disais aux gens, de mes expressions faciles (la position de mes lèvres et de ma langue, par exemple), et de mon apparence.

« Mais ce qui est pire encore, ce qui me gêne le plus actuellement à l'université, c'est que mes obsessions m'accaparent et me préoccupent tellement que je n'ai plus le temps de voir mes amis ou de sortir avec des filles. Je ne recherche pas les gens. Je me force à leur adresser la parole – je ne supporte pas de me sentir passif à ce point. Je sais que ça en vaut la peine, que je serai plus heureux.

« J'ai eu des moments où j'allais tout à fait bien, ce qui me permet de me rendre compte de tout ce que je rate quand je suis malade. J'essaie d'apprendre à vivre avec la douleur, celle que les obsessionnels-compulsifs sont seuls à connaître. Les autres ne peuvent pas comprendre à quel point c'est horrible, mais ce récit en aidera peut-être quelques-uns. C'est ce que je souhaite. »

Stanley arrive à combattre sa maladie, du moins en ce qui concerne les apparences. Mais tous les jours, en secret, c'est la guerre. Dans une certaine mesure, il a raison :

personne ne le comprendra jamais vraiment, même ses médecins. Comme beaucoup de nos autres jeunes patients, il veut devenir médecin; il veut étudier les TOC. C'est un lutteur.

La vie secrète d'un vagabond

Depuis que j'ai rencontré Tim, je ne pense plus que les vagabonds sont tous des alcooliques, ou des chômeurs, ou des schizophrènes. Maintenant, lorsque je regarde les gens qui dorment sur les bancs, je me demande si certains d'entre eux n'ont pas en fait un endroit où aller, mais ne peuvent pas y retourner, car ils y sont prisonniers de leurs rituels.

Tim s'exprimait comme l'avocat de trente-cinq ans qu'il était. Quand il parlait, son léger accent de Georgie me faisait un drôle d'effet. Cela me donnait l'impression qu'il était particulièrement intelligent. Il avait une manière engageante de raconter sa propre histoire. En voyant ce rouquin aux cheveux coupés ras et vêtu d'un complet bien ajusté, je n'aurais jamais deviné que je parlais à un homme qui dormait sur les bancs publics depuis deux ans.

Tim avait téléphoné après avoir vu le programme télévisé sur les TOC. Notre recherche l'intéressait, et il voulait essayer le nouveau médicament. Au début, son récit était semblable à tant d'autres que j'avais entendus à la clinique : il était obligé de se laver sans arrêt. Il avait toujours été propre, même quand il était petit. Sa mère était morte quand il avait treize ans, et il se disait qu'elle était peut-être obsessionnelle-compulsive. Quand la famille partait en voyage, elle restait debout plusieurs nuits de suite pour laver et repasser toutes les affaires – celles qui allaient être portées pendant le voyage et celles destinées à rester dans les armoires. Elle nettoyait le sol et les murs à la brosse, lavait le patio, pour que la maison soit impeccable. Tim se souvient des paroles de sa mère sur cette routine du départ : « Si nous avons un accident, les gens entreront chez nous. Il faut donc que la maison soit propre. » A l'époque, son frère cadet passait des heures à se laver les mains, mais il ne savait pas s'il le faisait toujours.

Au lycée et à l'université, Tim avait continué à trop se laver. Nous avions déjà examiné plus d'une centaine de jeunes gens dans le cadre de notre étude, et patiemment écouté le récit de leurs combats contre ces douches interminables. La manière dont Tim racontait son histoire allait de pair avec son accent et sa façon lente et tranquille de s'exprimer. Mais son récit devenait de plus en plus bizarre.

Malgré le combat contre sa toilette rituelle, Tim avait de bons résultats à l'université. A un moment, pour pouvoir fonctionner, il avait réussi à diminuer le nombre de douches qu'il prenait. Son père était vétérinaire et avait fort à faire. Il ne comprenait rien aux habitudes étranges de son fils, mais était fier de ses bonnes notes. Il l'avait été tout particulièrement quand son fils avait été admis à la faculté de droit, où ses bonnes habitudes de travail et son esprit organisé lui avaient valu les meilleures notes de sa classe.

Son père lui avait dit : « J'ai résolu mes propres problèmes par mon dynamisme, rien d'autre. » Et c'était vrai. Sa volonté lui avait permis de vaincre la pauvreté, un problème de boisson, la mort de sa mère, et plus tard, celle de sa femme encore jeune. C'était cette ténacité et cette détermination qu'il pouvait offrir à Tim. Quand celui-ci essayait d'expliquer ses compulsions à son père, ce dernier se montrait compréhensif, inquiet et perplexe, mais son conseil se bornait à une simple question : Pourquoi n'arrêtes-tu pas ?

Tim avait d'abord essayé de lui expliquer pourquoi c'était impossible. « Je m'y perds, lui disait-il. Plus rien d'autre ne compte, et je ne me comprends pas moi-même. Ce n'est pas quelque chose que je peux stopper. Je te le jure. »

« Bien sûr que c'est difficile, Tim. Mais je vais te raconter comment j'ai arrêté de boire. C'est la chose la plus difficile que j'aie jamais faite. Mais j'y suis parvenu... » Suivait alors le récit habituel.

A la longue, les conversations entre père et fils avaient cessé. Tim arrivait à mieux dissimuler ses rituels, comme c'est presque toujours le cas. Mais ses rites avaient empiré par la suite. Il restait éveillé pendant presque toute la nuit et faisait la sieste après l'école, ce qui lui permettait de passer des heures à se laver, mais aussi à faire ses devoirs. Son père se félicitait de l'aide que lui apportait son fils à la maison, une aide précieuse pour lui qui était veuf et avait fort à faire. Tim était ensuite parti étudier le droit à Atlanta, s'était trouvé un petit appartement, et avait pensé un moment que son mal l'avait quitté.

A la fin de sa première année de droit, ses rituels avaient cependant pris une tournure très inquiétante. Au cours des mois suivants, sa toilette, et maintenant, le ménage de son appartement, s'étaient mis à l'accaparer. Puis un beau jour, il était entré dans la période la plus étrange de sa vie.

« Si je me mettais à nettoyer l'appartement, m'avait-il raconté, je ne pouvais plus m'arrêter. *La seule manière de le garder propre, c'était d'y être le moins possible.* Une fois que je l'avais sali, je devais rester et faire le ménage, et je n'arrivais plus à aller à la fac. J'étais pourtant en pleine période d'examens! Une fois lancé, je ne sortais plus de l'appartement avant midi. Je devais passer l'aspirateur jusqu'à ce que je me sente apaisé. Ma seule présence dans la pièce me donnait l'impression qu'elle était sale. Dès que je passais la porte, je devais commencer le ménage. Je m'étais mis à rater des cours, et mes notes commençaient à s'en ressentir.

« Cet été-là, je faisais un stage dans un cabinet juridique où j'avais travaillé l'été précédent. Mais cette fois-ci, c'était terrible. J'arrivais en retard à cause du ménage, et je n'aimais pas qu'on me le reproche. Résultat : pas de proposition d'embauche.

« En deuxième année, j'étais désespéré. Je m'étais rendu compte qu'il ne fallait pas que je rentre chez moi pendant la semaine, parce que ça m'empêchait d'étudier.

– Ou êtes-vous allé vivre ?

– Eh bien, j'ai d'abord essayé les motels, m'avait-il répondu. Pour une raison ou pour une autre, ça allait. Mais c'était cher, sans compter que j'y avais eu une très mauvaise expérience. Je pense que c'est la chose la plus humiliante qui me soit jamais arrivée. Une nuit, j'étais resté coincé sous la douche, et j'y avais passé douze heures. Le gérant du motel avait d'abord coupé l'eau chaude. Je venais juste de commencer à me rincer quand il avait aussi coupé l'eau froide ! Il était ensuite venu cogner à ma porte et m'avait mis dehors. Je lui avais proposé de payer le double, mais tout ce qu'il voulait, c'était me voir partir. Il m'avait mis dehors en pleine nuit, et je n'avais nulle part où aller. J'avais alors passé la nuit dans la rue, et je m'étais aperçu que ÇA ME SOULAGEAIT !

« Alors, finalement, avait-il continué, je m'étais mis à vivre dehors. Après tout ça, je me sentais soulagé de dormir sur les bancs des jardins publics. J'allais en bibliothèque pour étudier. Ça faisait des années que je n'avais pas aussi bien dormi.

– Ce n'était pas pire – je veux dire plus salissant – de dormir dehors ? lui avais-je demandé.

– Non. C'est ça qui était bizarre. Ça ne posait pas de problèmes pour les endroits dont il ne fallait pas que je m'occupe. La fac, les bancs, tout ce qui était loin de mon appartement ne posait pas de problème. Bien sûr, je me sentais sale et plutôt bizarre. Au début, c'était la chose la plus étrange que j'aie jamais faite.

– C'est une vie solitaire, lui avais-je fait remarquer. Je

l'avais questionné sur la police. « Ils ne vous ont pas ennuyé ?

– Le plus souvent, non. Les gens du campus me connaissaient. La police urbaine ne passait presque jamais. Sauf une fois.

« Plus tard, j'ai appris qu'ils cherchaient quelqu'un qui me ressemblait, un homme roux qui avait à peu près mon âge et qu'on soupçonnait de vendre de la drogue ou quelque chose de ce genre-là. Il faisait froid cette nuit-là, et je dormais sur un banc dans mon sac de couchage, avec une couverture sous moi. J'avais finalement réussi à m'endormir malgré la température. Une torche électrique m'avait alors éclairé le visage en pleine nuit. Je m'étais réveillé avec une arme braquée sur moi. C'était un policier. Il m'avait emmené au commissariat pour me questionner.

« Ils avaient vu sur ma carte d'étudiant que je vivais tout près du campus. Au début, ils étaient sûrs que je l'avais volée. Ils avaient téléphoné, vérifié mon identité, et m'avaient laissé partir. Ils m'avaient bien sûr demandé pourquoi je dormais sur ce banc, et j'avais inventé une excuse, leur disant que je n'arrivais pas à dormir, que j'étais sorti faire un tour, et que je m'étais endormi. Ils avaient trouvé ça louche parce que j'avais mon sac de couchage, mais ils avaient laissé tomber. Je fais toujours un cauchemar où je suis réveillé par un policier qui me braque sa lampe dans les yeux. »

Mais, malgré toutes ces histoires, ses compulsions étaient tellement fortes qu'il ne pouvait pas se comporter autrement. La saleté, la solitude – il n'avait jamais pensé qu'il vivait comme cela. Mais il était tombé sur quelque chose qui marchait, et il n'était pas près d'y renoncer.

L'histoire de Tim est unique. La plupart des grands laveurs ont un mouvement de recul et sont frappés d'une sorte de léthargie devant la perspective de devoir se lever et commencer des journées pleines de routines ennuyeuses. Mais ils ne découvrent pas en général de « combine » comme celle de Tim. Les obsessionnels-compulsifs ont tendance à se dérober. A part Tim, je n'ai pourtant jamais rencontré une personne dont le besoin d'éviter son problème serait tel qu'il préférerait dormir dehors plutôt que de se confronter à son appartement et de « tout déclencher ».

Tim a obtenu son diplôme et travaille comme avoué depuis plus de dix ans. Il s'est marié avec une camarade de classe. C'est elle qui fait le ménage de l'appartement – et il ne s'agit pas ici d'un stéréotype des rôles sexuels – car une fois lancé, Tim peut y passer sa journée. Il a survécu pendant des années difficiles grâce à son mariage et à un patron encourageant, mais ça n'a pas toujours marché, et il a dû être hospitalisé à plusieurs reprises. A un moment donné, quand il allait très mal, lui et sa femme se sont séparés pendant six mois. Il était aussi devenu dépressif à cette époque-là.

Cette histoire a une fin heureuse. L'état de Tim s'est amélioré lentement sans que nous sachions vraiment pourquoi. Au début, nous pensions que c'était grâce à la clomipramine. Mais il a été obligé d'arrêter ce médicament car il ne supportait pas les effets secondaires (insomnie et nausée) qui, chez lui, étaient particulièrement violents. Je pensais qu'il allait faire une rechute, mais jusqu'à présent, cela n'a pas été le cas. A l'époque où il prenait ce médicament, nous l'avions poussé à suivre une thérapie comportementale qui lui avait fait réduire délibérément et graduellement le nombre de douches qu'il prenait. Il avait aussi demandé à sa femme de faire moins de choses à sa place.

Plusieurs années se sont écoulées. La dernière fois que j'ai vu Tim, il m'a raconté qu'il travaille de temps à autre comme bénévole à l'assistance judiciaire, et qu'il ne refuse jamais de s'occuper d'une affaire de vagabondage. Quand il passe près d'un homme endormi sur un banc, il se retourne toujours pour le regarder, et se demande qui il peut bien être.

Certains obsessionnels-compulsifs arrivent, comme Tim, à se soustraire au stimulus qui « déclenche » leur mal, mais ne parviennent pas, pour la plupart, à l'éviter de manière aussi efficace. Ils m'avouent pourtant qu'il leur est presque toujours plus facile d'être à l'extérieur ou dans un lieu public, car ces endroits sont « déjà sales ». Cette réponse exprimerait-elle une tendance atavique à garder son nid propre ?

Hors-jeu

Laura avait vingt-deux ans à l'époque où je l'ai rencontrée. Cela faisait plus de dix ans que je m'occupais d'obsessionnels-compulsifs. Pourtant l'histoire de son enfance est la plus triste que j'aie jamais entendue. Quand elle était petite, elle préférait être prise pour une arriérée mentale plutôt que de révéler à quiconque son besoin de compter. La société avait mis longtemps à s'en apercevoir.

Laura était venue à la clinique pour combattre un besoin de vérifier qui était alors son symptôme le plus gênant (comme pour la plupart de nos patients, ses rituels avaient évolué au cours des années). A vrai dire, elle en avait maintenant un certain nombre. Son visage large et ordinaire reflétait une grande inquiétude. Elle était très réservée; il avait fallu du temps pour la faire parler d'elle-même.

J'avais voulu savoir combien de temps elle passait à vérifier. « Oh, pas très longtemps. – C'est-à-dire ? Souvent ? Quelques heures à chaque fois ? – C'est très variable.» C'était exaspérant. Peu importait ma question : ses réponses restaient courtoises mais vagues. J'étais habituée à un certain déni commun à la plupart des obsessionnels-compulsifs, mais Laura était vague sur tout. Elle s'arrêtait entre deux mots ou deux phrases, et se mettait à regarder dans le vide.

Je fus étonnée d'apprendre qu'elle était mariée et que son mari avait pris sa journée pour l'accompagner. Nous avions discuté un moment de son mariage, et elle avait reconnu que c'était son mari qui l'avait persuadée de venir à la clinique. Elle devait satisfaire à son besoin rituel de vérifier et de se laver avant d'accepter de faire l'amour. Ils n'avaient presque plus de rapports. Laura en parlait avec un vague sourire, m'obligeant à lui arracher des informations. Pourtant, elle avait moins l'air timide que soucieuse.

Sa journée était divisée entre le temps passé à vérifier, à compter, et à collectionner (comme Sal, mon premier patient, elle ramassait des petits morceaux de papier qu'elle rapportait chez elle). Comme beaucoup d'obsessionnels-compulsifs, elle devait faire preuve d'une efficacité exceptionnelle pour suivre des études, préparer les repas, et avoir des amis car elle avait beaucoup moins de temps que nous à consacrer à ces activités. Son mari tolérait ses obsessions et ses compulsions mais ne les aimait pas, et leurs problèmes sexuels avaient empiré pendant leur première année de mariage.

Il n'y avait rien de surprenant dans ces tensions maritales. Elles sont monnaie courante chez les obsessionnels-compulsifs. D'ailleurs, ceux-ci ont plutôt tendance à rester célibataires, ou, s'ils se marient, à divorcer. Laura était très secrète – « réservée » serait peut-être un meilleur terme. Elle me tenait à distance en regardant dans le vague ou en retournant incessamment chaque question dans sa tête. Il fallait des heures pour découvrir la moindre chose. Cette lenteur ne collait pas avec mon expérience clinique. Je ne comprenais pas ce qui se passait.

Laura n'avait pas eu une enfance ordinaire, c'est le moins qu'on puisse dire. Lors de notre troisième entretien – j'étais maintenant habituée à ces temps d'arrêt – je lui avais demandé de me raconter ses années d'école.

« A l'âge de huit ans, je me suis placée dans une école pour arriérés mentaux, m'avait-elle expliqué.

– Que voulez-vous dire par là ?

– Que je m'y suis fait admettre.

– Les enfants ne font pas cela, avais-je répondu.

– C'est pourtant ce que j'ai fait. » Pour la première fois, elle s'était mise à pleurer. J'ai enfin eu le sentiment de me trouver dans la même pièce qu'elle et d'avoir une conversation. Ses pauses se faisaient plus courtes.

Ses troubles avaient commencé à l'âge de sept ans. Elle s'était d'abord sentie obligée de se laver les mains. Quelques mois plus tard, ce symptôme s'était transformé en un besoin de noircir au crayon l'espace de chaque lettre fermée – *o, p,* ou *a,* par exemple. (A cette occasion, je m'étais souvenue que ma camarade de chambre à l'université faisait la même chose. Était-ce une forme bénigne de ce mal, ou un simple gribouillage ?) En ce qui concerne Laura, le rituel qui l'accaparait par-dessus tout était de devoir compter silencieusement jusqu'à cinquante entre les mots qu'elle lisait ou écrivait. Elle le faisait encore. Naturellement, elle était très lente.

Comme mes autres patients, Laura n'avait pas la moindre idée de ce qui la poussait à accomplir ces rituels. A sept ans, elle avait vu à la télévision un film de science-fiction où des Martiens contrôlaient ce que faisaient les gens sur Terre. Ils étaient bienveillants et prenaient le pouvoir en douceur. Elle pensait que c'était ce qui lui arrivait. Elle n'avait certainement jamais rien vécu de semblable, et l'idée ne devait pas paraître si absurde à l'enfant de huit ans qu'elle était. Ces pensées ne ressemblaient pas aux siennes, même si elles venaient de l'intérieur de sa tête. (La même histoire m'a été racontée par une douzaine d'obsessionnels-compulsifs dont la maladie avait commencé quand ils étaient très jeunes. Leurs hypothèses étaient toutes basées sur la science-fiction, car c'était le seul modèle dont ils disposaient.)

« Je m'imaginais, m'avait-elle raconté, que c'était une façon pour les Martiens d'établir un contact avec la Terre. Je me sentais importante, et certains jours, ça en valait presque la peine, parce qu'il y avait alors une raison à tout cela, et d'une certaine manière, je devenais spéciale. »

Ce qui la préoccupait par-dessus tout, c'était de garder secret ce qu'elle vivait. « Je ne voulais pas qu'on pense que j'étais folle », m'avait-elle dit. D'autres enfants avaient des problèmes scolaires, et quand elle était devenue incapable de terminer ses interrogations ou de montrer qu'elle avait acquis les connaissances de base, on l'avait mise avec eux dans une classe spéciale.

Comme sa mère et sa sœur étaient dyslexiques, l'école s'attendait à ce que Laura ait le même problème. Elle avait infiniment de mal à lire puisqu'elle devait compter jusqu'à cinquante avant de pouvoir continuer. Lorsqu'ils devaient lire à tour de rôle, à peine venait-elle de commencer que ce n'était déjà plus son tour. Quand on lui demandait d'épeler un mot elle devait compter entre chaque lettre, ce qui rendait ses phrases lentes et hésitantes. On l'avait donc mise dans une école spéciale pour handicapés mentaux, mais ce n'est pas pour autant qu'elle avait parlé de son besoin de compter.

Certains parents auraient peut-être découvert la vérité, mais sa mère avait deux emplois et son père était mort. Sa grand-mère vivait avec elles, mais Laura pense qu'elle était folle, même si personne ne s'en était aperçu. Elle n'avait jamais compris ce qui arrivait à sa petite-fille.

Bien sûr, certains établissements scolaires auraient eu des soupçons. Une détérioration grave de la qualité du travail scolaire indique généralement des troubles psychologiques ou, plus rarement, un problème neurologique. Mais Laura allait à l'école dans une petite ville d'un État qui dépensait peu pour l'éducation. Quelle qu'en soit la raison, personne n'avait rien remarqué.

La nuit, c'était différent. Le soir, après ses rituels, elle lisait les livres de classe de sa sœur. Elle ne s'en cachait pas. Le reste de sa famille avait d'autres problèmes et n'y prêtait simplement pas attention.

Quelle avait été la chose la plus désagréable pendant les années qu'elle avait passées dans un établissement spécialisé où elle n'avait pas sa place ? « Le pire, c'était d'être tourmentée par les autres gamins sur le chemin de l'école, m'avait-elle avoué. Ceux qui allaient à l'école normale voyaient passer notre car et savaient où nous allions. Ils nous lançaient : “ Voilà les idiots ”, et nous nous sentions tous très mal. Je baissais la tête pour que mes anciens amis ne me voient pas. La nuit, je rêvais que je retournais à l'ancienne école. Mais je comptais toujours, même dans mes rêves, et je savais donc que c'était impossible. »

Parfois, les autres élèves l'effrayaient. Elle s'ennuyait pendant les cours, mais au moins le personnel la laissait tranquille avec son besoin de compter; personne n'y pouvait rien. Elle avait envisagé d'en parler à une institutrice, mais après avoir réfléchi aux conséquences, elle n'avait rien dit. Elle continuait à tout faire avec une lenteur insupportable. Elle était persuadée que cela ne l'avançait à rien de raconter ce qui lui arrivait. Quel que soit leur âge, les malades apprennent rapidement que même les personnes les plus sensées ne leur sont pas d'un grand secours.

Ses instituteurs ont-ils jamais deviné qu'elle n'était pas attardée ? « Parfois, la maîtresse me dévisageait, mais je savais si bien imiter les autres gamins de la classe qu'elle me laissait tranquille. »

Une jeune institutrice que les enfants appelaient Mlle Lucy l'avait presque démasquée. Elle s'intéressait vraiment à elle, et Laura avait failli lui dire la vérité. Mlle Lucy disait qu'elle « n'avait pas l'air comme les autres ».

La manière dont les choses avaient fini est typique de ce genre d'établissement scolaire de deuxième rang. Laura était restée cinq ans dans cette école, à lire la nuit et à compter le jour. Mais son établissement n'allait pas plus loin que la septième, et il fallait donc lui trouver un lycée.

Le lycée spécialisé était à soixante-dix kilomètres, ce qui aurait été catastrophique. On allait placer Laura dans un foyer pour enfants handicapés, lorsque soudain, par miracle, ses compulsions s'étaient calmées. Mlle Lucy avait suggéré qu'on mette Laura dans la classe « lente » du lycée local pour enfants normaux. « J'avais tellement l'habitude de compter, je ne savais plus quoi faire d'autre. Pendant un moment, j'ai même été un peu triste que les martiens n'aient plus besoin de moi. Mais à l'époque je savais déjà qu'il n'y avait pas de martiens! »

Laura se souvient de son premier jour au lycée. « J'étais la seule de l'autre école à y être jamais allée. J'avais très peur. » Les autres élèves de sa classe avaient entendu des rumeurs sur son compte, et tout le monde semblait chuchoter derrière son dos. Mais ce n'était pas le genre de fille à laquelle les gens s'intéressaient longtemps. « D'une certaine manière, je suis devenue invisible », m'a-t-elle dit. Elle travaillait bien, ce qui surprenait tout le monde, sauf elle. L'année suivante, elle retourna dans une classe normale mais ses professeurs l'avaient encouragée à suivre des cours pratiques et non théoriques.

« Qu'en avait pensé votre famille? » lui ai-je demandé. « Ils n'étaient pas fiers de vous voir au lycée? » Elle ne se rappelait pas qu'on lui ait fait la moindre remarque à ce sujet.

Sa grand-mère était morte. Sa mère avait toujours deux emplois. Quand j'avais rencontré Laura, elle avait presque terminé ses études dans une petite université (elle y avait rencontré son mari) et était comptable à mi-temps dans une papeterie. Elle aimait son travail, et paraissait capable de l'assumer, sauf quand elle avait un fort besoin de compter.

Comment avait-elle vécu son séjour dans la « mauvaise » école? Elle prit un air pensif : « Je ne me rends pas compte de la gravité de mes compulsions. Je suis plus habituée à réfléchir toute seule dans mon coin que tous les gens que je connais. »

Nous n'avons pas complètement réussi à la tirer d'affaire. La clomipramine a marché pour ses compulsions, mais n'a pas arrangé sa vie sexuelle. La thérapie comportementale est efficace et aide un peu Laura et son mari, mais les progrès sont lents.

Laura avait trouvé une manière particulièrement inhabituelle de cacher ses TOC. Si les statistiques les plus récentes sont correctes et si cette maladie affecte vraiment quatre millions d'Américains, nous rencontrerons forcément des manières encore plus bizarres et pénibles de la dissimuler. Pour compliquer davantage les choses, il semble bien qu'il existe un lien entre les problèmes scolaires et le TOC, en particulier chez les jeunes garçons. Laura n'avait aucun problème scolaire, mais nous rencontrons en clinique plus d'enfants présentant ces deux problèmes que le simple hasard ne conduirait à observer. Ceci semblerait indiquer la présence d'une malformation de certaines connexions cérébrales à la naissance.

D'autres enfants atteints de TOC ont des difficultés car ils sont lents ou perfectionnistes, ce qui les empêche de terminer leurs examens à l'école ou leurs devoirs à la maison. Il serait facile d'apprendre aux enseignants à reconnaître les symptômes de cette maladie : les devoirs sont trop gommés – parfois à un point tel que la feuille en est trouée; l'enfant refuse son examen car il doit se relire « une toute dernière fois ». Si nous ajoutons à cela des mains rêches et crevassées (quand l'enfant se lave trop, cela peut ressembler à de l'eczéma), les enseignants pourraient alors repérer des cas jusqu'alors passés inaperçus. Leur concours permettrait d'éviter des années de calvaire.

Histoire d'amour

Toute la vie de Robert était imprégnée de son comportement obsessionnel-compulsif. J'étais fascinée par cet homme grand et honnête, ce célibataire de quarante-cinq ans, ce physicien au charme discret. Quand il était parti, l'autre médecin (femme) qui l'avait interrogé avec moi m'avait dit, « Quand il ira mieux, il fera des ravages! »

Le jour où nous l'avons rencontré, il ne pensait vraiment pas à l'amour. Sa vie était dominée par des compulsions; même son souvenir le plus ancien en était une. « Je devais avoir trois ans et j'étais dans ma poussette. Ma mère me poussait dans la rue, à New York, quand tout à coup, je m'étais senti forcé de retenir ma respiration jusqu'au carrefour suivant. Je n'y étais pas arrivé, bien entendu, mais je me souviens que j'étais très inquiet d'avoir dû faire une chose pareille alors que c'était désagréable et que je ne voulais pas le faire. J'étais bien loin de réaliser qu'il s'agissait du début d'un cauchemar infernal qui empoisonnerait toute mon existence. »

Robert parlait volontiers de son problème. Il avait suivi une psychanalyse pendant quatre ans et avait passé plus d'un millier d'heures à combattre ses symptômes avec l'aide d'un thérapeute sympathique et compatissant.

Il nous avait brossé le sombre tableau d'une vie solitaire. Les tâches insensées qu'il se fixait faisaient fuir ses amis, hommes ou femmes. Si la radio venait de passer trois chansons, il se demandait de quels titres il s'agissait. Il ne pouvait rien faire d'autre avant d'avoir la réponse, même si cela impliquait qu'il appelle la station. Cette information était inutile, mais Robert avait l'impression que c'était vital. « Ces idées folles étaient tellement puissantes – c'est comme si rien d'autre n'avait de l'importance. » Il fallait qu'il soit seul pour ces rites absurdes. Toute l'énergie qui lui restait, il la mettait dans ses études.

J'avais entendu tant d'histoires semblables sur des obligations bizarres qui avaient le pouvoir de diriger la vie des gens! Et pourtant, le récit des rites insensés, maîtres de ses jours et ses nuits, que nous faisait cet homme intelligent, séduisant, et par-dessus tout raisonnable, me semblait irréel.

J'imaginais Robert à l'université catholique, où ses compulsions prenaient la forme d'un excès de zèle religieux qui le forçait à apprendre par cœur des passages de la Bible et de la vie des saints. Il passait ses nuits à lire et à relire sans arrêt les mêmes pages jusqu'à être capable de les réciter par cœur.

Mais c'est au lycée qu'était apparu le plus humiliant de ses rituels. Il n'arrêtait pas de vérifier sa braguette. Ce tic avait attiré l'attention sur ce qui semblait le travailler, et il était devenu la risée des autres garçons. Les filles l'évitaient. Cette compulsion avait duré presque dix ans, puis avait fini par s'estomper. Ces années resteraient pour lui sa période la plus solitaire.

Tout n'était pas négatif. Ses professeurs faisaient l'éloge de son travail. C'était la seule chose qu'il avait pour lui, et il se souvient du soulagement que lui procurait sa fuite dans les mathématiques et la physique. « Mais plus j'avançais dans mes études, plus je me coupais de la réalité. » Il lui fallait du temps pour tous ses rituels, et il trouvait plus facile d'éviter les gens que d'être pris pour un malade mental.

Une chose extraordinaire s'était passée quand il avait commencé sa thèse : il était tombé amoureux d'une autre étudiante. « Ce fut l'événement à la fois le plus merveilleux et le plus terrible, nous avait-il raconté. Je n'avais jamais été amoureux auparavant; nous nous aimions vraiment. Mais personne n'avait jamais rien su de mon problème. Je n'osais pas lui raconter. » Leur relation avait duré des années. Elle avait le sentiment d'être délaissée par Robert, mais c'était à cause de ses rituels. « Quels étaient vos rituels à ce moment ?, lui avais-je demandé. C'était des rites dérisoires, trop idiots pour être avouables. Supposons que la veille, j'avais regardé un débat à la télévision. Eh bien, il fallait absolument que je me souvienne du nom des invités. Quitte à chercher dans le journal, ou à appeler le studio, si je ne me souvenais pas des noms. Mais il me fallait la réponse, sinon je ne pouvais rien faire d'autre.

– Et elle n'en a jamais rien su ? »

– Elle pensait que je m'ennuyais, ou que j'étais en colère, ou les deux. Mais je ne pouvais pas lui dire. »

C'était toujours la même histoire que m'avaient racontée maris, femmes et enfants : le besoin de cacher ses rituels à la personne la plus proche et la plus importante pour eux. « Je pensais que j'étais fou. Je ne comprenais pas ce qui se passait », m'avait expliqué Robert.

Ils s'étaient finalement séparés. Cela faisait dix ans qu'il ne la voyait plus. Ses affaires marchaient bien, mais la société de conseil qu'il avait montée tout seul – mais qui lui laissait néanmoins le temps pour ses rituels, – l'isolait terriblement. A contrecœur, il avait fini par se dire qu'il n'avait ni la force de caractère, ni la discipline nécessaires pour vaincre ce mal. « Je commençais chaque journée avec la ferme intention de vaincre ce problème, et à la fin de chaque journée je constatais que j'avais échoué. Je souffrais le martyre. Je n'arrêtais pas de me demander ce que j'avais. »

Robert nous avait téléphoné après avoir regardé l'émission « 20/20 » sur les troubles obsessionnels-compulsifs. Il s'était immédiatement reconnu, et comme la plupart des milliers de gens qui nous avaient téléphoné après ce programme, il avait raison. Quand vous rencontrez quelqu'un d'autre atteint du même mal, vous ne pouvez pas vous tromper. Malheureusement, la plupart des gens ne connaissent personne d'autre dans leur cas, à cause du caractère secret des TOC.

Robert avait décidé de tenir le compte de ses compulsions par écrit, et notamment, le nombre de rituels et de pensées par heure. Cela lui avait semblé naturel, car il travaillait sur des analyses de fréquence.

Peu après sa première prise de clomipramine, le nombre de ses compulsions chuta de manière spectaculaire, et celles qui restaient étaient affaiblies. Il avait écrit : « Je pense que certaines pensées généralement insignifiantes se trouvent bloquées dans une région primitive du cerveau, un centre de survie, par exemple, à supposer que cela existe. En raison du mauvais fonctionnement d'un système de communication interne, ces pensées ridicules se mélangent avec celles concernant la survie. Le cerveau ne peut pas prendre de recul, si bien que la pensée continue toute seule dans cette région du cerveau et devient une affaire de la plus haute importance, ne laissant plus la moindre place pour le reste. »

Le combat de Robert contre les TOC finit comme un conte de fées. Après avoir pris le médicament pendant six mois, il avait commencé à croire son amélioration durable. Un ami l'avait aidé à retrouver son ancienne petite amie. Elle ne s'était jamais mariée. Quand il l'avait appelée, elle lui avait dit qu'elle n'avait jamais cessé de penser à lui. Ils sont à nouveau ensemble. La dernière fois que Robert m'a donné de ses nouvelles, il m'a dit que cela n'avait jamais si bien marché. « Nous vivons dans une atmosphère de lune de miel et nous parlons mariage, enfants et famille, ce dont nous n'avions jamais pu discuter auparavant. A présent, le monde se présente sous un beau jour, et ma vision du futur est tout simplement magnifique. J'ai du mal à y croire. »

Robert a eu de la chance. Les obsessionnels-compulsifs ont deux fois plus de chances de rester célibataires que le reste de la population. S'ils se marient, il y a de fortes chances pour qu'ils divorcent. Ils passent tout leur temps et dépensent toute leur énergie dans leurs rituels et leurs ruminations, et le secret dans lequel ils vivent les empêche de partager le peu qui leur reste. Les nouveaux traitements y changeront-ils quelque chose ? Il est encore trop tôt pour le dire.

Sida : la nouvelle obsession

Le Syndrome immunitaire de déficience acquise (SIDA) est l'obsession nationale des années quatre-vingt et il y a de bonnes raisons à cela. Mais en plus de ce qu'on en dit dans les journaux et à la télévision, il y a ce que m'en disent mes patients; le sida a créé, chez les obsessionnels-compulsifs, un nouveau besoin de se laver et de vérifier. Avant, il fallait se débarrasser des germes, des matières fécales ou des insectes. Parfois, il s'agissait de sueur, de sperme, ou d'un autre fluide organique. Maintenant, c'est le sida.

Prenons l'exemple d'Alan. Alan n'est pas homosexuel; il ne prend pas de drogue; il n'a jamais travaillé dans un hôpital, et il ne pense pas qu'il fréquente des gens faisant partie d'une population « à risque ». Mais pour cet obsessionnel-compulsif qui craint depuis quinze ans d'être contaminé, le sida est devenu la contamination la plus redoutée et a remplacé toutes les autres.

Pendant toute sa scolarité, Alan fut un laveur. Sa mère et lui étaient venus me consulter parce qu'il avait beaucoup de mal à finir son lycée. Petite, ronde, pétillante, sa mère était le moteur de la famille. Alan avait du mal à lire, et il était plus âgé que les autres élèves. Comme il avait redoublé plusieurs fois, sa mère l'aidait à faire ses devoirs et réclamait de l'école les cours spéciaux dont il avait besoin. Elle se devait de dominer la situation pour qu'Alan progresse. Avant sa nouvelle obsession avec le sida, Alan était un grand vérificateur. Il vérifiait les portes, les fenêtres et, pire encore, les piles de journaux dans les camions de l'entreprise familiale de distribution du *Washington Post.*

Alan vérifiait que les suppléments avaient bien été glissés dans chaque journal. Il ne s'intéressait qu'aux piles déjà prêtes et n'en commençait jamais de nouvelles. Ses frères avaient cessé de l'accompagner dans ses tournées, car il ne fournissait pas sa part de travail. Sa mère avait pris leur place, jusqu'au moment où elle non plus n'a pu accomplir sa tâche. Alan ne permettait pas qu'on distribue un journal sans « une toute dernière vérification ». Après avoir passé huit heures sur une tournée qui durait normalement trois heures, sa mère avait abandonné, et Alan avait quitté l'entreprise familiale.

Après, comme il perdait tous ses emplois, il était venu en consultation. Sa mère l'accompagnait. Le temps qu'il lui fallait pour se doucher, fermer la porte à clef, sortir de la voiture, verrouiller la portière, se mettre au travail, (c'est-à-dire plusieurs heures les jours où il allait mal) lui interdisait d'arriver à huit heures ni même à neuf heures du matin à son travail. En conséquence, on le mettait à la porte. Puis ses compulsions avaient pris une tournure très inquiétante.

Il avait trouvé du travail sur un chantier qui semblait finalement lui convenir. Creuser et pousser des brouettes était pour lui moins angoissant que distribuer des journaux, et il s'entendait bien avec ses collègues. Il connaissait certains d'entre eux depuis l'école. Pour la première fois depuis des mois, il se sentait suffisamment à l'aise pour raconter des blagues et plaisanter. Un jour, pendant la pause du déjeuner, son collègue Bill s'était assis près de lui par hasard, et avait posé sa bouteille thermos noire à côté de celle d'Alan, qui était également noire. Alan avait bu par erreur dans la thermos de Bill.

Soudain, il avait eu peur que Bill ait le sida. Il avait essayé de chasser cette idée. Il n'était pas idiot. Il savait qu'elle risquait de lui causer des ennuis. Mais cette pensée bloquait toutes les autres. « Bill, avait-il lâché. Il faut que tu ailles faire un test pour savoir si tu as le sida. » Bill ne trouva pas cela drôle. Alan avait commencé à s'énerver. « S'il te plaît, je ne pourrai pas dormir. J'ai bu dans ta thermos. »

Bill s'était mis à hurler : « Laisse-moi tranquille ! Tu crois que j'ai le sida ? » Une mêlée générale s'était ensuivie.

Les autres n'avaient plus cessé de le tourmenter. Quand ils le voyaient arriver, ils lui jetaient : « Alors, ça y est, t'as le sida ? » Il avait d'abord essayé de leur tenir tête, mais y avait finalement renoncé. Finalement, il avait quitté son emploi. Alan reste maintenant chez lui. Il passe très peu de temps à vérifier ou à faire sa toilette. Il ne peut tout simplement pas s'empêcher de penser au sida. (J'aurais dû me douter que cela lui arriverait. L'année dernière, il avait été obsédé par la rage pendant un mois après avoir croisé un chien qui avait de l'écume à la gueule. C'était passé, mais sa peur terrible du sida, elle, ne le quitte pas.)

Presque un tiers de mes patients obsessionnels-compulsifs associent le sida à leurs rituels et à leurs croyances. Ils ont d'abord commencé par se laver; ça n'est que plus tard qu'ils ont justifié leur comportement par leur peur du sida. L'être humain est rationnel : quand il fait quelque chose qui semble avoir un but comme par exemple se laver sans arrêt – son esprit logique doit trouver une raison à cela. Je ne vois pas de meilleure explication à cette obsession pour le sida. Certaines personnes ne savent absolument pas pourquoi elles se lavent, mais si elles ne le font pas elles se sentent très mal. Quand les obsessionnels-compulsifs pressentent un danger qu'ils ne peuvent ni voir, ni toucher, ni comprendre, ils font une fixation sur le sida; c'est la maladie rêvée pour les victimes du TOC. Peu importe votre degré de sophistication. L'obsession du sida est omniprésente.

Claude, un chirurgien prospère, a fait un mariage heureux et est père de deux enfants. Il y a dix ans, sur un coup de tête, il avait répondu à une petite annonce et avait eu une brève liaison homosexuelle qu'il avait interrompue après trois rencontres. C'était bien avant l'épidémie du sida; il n'avait tout simplement pas envie de continuer. Au moment de la mort de Rock Hudson, il s'était mis à visiter tous ses amis médecins pendant les heures de consultation. Il pensait constamment au sida. Parce qu'il était docteur, il avait convaincu ses collègues de faire tous les examens connus de détection de cette maladie. On lui avait fait une biopsie de rougeurs cutanées inoffensives, un bilan immunitaire, un « western blot » (le test le plus perfectionné et le plus précis pour détecter la présence d'anticorps du sida dans le sang), ainsi que toutes sortes d'analyses du sang. La conclusion était toujours la même. Claude arrivait inquiet chez ses amis médecins avec les résultats de ses analyses. « Bonne nouvelle, disaient ses collègues, tu peux cesser de te faire du souci. Tout va bien. » Ils lui montraient les résultats invariablement négatifs. Claude semblait soulagé pendant un moment puis il reprenait son air inquiet et disait : « Cela pourrait prendre un peu plus de temps avant de devenir positif. » Ou bien encore : « La semaine dernière, j'ai lu que les labos faisaient un nouveau type d'erreur. On s'est peut-être trompé dans les analyses. Ce sont peut-être les analyses d'un autre ! »

J'avais demandé à sa femme s'il s'était jamais comporté de cette manière auparavant. « Vous savez, m'avait-elle répondu, j'avais oublié, mais sa mère m'avait raconté quelque chose qui s'était passé quand il était au lycée. Il avait dû emprunter le slip d'un de ses coéquipiers parce qu'il avait égaré le sien après un match. Après il avait commencé à avoir peur de la syphilis. » « L'autre garçon avait la syphilis ? » « Bien sûr que non. Il se portait bien. Mais Claude avait continué à se faire du mauvais sang pendant des mois. »

Pour mes patients, le besoin de se laver, le sentiment qu'il faut écarter un danger en se lavant, passe avant tout le reste. Les explications qu'ils en donnent changent et changeront toujours en fonction du contexte. Le sida renvoie à la transgression sexuelle, à des actes immoraux, et il provoque un affreux sentiment de honte et de discrimination. C'est une maladie tellement terrifiante et irrationnelle qu'elle aurait pu être inventée par un obsessionnel-compulsif. Un de mes patients, une jeune femme, a dû abandonner la carrière qu'elle avait choisie : infirmière. Quand elle était petite, elle se lavait sans comprendre pourquoi. L'épidémie du sida s'est alors déclarée. C'est maintenant la raison pour laquelle elle se lave. « Je pense que je savais que le sida allait frapper, m'a-t-elle dit. C'est dingue, mais c'est ce que j'attendais. C'est ce que tous les obsessionnels-compulsifs attendaient. Seulement, nous ne le savions pas. »

Trichotillomane

Jackie P. était assise dans la salle d'attente. Son large chapeau de paille et ses lunettes de soleil réfléchissantes lui cachaient le visage; on aurait dit une star. Mais le reste de son apparence dissipait rapidement cette illusion, car c'était en fait une femme rondelette vêtue d'un tailleur-pantalon pastel.

Dans le cabinet, elle ôta ses lunettes, tira son chapeau en arrière, et je pus voir ses sourcils, dignes de Marlène Dietrich, en forme d'accent circonflexe, et ses cils noirs et incroyablement longs. L'effet produit était exotique, outrancier, et curieusement déconcertant.

Son attitude était franche et directe : « Je suis tellement contente d'être ici, m'avait-elle dit. Quand nous avons vu l'émission à la télévision, mon mari et moi ne pouvions pas en croire nos yeux. Nous avons toujours pensé que j'étais seule à avoir ce problème. »

« Quel est votre problème ? » lui avais-je demandé. « Eh bien, j'ai vraiment *horreur* de faire ça – mais, il vaut mieux que je vous montre », avait-elle soupiré en retirant son chapeau.

Elle avait alors jeté bas le masque. Avec un kleenex, elle avait effacé ses sourcils, puis elle avait enlevé ses faux cils, et finalement, sa perruque. Le résultat était saisissant : elle n'avait pas un cheveu sur le crâne, et pas un poil sur le visage. A l'endroit des sourcils, sa peau était blanche et couverte de taches. Cette femme au crâne et au visage parfaitement roses ressemblait à un mannequin de cire. Mais ses yeux, les yeux de Jackie, étaient rouges et remplis de larmes.

« C'est très embarrassant, m'avait-elle dit, mais vous n'auriez pas compris si je ne vous l'avais pas montré. Mon mari et mes parents sont les seuls à m'avoir vue comme ça. Même mes enfants ne le savent pas. » Elle se frottait le visage avec les mains. « Grand-mère avait peut-être raison. Il paraît que quand on naît par le siège, c'est le présage d'une vie difficile. J'étais comme tout le monde jusqu'à l'âge de treize ans. Les gens admiraient mes beaux yeux verts et mes longs cils. Selon grand-mère, j'ai commencé à m'arracher les cils pour que maman s'occupe de moi; la maison était toujours pleine de monde. Je n'aimais peut-être pas ça; je ne sais pas. Tout ce dont je me souviens, c'est que je me suis mise à m'arracher les cheveux et à en manger les racines. Je sais que je voulais m'arrêter. Est-ce que ça existe, quelqu'un qui se *drogue* aux cils et aux cheveux ?

« J'ai essayé un tas de choses. J'ai porté des gants; je me suis coupé le bout des doigts, coupé les ongles tellement court que mes doigts saignaient. Finalement, ma mère m'a amenée voir un psychiatre qui m'a demandé si je me masturbais ! Quelle question ! Ça ne m'a certainement pas aidée !

« Le pire, avait-elle ajouté, c'est que je ne pouvais faire aucune des choses agréables que j'aurais aimé faire, comme nager, aller au parc d'attractions ou courir la tête au vent. J'avais toujours peur que ma perruque se mette de travers ou que mes cils se détachent. J'ai eu une adolescence dingue, terrible. »

« Vous vous êtes pourtant mariée. »

« La deuxième fois que je suis sortie avec mon mari, il m'a tellement plu que je lui ai dit ce qui m'arrivait. Il l'a pris comme si c'était quelque chose de normal. Il s'en fichait. Dieu a été bon avec moi quand il m'a fait rencontrer Jerry.

« Une fois où je suis allée à une réunion des anciens de ma classe, des gars qui s'étaient soûlés étaient venus me demander si je faisais toujours des trucs bizarres comme m'arracher les cils. J'ai pensé, mon Dieu, c'est le souvenir qu'ils ont de moi ! Je n'ai jamais remis les pieds dans une réunion d'anciens élèves. »

Jackie avait trois enfants, un mari qui l'aimait, une belle maison, mais elle continuait toujours de s'arracher les cheveux. « On pourrait croire que cela devrait suffire à m'empêcher de le faire, mais pensez-vous ! » Ses prières n'avaient pas été entendues, et elle ne savait toujours pas pourquoi elle s'arrachait les cheveux et les poils. L'émission « 20/20 » sur les troubles obsessionnels-compulsifs l'avait persuadée que son mal était une compulsion. Les gens de la télévision n'en étaient pas si sûrs, mais elle refusait de s'entendre répondre non. Elle avait appelé jusqu'à ce que la télévision promette de nous contacter.

Jackie fut mise sous clomipramine. Elle fut aussi surprise que nous des résultats. A vrai dire, nous n'étions pas sûrs qu'il s'agissait d'un cas de TOC, ce dont elle était convaincue. Mais elle refusait de s'entendre dire le contraire. Elle était très convaincante. « Je sais que je suis dingue de m'arracher les cheveux. Mais je ne peux pas m'en empêcher. J'ai commencé quand j'étais petite. J'ai gardé ça pour moi. Vous devez me laisser participer à votre étude. »

Nous avions décidé de la prendre, ou plus exactement, nous avions justifié sa participation après coup parce que son symptôme avait vraiment un aspect obsessionnel : quand elle s'arrachait les cheveux, il fallait que ce soit de manière symétrique. Quand elle en arrachait un à gauche, elle devait en arracher un à droite pour contrebalancer; si elle en arrachait trois à gauche, elle devait en arracher trois à droite, etc. Nous avons donc essayé de la soigner.

Quelques semaines après le début du traitement, les choses avaient commencé à bouger. Elle avait toujours envie de s'arracher les cheveux, mais pour la première fois depuis l'âge de treize ans, elle était capable d'y résister. Deux mois plus tard, elle était arrivée sans lunettes – elle avait des cils et des sourcils. Nous étions tous enthousiasmés. Ses cheveux ont mis plus longtemps à repousser. Elle avait promis qu'elle viendrait sans perruque à son prochain rendez-vous. Jackie était transformée; elle débordait d'enthousiasme.

« J'ai fait un tour sur les montagnes russes », m'avait-elle raconté. « Je me suis fait mouiller, et je suis même montée dans une voiture décapotable. J'aurais aimé que ma mère soit encore vivante pour voir cela; j'espère qu'elle me voit. »

Jackie P. est une des dix personnes atteintes de trichotillomanie – le besoin irrésistible de s'arracher les cheveux – qui ont été hospitalisées dans notre clinique. Il s'agit toujours de femmes, et toutes, comme Jackie, ont commencé pendant leur adolescence. Exception faite d'un sentiment de gêne et, de temps à autre, de dépression, et hormis certaines complications rares – infections ou paupières écorchées –, elles arrivent toutes à mener une vie normale. Pourtant, dès qu'elles s'étaient reconnues à « 20/20 », ces femmes avaient fait des pieds et des mains pour qu'on leur vienne en aide. Nous n'avions pas prévu d'inclure les trichotillomanes dans notre étude, mais ces patientes nous ont montré qu'il le fallait.

C'est Hallopeau, un médecin français, qui a inventé en 1889 le terme « trichotillomanie ». Il estimait que le trichotillomane, si on laisse de côté son besoin irrésistible de s'arracher les cheveux, était sain. Les premières descriptions de ce mal curieux sont, en grande partie, dues à des dermatologues, mais les psychiatres l'ont redécouvert au cours des vingt dernières années. On a pensé, à un moment, qu'il s'agissait d'une maladie très rare (comme les TOC), mais des séries de vingt ou trente cas ont maintenant été décrites dans les comptes-rendus de centres de thérapie comportementale. La trichotillomanie s'accompagne d'autres troubles, mais notre petit groupe de sujets nous a convaincus qu'il s'agissait bien d'un type de troubles obsessionnels-compulsifs. Beaucoup de trichotillomanes ont des parents atteints de TOC. Comme pour les TOC, ces victimes, déprimées ou non, voudraient s'arrêter, mais continuent malgré leur sentiment de honte. Comme les obsessionnels, ces gens se donnent beaucoup de mal pour garder leur mal secret.

Une femme me racontait en gémissant que ses bras lui faisaient horriblement mal car elle passait des heures à s'arracher les poils. Mais elle n'aurait pas pu s'arrêter pour autant. Jackie savait que ce qu'elle faisait était inutile et douloureux, mais elle éprouvait néanmoins une envie irrésistible de le faire. Ce qui est étrange dans la trichotillomanie, c'est que ces femmes n'ont généralement aucune autre obsession ou compulsion. Elles ne ressentent pas le besoin de se laver ni de vérifier, et ne l'ont jamais ressenti. Elles n'ont pas d'idées ou de fantasmes comme c'est le cas pour les obsessionnels. Quand j'avais demandé à Jackie comment serait la vie sans ce besoin de s'arracher les cheveux, elle m'avait seulement répondu en souriant : « Ce serait merveilleux. »

La trichotillomanie présente une différence majeure avec les troubles obsessionnels-compulsifs ordinaires : presque tous les trichotillomaniaques sont des femmes. Comme pour les TOC, une complication courante de ce mal est la dépression. Mes entretiens avec ces femmes (qui se ressemblent toutes énormément) m'ont donné l'impression inquiétante qu'un comportement primitif incontrôlable s'exprimait librement en elles : un besoin inné et atavique de faire leur toilette, de se lisser le poil ou le plumage, comme le font les animaux. La réaction spectaculaire de ces malades à la clomipramine (et l'inefficacité des autres médicaments) crée un lien supplémentaire entre ce mal étrange, les obsessions, et les compulsions.

Dans la littérature psychanalytique classique, la chevelure a de nombreuses significations. Elle symbolise la beauté, la virilité, et la prouesse physique. C'est aussi un symbole bisexuel; se couper les cheveux ou se les arracher serait un symbole de castration.

Dans un essai psychanalytique sur « Rapunzel », le conte de fées, E. Buxbaum soutient que les cheveux coupés de Rapunzel représentent la séparation et la perte de la mère. Dans certaines cultures, on se rase le crâne en signe de deuil. Dans d'autres, on épile les cheveux de celui qui se prépare à une vie de pénitence. Se raser le crâne fait aussi partie de la longue tradition monastique chrétienne.

Ce qu'aucune de ces théories n'est en mesure de nous révéler c'est *pourquoi* certaines personnes deviennent trichotillomanes. Comment un tel comportement, toujours identique, et que l'on ne retrouve pratiquement que chez les femmes, peut-il surgir comme cela? Malheureusement, la psychothérapie, la thérapie comportementale, et jusqu'à présent, le traitement par les médicaments ne marchent pas. Heureusement, il semble que la plupart de ces femmes parviennent à se débrouiller, à vivre avec les gens qu'elles aiment, et à s'adapter à cette habitude étrange et douloureuse.

Mais trop de questions restent sans réponse. Pourquoi s'agit-il presque toujours de femmes? (Nous n'avons rencontré que deux garçons présentant ce type de troubles. Ils souffraient aussi d'autres symptômes obsessionnels-compulsifs, mais passaient des heures à s'arracher les cheveux un par un. Pourquoi les trichotillomanes n'ont-ils qu'un type de comportement alors que nos autres patients passent d'un symptôme à un autre? Comme pour la plupart de nos conclusions, celle-ci soulève autant de problèmes qu'elle n'en résout.

Mais nous avons d'excellentes nouvelles. Nous avons comparé l'effet de la clomipramine et celui de la désipramine, notre antidépresseur de comparaison, sur nos dix trichotillomaniaques, et les résultats sont très encourageants. Neuf d'entre eux n'ont pas réagi à la désipramine, mais leur état s'est beaucoup amélioré grâce à la clomipramine. Nous reconnaissons maintenant officiellement la trichotillomanie comme une forme de TOC.

D'autres « mauvaises » habitudes d'individus par ailleurs normaux seraient-elles des types rares de TOC? Devrait-on traiter à la clomipramine les gens qui se rongent les ongles? Peut-être devons-nous regarder sous un jour nouveau les manies que nous croyons comprendre. Si celles-ci réagissent tellement spécifiquement à un médicament particulier, qu'est-ce que cela signifie? La manie de se ronger les ongles serait-elle un type ancien de toilette corporelle, encore présent, pour une raison inconnue, chez certains d'entre nous? Ces manies seraient-elles toutes des bizarreries liées au fonctionnement de notre cerveau?

Pécheurs innocents

C'est par Leora, la tante de Sarah, que j'ai entendu parler pour la première fois de la scrupulosité. Elle non plus ne savait pas de quoi il s'agissait. Leora était une amie que j'avais connue à l'université et dont je n'avais eu aucune nouvelle depuis des années. Elle m'avait appelée un jour, à l'improviste, pour me demander conseil au sujet de sa nièce préférée. Mon amie, qui est influençable, venait de voir *L'Exorciste*. « On dirait que ma nièce est possédée », m'avait-elle dit.

« Tu ne crois pas à ces histoires, dis-moi? lui avais-je demandé.

« Pas vraiment, mais c'est tout de même bizarre. Cette petite fille insouciante s'est soudain mise à parler de péché, et à demander qu'on la punisse. Elle utilise des mots comme " blasphème ", et dit qu'elle a en elle une force malfaisante. Ça n'est pas naturel. D'où cela pourrait-il vraiment venir? » Je ne savais pas quel était le problème de Sally, mais sa tante était vraiment inquiète, et l'histoire qu'elle racontait était en effet curieuse.

Sally, qui était en sixième, était une petite fille blonde intelligente. Elle avait attendu sa communion avec impatience. L'achat d'une nouvelle robe et la grande fierté de sa tante compensaient le côté pénible des préparations. Mais quelques semaines avant le grand jour, elle s'était mise à avoir des crises de pleurs et des insomnies, et avait perdu cinq kilos. Tout avait commencé brusquement, alors qu'elle faisait une punition qu'on lui avait donnée en classe. Elle s'était mise à penser qu'elle ne la faisait pas convenablement, qu'elle « péchait ». Elle trouvait qu'elle agissait toujours mal. Ce sentiment ne l'avait plus quittée.

Ses symptômes s'intensifiaient de jour en jour. « Si je touche la table, je vais vraiment offenser Dieu », murmurait-elle. Elle croisait les bras et se plongeait dans une méditation profonde. L'idée d'avoir peut-être offensé Dieu en se touchant les mains l'épouvantait. Cela voulait-il dire qu'elle le frappait? se demandait-elle en se repliant plus profondément encore sur elle-même.

Alors qu'elle avait toujours été indépendante, Sally

commença à suivre sa mère partout chez elle, à l'embrasser, à se cramponner à elle. Elle pensait qu'elle avait « moins l'occasion de commettre des péchés » quand sa mère était à la maison.

A l'école, quand la religieuse chargée des cours s'était absentée un instant et avait demandé à la classe, à son retour, combien de fois les filles avaient parlé entre elles, Sally avait « confessé » avoir parlé douze fois! Elle comptait ses propres « bruits de respiration » que ses camarades de classe n'entendaient même pas! Elle se proposait de faire des punitions qu'elle trouvait injustes, mais se sentait mieux après les avoir faites. La Sœur, qui était sévère mais équitable, était perplexe. Sally avait l'impression qu'une force intérieure malfaisante la menaçait constamment.

Elle se demandait si elle avait, en fait, envie de pécher. Elle disait qu'elle offensait Dieu en écrivant mal. Si elle ne le faisait pas correctement, ou si elle écrivait les mots sous la ligne, c'était péché mortel. Son état avait empiré peu de temps après. Elle commençait à ressasser des idées : « Ai-je fait un faux serment? Ai-je menti? » Elle songeait à « vendre son âme au diable ». C'est alors que mon amie Leora m'avait appelée, et j'avais accepté de voir Sally.

Notre entretien ressembla à une étrange pièce de théâtre moraliste. Elle souffrait le martyre, se mettait dans tous ses états, se balançait sur sa chaise, et marchait de long en large : « Comment ai-je pu commettre un péché? Dites-moi ce qu'il faut que je fasse pour expier? Vous croyez que ça y fera quelque chose? Je suis sûre que je vis dans le péché! » Elle répétait ces questions sans arrêt. Elle ne cherchait pas de réponses. Elle avait mal au ventre; elle pleurait. Mes réponses ne l'aidaient pas plus que celles de sa tante. Je lui dis : « Je ne vois pas ce que tu as fait de mal », et cela eut un effet catastrophique.

« Ne dites pas cela », s'était-elle mise à crier. « Vous n'avez pas besoin d'aggraver les choses, c'est déjà assez terrible comme ça. J'ai besoin qu'on me punisse. C'est la seule chose qui puisse m'aider. »

« Mais vraiment, qu'est-ce qui te tracasse ? »

« Je sais seulement que c'est quelque chose en moi. J'ai des pensées terribles. »

Elle avait déjà vu deux prêtres. Le premier avait déclaré qu'elle avait un problème psychologique et qu'elle ne devait pas prier plus de cinq minutes par jour. C'était un conseil plein de bon sens, mais ça n'avait pas marché.

Pour sa confession suivante, Sally était allée voir un prêtre de réputation sévère. Il lui avait donné des prières supplémentaires, et elle s'était sentie mieux pendant un jour. Le cycle avait ensuite recommencé. Quand ce deuxième prêtre s'était rendu compte que cela le dépassait complètement, il s'était retiré.

Cela me laissait perplexe, moi aussi. D'une certaine manière, Sally était vraiment « possédée ». Elle ne contrôlait pas ce qui la poussait à poser des questions; elle n'en posait pas vraiment, et ne tenait pas compte des réponses. Ses paroles n'avaient rien des propos d'une petite fille. Cela faisait un drôle d'effet. Quand j'étais allée voir *L'Exorciste*, je m'étais ennuyée pendant tout le film, et maintenant c'est moi qui tenais le rôle !

Puis j'avais perdu Sally de vue. Plus tard, j'avais appris qu'elle avait fait sa communion tant bien que mal, et que ses symptômes avaient finalement disparu. J'ai revu sa tante deux ans plus tard. Sally était maintenant une adolescente énergique et insouciante qui ne s'intéressait plus que modérément à la religion. Elle avait été mon premier contact avec la scrupulosité; nous ignorions toutes les deux de quoi il s'agissait.

C'était il y a vingt ans. Ce type de crise n'était pas rare dans les écoles privées catholiques traditionnelles. En 1927, une enquête menée par l'Église révélait que 4 % des personnes interrogées faisaient de l'excès de zèle religieux. Ces individus priaient trop, doutaient trop et étaient extrêmement méticuleux (certains se lavaient aussi les mains trop souvent). Si je n'ai pu trouver d'enquête plus récente sur ce sujet, c'est peut-être parce que cela fait bien longtemps que l'Église catholique reconnaît qu'il s'agit là de troubles obsessionnels-compulsifs. Mais dans un contexte religieux, on parle de « scrupulosité ».

Sally s'était rétablie avec le temps et un peu grâce à sa famille. Mais Audrey, ma deuxième patiente atteinte de scrupulosité, était un cas plus difficile. On m'avait demandé de m'occuper d'elle pendant mon internat à Boston. C'était une femme mince et nerveuse de vingt-huit ans qui portait un chignon et ne pensait qu'à prier et à se confesser. Elle s'absentait tous les jours pour aller à confesse des douzaines de fois par semaine alors qu'elle avait deux petites filles, ce qui renforçait son sentiment de culpabilité. Elle m'avait expliqué que son esprit était rempli de pensées fugitives mais terribles qu'une force lui imposait.

« Quelles sortes de pensées ? »

« Oh, des pensées terribles. Terribles. J'ai même peur d'en parler. »

Ces « pensées terribles » ne l'étaient pas tant que ça, et Audrey le savait. Peut-être étaient-elles légèrement irrévérencieuses. Elle s'ennuyait à l'église. Elle trouvait que le prêtre était mignon. Ce qui était terrible, en fait, c'était la force de ces pensées, et son besoin d'accomplir des pénitences rituelles.

Audrey et moi nous entendions bien. Nous nous voyions toutes les semaines et parlions de son mariage, de ses parents, de ses enfants, et de la sévérité de son éducation dans une école religieuse. Elle parlait volontiers de son sentiment d'insécurité et de sa colère contre la sévérité des Sœurs quand elle était petite. Mais c'est seulement quand elle s'était sentie vraiment à l'aise avec moi que j'avais appris ce qui l'effrayait le plus. Elle croyait que Satan lui inspirait des pensées coupables. Elle avait déjà eu des idées semblables, mais elles n'avaient jamais été aussi intenses.

Au fil de l'année, Audrey devint de plus en plus soucieuse. J'avais moi-même besoin d'aide pour l'aider. La sympathie et le réconfort ne lui suffisaient pas. Mon patron était de plus en plus perplexe et inquiet. Nous nous étions alors tournées vers l'Église pour demander conseil, Audrey et moi. Ma tolérance la contrariait.

« Ce n'est pas de votre faute, docteur Rapoport, me disait-elle d'un ton apaisant, mais vous pourriez me faire quitter le droit chemin. Il est possible que le Diable soit toujours en moi. » Audrey avait vu plusieurs prêtres et en avait finalement trouvé un qui connaissait bien ce genre de problème. Le père John s'était révélé être un merveilleux co-thérapeute. Ce prêtre avait une longue expérience, connaissait la scrupulosité, et faisait preuve d'un mélange idéal de patience et d'autorité.

La technique que l'Église lui avait enseignée pour le traitement de la scrupulosité était plus sensée que celle que les psychiatres utilisaient à l'époque pour les TOC, qui était centrée sur l'exploration des déterminants symboliques inconscients du comportement obsessionnel-compulsif. J'avais utilisé cette approche sous la supervision de mon patron, mais sans résultat. L'Église, en revanche, mettait l'accent sur l'importance d'une obéissance complète et absolue à un « directeur spirituel éclairé », le plus souvent un prêtre, qui avait pour tâche d'aider la personne trop « scrupuleuse » à diminuer le plus vite possible sa religiosité excessive. Une telle personne devait être bien plus qu'un confesseur. Le père John passait donc des heures avec Audrey à examiner en détail le temps qu'elle consacrait à ces pensées, à ces peurs, et à ces prières. Son point de vue était que ses prières n'étaient utiles ni à l'Église ni à Audrey elle-même.

Le traitement du père John n'était pas sans ressembler à la thérapie comportementale. (Mais à l'inverse d'aujourd'hui, celle-ci n'était pas, à l'époque, un des traitements reconnus des TOC, et n'était pratiquée que par un très petit groupe de psychologues; elle n'était connue ni d'Audrey ni de moi-même.) Le père John avait d'abord développé une relation de confiance. Il avait ensuite pris connaissance de ses problèmes dans les moindres détails. Finalement, il avait progressivement limité et réduit sa piété excessive. Il avait d'abord « exposé » Audrey à l'expérience qu'elle redoutait en lui demandant de révéler ses pensées à voix haute, puis il l'avait empêchée de réagir en lui interdisant la prière et la confession. Plus important encore, il avait réussi à obtenir d'elle qu'elle limite ses rituels et ses prières.

Audrey et Sally étaient des obsessionnelles-compulsives. La transformation de ces deux personnalités différentes en « possédées » m'avait stupéfiée. La scrupulosité ne figure pas dans les manuels de psychiatrie, mais l'Église catholique traitait les TOC sous ce nom bien avant les médecins.

Je peux maintenant placer la scrupulosité dans une perspective historique. Je trouve l'image saisissante : Audrey et Sally en sorcières de Salem. A l'époque, les critères permettant de distinguer les « bons » des « mauvais » scrupules n'étaient pas très clairs. Nous savons que les facteurs sociaux jouent un rôle important dans les persécutions religieuses et personnelles qui aboutissent aux procès de sorcellerie. Mes patientes peuvent peut-être apporter leur contribution à notre compréhension de ces facteurs déterminants.

Sally aurait avoué n'importe quel péché pour que ses pensées la laissent en paix. Audrey confessait son Satanisme – sa meilleure explication de la force étonnante, intense, et pour elle, extérieure, qui venait pourtant de l'intérieur. Il n'était pas nécessaire de la pousser à le faire. Dans la Nouvelle-Angleterre puritaine, si deux personnes sur cent, comme nous le savons à présent, étaient effectivement atteintes de troubles obsessionnels-compulsifs, fallait-il blâmer ces juges qui étaient sûrs d'être sur la bonne voie? Les flammes de l'Inquisition ont-elles aussi été nourries par de telles victimes?

Obsessions et compulsions se retrouvent chez les gens de toutes confessions, mais ce sont les catholiques qui ont écrit le plus sur ce sujet. Les catholiques n'en sont pas plus atteints que les autres, mais il est possible qu'une forme d'expression religieuse qui attache une grande importance à la pénitence rituelle et à la purification soit un véhicule particulièrement privilégié pour les compulsions.

Serments

Mon collègue le docteur Xavier Charles était venu à la clinique du NIMH pour nous parler de l'emploi de la thérapie comportementale dans le cas des troubles obsessionnels-compulsifs. Xavier n'avait pas l'intention de nous ennuyer avec de la théorie; ce n'est pas son genre. Il avait préféré nous parler de Daniel, un de ses patients les plus bizarres. Son histoire était unique pour deux raisons : Premièrement, parce qu'il avait tellement d'obsessions et de compulsions complexes que l'utilisation de la thérapie comportementale contre son TOC était une gageure. Deuxièmement, par le rôle qu'avait joué son rabbin. A ma connaissance, c'est le seul cas où une cérémonie religieuse juive ait été utile pour le traitement des TOC.

La thérapie comportementale est un traitement long et fastidieux. Il faut passer de nombreuses heures avec le patient à compter combien de fois, quand, où, et comment exactement, se déclenchent chacun de ses rituels. Il faut ensuite aider le malade à faire face aux situations qui les provoquent et à ne pas ritualiser. Un ami est parfois présent pour l'encourager. Voici donc, en résumé mon opinion sur la thérapie comportementale : rationnelle, souvent efficace, mais aussi trop prédéterminée – pas tout à fait comme dans la vie réelle. Je connais trop de cas complexes dans lesquels la thérapie comportementale a échoué; le *véritable* patient était passé entre les fentes de la structure bien ordonnée des principes comportementalistes. Mais quand Xavier nous avait parlé de son travail avec Daniel, le processus s'était animé, était devenu spectaculaire et démontrait de manière éloquente sa puissance dans le traitement des TOC.

Xavier et Daniel travaillaient ensemble depuis 1986. Pendant sa première année de lycée, Daniel « s'engageait » envers Dieu de mille manières qui le limitaient dans tous ses choix, ses actions, et ses pensées. La vie qu'il avait menée jusque-là n'aurait jamais permis de prédire l'état bizarre dans lequel il se trouvait à présent. Voici, en résumé, le récit que Xavier nous en avait fait :

A l'école primaire, la famille et les amis de Daniel trouvaient que c'était un enfant éveillé, attentif et affectueux, un « brave gamin » qui se débrouillait bien en classe. Ses camarades l'aimaient bien. En dernière année d'école primaire il avait, pendant un moment, eu peur des microbes. Il les chassait en s'éventant quand quelqu'un éternuait ou toussait près de lui. Ce comportement un peu étrange avait ensuite disparu et aurait été définitivement oublié si, en première année de lycée, ses proches ne s'en étaient pas souvenus comme de la première manifestation de ce comportement inquiétant qui allait forcer ses parents à s'adresser à un médecin.

C'est en seconde que les choses étaient vraiment devenues difficiles. Daniel avait changé de lycée, et son grand-père était mort d'un cancer un mois avant le début des cours. Sa peur des microbes était revenue, et pour « s'empêcher de tomber malade », il se lavait les mains jusqu'à trente fois par jour. Il examinait minutieusement toute l'argenterie, passait en revue la vaisselle et les verres à la recherche de taches de saleté ou de nourriture, et allait même jusqu'à laver tout l'argent qu'on lui donnait. Ses parents voyaient aussi « s'accumuler par terre et sur les meubles de sa chambre, des tas de vêtements, de livres et de papiers qu'il refusait de ranger ».

Plus tard au cours de l'année scolaire, et malgré le fait que sa famille n'observait que vaguement les rites et les coutumes juives, Daniel avait décidé de devenir « casher ». Il avait sévèrement limité les types de nourriture qu'il acceptait de manger, allant bien au-delà des interdits alimentaires.

Très troublés par son comportement, ses parents l'avaient fait examiner et un diagnostic de troubles obsessionnels-compulsifs avait été établi. On l'avait confié à un psychiatre. Après six mois de « psychothérapie verbale », Daniel, ses parents, et le psychiatre étaients convenu qu'il n'avait fait aucun progrès, et un second psychiatre l'avait alors pris en main. Il semblait plus en confiance avec lui, et lui avait avoué qu'une grande partie de son problème venait de sa peur chronique de « faire le mal ». Ses rituels, disait-il, étaient sa façon d'essayer d'éviter le châtiment de Dieu pour le mal qu'il avait fait. Le psychiatre lui avait proposé de l'aider. Il avait essayé quelques techniques comportementales et avait obtenu de bons résultats. C'était trop beau pour être vrai. Après un mois de mains sales, d'argent non lavé, et de choses de ce genre, Daniel semblait « guéri ». Il se lavait maintenant les mains pas plus que de raison, son alimentation était devenue beaucoup plus variée (bien qu'elle soit restée casher encore un moment), et il touchait et utilisait de l'argent qui n'avait pas été lavé.

Pendant un certain temps, ses parents, qui étaient pleins d'espoir, l'avaient trouvé « presque normal ». Mais ses problèmes avaient repris des proportions alarmantes et une tournure encore plus bizarre. Son comportement au cours de l'été avant son passage en première avait rendu ses parents perplexes et inquiets. Il ajoutait, en marchant, de « drôles de pas » à sa démarche. Il refusait de regarder la plupart de ses émissions préférées et d'aller au cinéma et presque partout ailleurs avec des amis. Il n'arrêtait pas d'entrer et sortir des pièces de manière « très étrange ». Il retournait aux endroits qu'il venait de quitter pour voir s'il avait « tout fait correctement ». Il faisait d'autres choses bizarres : il ne portait qu'une serviette de bain quand il lavait la voiture de ses parents, par exemple. Pour ces derniers, le pire était que Daniel semblait se « refermer sur lui-même », alors qu'il avait toujours été ouvert et expansif. Il refusait d'expliquer son comportement et paraissait s'éloigner affectivement de ses parents.

Le psychiatre de Daniel avait compris que ce dernier avait peur d'avoir « déplu à Dieu en faisant mal les choses » et que, dans son esprit, la probabilité d'être puni par Dieu diminuait, d'une manière ou d'une autre, en accomplissant ces rituels. Il l'avait décrit à ses parents comme un « type classique d'obsessionnel ». Le thérapeute le soutenait affectivement et le poussait à essayer de se comporter plus normalement en résistant à ses pulsions.

Mais Daniel n'y parvenait pas, et bien qu'il ait réussi à terminer son lycée, il était au bord du désastre. Son travail commençait à s'en ressentir. Alors qu'auparavant, il écrivait avec aisance et logique, son écriture était à présent infantile. En terminale, ses phrases étaient devenues guindées et primitives, et ses devoirs presque incompréhensibles, avec énormément de mots et de passages rayés et réécrits. La maladie touchait maintenant tous les aspects de sa vie. Les efforts qu'il faisait pour sortir avec des filles étaient voués à l'échec parce qu'il se comportait bizarrement et ne voulait pas faire les choses « normales » pour son âge. Il avait des amis, mais ils devaient tolérer son « étrangeté »; quelques-uns lui étaient restés fidèles, et c'était tout à leur honneur.

Daniel avait été admis dans une université sur la base de ses bons résultats scolaires antérieurs. Il devait commencer les cours en automne. Cet été-là, il sembla plus calme. Ses parents s'étaient habitués aux nombreuses manifestations de ses troubles et espéraient qu'il changerait avec l'âge, qu'il réagirait à la psychothérapie, ou que son état s'améliorerait grâce à l'imipramine qu'il prenait depuis la fin de l'été.

En novembre, leurs espoirs avaient été anéantis. Daniel semblait plus étrange que jamais et faisait des mouvements répétitifs de la tête, des bras, et des jambes. Il allait « mécaniquement » d'une pièce à l'autre, et refusait toujours de donner des explications. Il échouait à tous ses cours et n'avait que des zéros. L'imipramine n'avait pas marché, et ses effets secondaires, somnolence et sécheresse de la bouche, étaient très désagréables. Il était temps d'essayer un nouveau traitement, et parce qu'il était peu disposé à essayer un autre médicament (nous avions pensé à la clomipramine), il avait accepté d'essayer une thérapie comportementale à forte dose, ce qui impliquait de sa part un engagement beaucoup plus grand.

Il avait donc commencé ses séances avec le docteur Xavier Charles qui lui avait immédiatement trouvé « de l'assurance et de la prestance ». Le reste de l'histoire est tiré du compte-rendu de Xavier.

« Daniel était un jeune homme d'aspect agréable, poli et courtois, d'une intelligence au-dessus de la moyenne. J'avais remarqué les mouvements " étranges " de ses mains et de sa tête pendant notre conversation. Je lui avais dit qu'il pouvait me raconter ce qu'il voulait sur sa maladie pendant cette séance, mais qu'il devrait éventuellement tout me dire pour que je puisse l'aider. Il avait trouvé cela logique, et il m'avait demandé si je connaissais l'origine des troubles obsessionnels-compulsifs. Je lui avais expliqué que ma connaissance de sa situation était certes limitée, mais que j'étais sûr qu'avec assez d'information, j'arriverais à comprendre suffisamment bien son mal pour le lui expliquer sur la base de principes psychologiques connus. Non seulement comprendrait-il d'où venaient ces troubles, lui avais-je expliqué, mais il comprendrait également ce qu'il nous fallait faire pour en venir à bout.

« Il paraissait intéressé et voulait en savoir plus. Je lui

avais expliqué qu'il me faudrait plus d'information sur les particularités de son cas pour éviter de parler en termes vagues. Daniel avait commencé son histoire en précisant qu'il y avait beaucoup de choses qu'il ne pouvait pas me dire pour l'instant, mais qu'il essaierait de trouver la manière de me les raconter plus tard, ce que j'acceptai.

« Au fil de son histoire, il décrivit comment plusieurs centaines de fois par jour, il " sentait " qu'il avait " fait quelque chose de mal " et mécontenté Dieu. Pour éviter que Dieu le punisse pour ces " méfaits ", il se punissait lui-même d'une manière ou d'une autre, et diminuait ainsi son inquiétude d'être puni ensuite plus terriblement encore. Il évitait également toutes les actions ou les idées qui avaient accompagné ces sentiments. Tout cela l'avait amené à développer des règles compliquées qui, dans son esprit, restreignaient son comportement et ses idées dans pratiquement toutes les situations. J'étais captivée par son récit, par sa description des milliers de choses qu'il était obligé de faire, ou qu'il ne pouvait pas faire, ou encore qu'il devait faire d'une certaine manière ou dans un ordre particulier. Il me parlait des idées qu'il ne pouvait pas avoir, des souvenirs et des informations auxquels il n'avait plus accès, des choses qu'il ne pouvait pas dire ou devait dire d'une certaine manière, en utilisant ou en évitant certains mots. Il me décrivit un système tellement complexe et envahissant que je me demandai comment il arrivait à fonctionner, lui qui était soumis à l'impitoyable dictature de son système.

« Daniel m'avait demandé s'il m'en avait dit assez pour pouvoir commencer, et nous avions ri tous les deux. (L'humour est utile, avec les obsessionnels-compulsifs, non pour se moquer d'eux, mais pour montrer qu'on apprécie certains aspects " absurdes " de ces troubles.) Quand il était sorti de mon cabinet avec des formulaires d'autosurveillance, je m'étais étonné du moral de ce garçon, qui continuait malgré le " poids accablant " de ses troubles obsessionnels-compulsifs. Il en avait vraiment besoin pour retrouver le moyen de fonctionner dans ce monde.

« Daniel m'avait rendu les formulaires au début de la deuxième séance. Il fallait qu'il surveille lui-même trois aspects de ses troubles au cours de 24 heures : a) les répétitions; b) les privations; c) les allées et venues d'une pièce à l'autre. Quand un de ces comportements se produisait, il devait noter, sur une échelle de zéro à cent, l'activité ou la pensée qui le déclenchait, la détresse qu'il ressentait, et le nombre de minutes qu'il passait à ritualiser.

« La feuille était littéralement couverte de notes minuscules, dont beaucoup étaient rayées et réécrites au recto et au verso du formulaire, dans les marges, entre les lignes, partout où il y avait de la place pour ses inscriptions codées. Il notait ses actions minute par minute, heure par heure, en marchant, assis, pendant qu'il écrivait, mangeait, regardait la télé, se brossait les dents, se lavait, essayait de faire ses devoirs, conduisait, se couchait, dormait (il ritualisait même dans ses rêves!). Son rapport était incompréhensible, mais nous avions au moins une sorte de point de départ. La surveillance est indispensable en thérapie comportementale. J'étais donc heureux d'avoir quelque chose, n'importe quoi, à ma disposition.

« La simple tâche de mettre de l'ordre dans ses innombrables interdictions était intimidante. Daniel en avait noté des centaines. Nous les avions rangées par catégories : ce qu'il ne pouvait pas boire ou manger; les endroits qui lui étaient interdits; ce qu'il ne pouvait pas utiliser; les vêtements qu'il ne pouvait pas porter; les activités auxquelles il ne pouvait pas participer; les choses auxquelles il ne pouvait pas penser et dont il ne pouvait pas parler; ce qu'il lui était interdit d'acheter; et ce qu'il ne pouvait pas écrire ou dire. Aucun détail de sa vie quotidienne, aussi trivial qu'il fût, ne lui paraissait assez insignifiant pour échapper à la réglementation de son monde privé. Même lorsqu'il n'existait aucune interdiction catégorique, il avait développé des manières spéciales de faire les choses. Il s'agissait généralement de « l'ordre » dans lequel il devait les faire, ou de la répétition apparemment dénuée de sens de mouvements insignifiants. Aller en cours était un accomplissement majeur : s'habiller et sortir de chez lui, conduire jusqu'au campus, se garer, marcher jusqu'au bâtiment, passer la porte et s'asseoir étaient autant d'occasions distinctes au cours desquelles il lui fallait éviter de répéter ses actes ou mettre de l'ordre. Il avait même des problèmes pendant les cours, car la maladie l'empêchait d'écouter certaines informations, de prendre des notes, et parfois même d'ouvrir son cahier. Tout événement, à n'importe quel moment, aurait pu, et avait même de fortes chances, de créer un précédent dans le soin qu'il mettait à éviter certaines choses et à ritualiser. Il se préoccupait constamment de suivre les règles et de « faire correctement les choses ».

« " Que se passerait-il si tu faisais les choses comme tout le monde ? " lui avais-je demandé. Bien qu'il n'« envisageait généralement plus ce genre de chose », m'avait-il répondu, il croyait fermement que Dieu le punirait s'il n'obéissait pas à ses croyances et ses sentiments. Il était vraiment persuadé que la probabilité d'être puni était « de 100 % ou presque », et ses parents, amis, ou thérapeutes avaient été incapables de le détourner de la manière unique qu'il avait de faire les choses. (Il est toujours essentiel de savoir à quel point l'obsessionnel croit que sa peur repose sur quelque chose de réel. Plus ce sentiment est fort, plus la thérapie comportementale risque d'échouer.) Si Daniel reconnaissait qu'il souffrait de troubles obsessionnels-compulsifs, c'est parce que « tout le monde le disait ». Mais lui-même savait qu'il lui fallait éviter certaines choses et ritualiser à sa manière.

« J'avais cependant promis de lui donner une explication de son problème qui ne faisait appel ni à des forces surnaturelles, ni à des signaux mystérieux et imprévisibles lui signifiant qu'il faisait mal les choses. Je lui proposai une nouvelle perspective basée sur les principes du conditionnement et de l'apprentissage, qui, je l'espérais, lui donnerait envie de coopérer pendant la phase difficile du traitement. Pour permettre à la thérapie d'être efficace, Daniel devait confronter ses peurs et renoncer au confort à court terme qu'il trouvait dans ses rituels, dans l'espoir de se libérer des contraintes qu'il s'était imposées à lui-même.

« Nous nous étions lancés dans une enquête qui nous avait permis de remonter au tout début du problème. Au même moment, sa situation universitaire était passée de difficile à désespérée. Une lettre au doyen lui avait alors permis d'obtenir un congé exceptionnel avec une promesse de réadmission au printemps ou quand nous pourrions garantir une véritable amélioration dans ses études. Nous avions deux mois devant nous.

« J'étais très content de la relation qui s'était développée entre nous. Daniel avait vraiment envie de croire aux explications que je lui donnais sur le développement de ce qu'il pensait ou faisait. Il savait que nous nous dirigions inexorablement vers une confrontation directe avec ses peurs et ses rituels. Il m'écoutait très attentivement quand je décrivais les mécanismes du conditionnement, du renforcement, et autres choses de ce genre. J'essayais d'introduire sa propre histoire dans la théorie pour lui montrer comment, en quelques années seulement, et sous l'œil vigilant de parents qui l'aimaient et de thérapeutes qualifiés, il était devenu un adolescent infirme, préoccupé, et incapable de fonctionner, lui qui, auparavant, avait été heureux et dégourdi. Exceptionnellement, c'est un aspect que nous avions longuement exploré, car son acceptation de la phase de confrontation du traitement en dépendait.

« Nous avions terminé ce récapitulatif en quatre séances. Daniel était content, et avait proposé de tenir un « tableau » qu'il pourrait garder avec lui et étudier. Pour lui, c'était quelque chose de sensé, de logique et de scientifique qui pouvait expliquer la tournure que prenaient ses problèmes, au fil de l'évolution de ses troubles.

« Son tableau résumait son histoire telle que je l'avais découverte. Daniel se souvenait d'une enfance heureuse, sans problèmes, et de la présence de ses amis et de ses parents. Il reconnaissait avoir eu quelques inquiétudes « sans grande importance » qui s'étaient rapidement dissipées (comme sa peur de faire déborder les toilettes en tirant la chasse), mais il les voyait comme des enfantillages.

« Alors qu'il était au collège, une série de crises avait éclaté dans sa vie familiale. Une de ses sœurs aînées s'était mise à se droguer et avait eu des ennuis avec l'administration du lycée. Daniel se souvient de cris et de disputes à la maison, souvent entre ses parents, qui se demandaient comment aborder sa sœur. Et il avait peur que ses parents se séparent. Il avait les nerfs « à vif », et il priait Dieu pour que tout redevienne normal. A la même époque, son grand-père agonisait lentement et douloureusement.

« Daniel se souvenait de la première fois qu'il s'était « senti comme ça ». C'était en décembre, alors qu'il était en seconde. Il était assis dans la synagogue pendant la longue cérémonie funèbre de son grand-père. Il se souvenait qu'il faisait chaud et qu'il ne se sentait pas très bien. Soudain, la pensée qu'il n'avait vraiment pas envie d'être là lui avait traversé l'esprit, et il avait éprouvé aussitôt un grand remords. Il s'était mis à penser qu'il avait tort d'avoir ce genre d'idées; qu'avoir envie d'être ailleurs dans un moment pareil était un sentiment « antireligieux », et que Dieu le punirait pour avoir eu de telles pensées pendant un service religieux. Il se demandait comment se racheter, mais ne pouvait pas annuler ses pensées. Sa peur et son malaise n'avaient fait qu'empirer pendant toute la cérémonie.

« Peu de temps après, un autre épisode avait renforcé le lien qui existait dans son esprit entre la peur d'un châtiment divin et le sentiment de péché personnel. La télévision était allumée un soir qu'il se masturbait dans sa chambre. Horrifié, il s'était soudain aperçu qu'elle diffusait une émission religieuse. Pour lui, il s'était masturbé « en présence de la religion et de Dieu ». Il méritait d'être puni. Maintenant, quand il se masturbait, la pensée de Dieu l'obsédait. Il avait même imaginé qu'il se masturbait devant des objets saints. Sa peur d'être puni s'était accrue, et chacune de ses pensées sur Dieu ou sur la religion déclenchait chez lui une grande anxiété et culpabilité qui ne le quittaient plus. Daniel commençait à se faire de plus en plus de soucis et à chercher le moyen de « se prouver à Dieu » pour échapper à un châtiment presque certain.

« Tout ce qui était lié à la religion déclenchait sa nouvelle manière de voir les choses : passer en voiture devant une église, entendre quelqu'un dire « nom de Dieu », voir quelque chose ressemblant à une croix, et même barrer les « t ».

« Il s'inventait de plus en plus de règles et se préoccupait toujours davantage de faire « ce qu'il fallait ». Mais il ne pouvait pas contrôler ses pensées. Il s'était mis à régler ses comptes avec Dieu pour que ce dernier n'ait pas besoin de le punir plus tard. C'est à cette époque-là qu'il avait commencé à se priver d'activités agréables : il ne buvait plus de Coca ni de Pepsi, ne regardait pas ses émissions préférées, n'allait ni au cinéma, ni au bowling. Il évitait certains types de bonbons et de chewing-gums, ainsi que certains souvenirs agréables.

« Finalement, pour se punir, il se « ridiculisait » devant ses amis et des gens qu'il ne connaissait pas. Il marchait « bêtement », s'habillait de manière bizarre, disait des choses ridicules, tout cela sans explication. Il se rendait aussi la vie difficile, par exemple, en choisissant les trajets les plus longs.

« Ce comportement avait vaguement marché pendant très peu de temps, mais avait surtout soulevé de nouveaux problèmes. Sa conduite était vraiment déconcertante, et il ne pouvait pas l'expliquer. Son soulagement était toujours passager, et il lui devenait impossible de suivre toutes ses propres règles.

« Une nuit, alors qu'il regardait « Hill Street Blues », il s'était passé quelque chose de capital. Dans l'histoire, un personnage mourait du sida et on découvrait son homosexualité. Quel terrible châtiment! Voici ce qui lui avait traversé l'esprit : s'il était frappé du sida, la maladie, en elle-même, serait assez terrible; mais l'humiliation qu'il éprouverait alors parce que sa famille, ses amis, et les gens qu'il connaissait le prendraient pour un homosexuel, serait le châtiment le plus terrible jamais imaginé. Daniel s'était donc mis à se laver pendant les derniers mois de son année de seconde.

« A bien des égards, il lui était plus facile de faire sa toilette que de suivre toutes ces règles difficiles. En fait, son souci de la propreté détournait son attention de pensées plus inquiétantes encore.

« Quand le thérapeute précédent l'avait « sevré » de ses peurs de contamination et de ses rituels de propreté en l'exposant à la saleté et en l'empêchant de se laver – les techniques comportementales ordinaires – ses problèmes avaient « vraiment empiré », selon son expression. Il était parvenu à contrôler sa peur du sida, mais à présent, ces pensées l'envahissaient complètement.

« Daniel m'avait raconté que la thérapie comportementale avait triomphé de son besoin de se laver, mais que ses rituels « s'étaient réfugiés dans sa tête ». Les centaines, que dis-je, les milliers d'engagements pris envers Dieu étaient de retour. Il allait certainement manquer à une des promesses qu'il avait déjà faites à Dieu, et devait confronter cette possibilité. Les respecter n'était plus possible. Daniel appelait cette nouvelle phase celle des « rites purs ».

« Quand nous avions commencé à nous voir, ses rituels étaient envahissants et avaient perdu tout sens logique. Il n'arrivait plus à suivre la comptabilité minutieuse qu'il tenait de sa culpabilité et de ses châtiments. D'une manière ou d'une autre, le simple fait de répéter certains gestes et mouvements qui avaient auparavant été si logiquement associés à certains péchés contre Dieu, avait fini par acquérir une valeur protectrice.

« En ritualisant sans arrêt, Daniel se persuadait qu'il avait fait de son mieux pour se protéger contre toute violation des règles. Chaque répétition, généralement un mouvement, mais quelquefois aussi une pensée, le tirait provisoirement de son dilemme affectif. S'il devait écrire, il était obligé de barrer des mots, des passages, et même des lignes entières, et devait souvent les réécrire en utilisant des mots entièrement différents. S'il était en pleine conversation, il lui fallait répéter la dernière chose qu'il avait dite avant de pouvoir continuer. S'il ne faisait rien de spécial à ce moment-là, il répétait un mouvement, n'importe lequel, qu'il se souvenait avoir fait juste auparavant.

« Il essayait de camoufler ces manœuvres quand il n'était pas seul. Mais si ces mouvements étaient « trop subtile », il avait alors l'impression de ne pas les avoir faits correctement. Son système se désintégrait, et il le savait.

« Ma nouvelle théorie « basée sur l'apprentissage » lui permettait de comprendre sa maladie. Elle lui donnait de l'espoir, un cadre dans lequel Dieu, le péché ou la religion n'avaient pas de place. Daniel voulait-il y croire ? Oui et non à la fois.

« Il emmenait partout ses graphiques et ses livres comme s'il s'agissait de talismans. Il les consultait souvent et les passait en revue avant de se coucher. Nous y ajoutions des incidents, anciens et nouveaux, et il nous fallait parfois modifier les tableaux. Il s'était mis à décrire ses problèmes quotidiens dans un langage qui aurait enthousiasmé tous les adeptes de psychologie comportementale. Il commençait en effet à croire que cette nouvelle conceptualisation était prometteuse. Pour la première fois, il avait l'impression qu'on comprenait sa maladie, et que lui aussi avait une idée de ce qui se passait. Sa confiance en moi augmentait. Ses parents disaient qu'il avait l'air plus détendu et qu'il parlait avec optimisme du succès de la thérapie.

« Mais Daniel ne pouvait pas s'empêcher de penser qu'il connaissait, lui, la « véritable nature » de ses difficultés, même s'il n'en était plus tout à fait sûr. (Il pensait maintenant avoir à peu près une chance sur deux d'être puni par Dieu s'il désobéissait à une règle.)

« C'est à ce moment que nous rendîmes visite à son rabbin. Cela nous avait permis de découvrir que, dans les temps anciens, les Sages juifs connaissaient les troubles obsessionnels-compulsifs. A vrai dire, une cérémonie religieuse développée au moyen-âge semblait correspondre étrangement aux circonstances actuelles. Le rabbin avait prévu de faire cette cérémonie un matin de la semaine.

« La cérémonie s'était déroulée dans le bureau du rabbin. Celui-ci était assis avec deux patriarches de la congrégation à un bout de la pièce. Daniel était debout devant ces « juges »; j'assistais en spectateur à sa lecture d'un texte ancien : « Devant trois rabbins agissant en tant que juges, je demande à être libéré de tout vœu, promesse, interdiction ou restriction... même une interdiction de tirer plaisir que je me suis imposée à moi-même... qui échappa à ma bouche ou dont je fis le vœu en mon for intérieur... qu'il s'agisse de vœux connus de moi ou déjà oubliés par moi... impossibles à spécifier car ils sont trop nombreux. »

« Bien entendu, Daniel avait été libéré de ses serments, et la cérémonie avait prévu que tous ceux qu'il ferait à l'avenir seraient considérés « comme nuls et non avenus, sans effet ni validité ».

« Il était ressorti du bureau du rabbin d'un pas léger. Il souriait même un peu quand nous nous étions quittés. Nous sentions tous les deux que nous étions à un moment décisif. Mais devant nous, la route était longue. Il était temps de continuer le traitement dont nous étions convenus.

« Bien sûr, celui-ci avait démarré depuis longtemps. Il y

avait déjà eu douze séances, en général trois par semaine. Mais ce « traitement » demandait à Daniel de violer systématiquement chaque règle et chaque tabou identifiable. Il savait que c'était indispensable s'il voulait se libérer. Mais par où commencer, et comment s'y prendre ? Nous avions affaire à un système puissant et enraciné depuis bien longtemps.

« Toutes nos préparations en vue de cet instant décisif, y compris cette cérémonie religieuse, et plus tard, une « séance de rappel » avec le rabbin, l'avaient mis en confiance et motivé. Il devait maintenant affronter les actions et les pensées qui lui étaient interdites. Il devrait s'armer de tout son courage pour faire exactement ce que ses sentiments profondément ancrés lui disaient de ne pas faire.

« Daniel estimait maintenant à moins de 30 % le risque de punition divine s'il violait ses règles. Il était disposé à s'attaquer franchement à celles-ci, et j'étais heureux qu'il ait l'opportunité de le faire.

« Comme il lui fallait être seul pour la plupart des règles qu'il devait violer – il faisait ses « devoirs » – il avait mis une carte dans son portefeuille sur laquelle figuraient quatre lignes directrices tirées de la cérémonie religieuse. Daniel devait les consulter dans un « moment de faiblesse ». Les voici :

« 1. Il est bon d'aimer les cadeaux de Dieu que sont les plaisirs de la vie, alors qu'il ne l'est pas de se priver des plaisirs quotidiens.

« 2. Aucune pensée n'est mauvaise ou coupable en soi. Nous ne contrôlons pas complètement nos pensées, et celles-ci nous aident à nous détendre.

« 3. Les serments, promesses, règles, etc., qu'on s'impose à soi-même ne sont valables ou acceptables que s'ils sont fondés sur des principes ou des pratiques religieuses acceptées, et seulement s'ils sont raisonnables, c'est-à-dire, s'il s'agit de principes ou de pratiques qu'on peut suivre raisonnablement.

« 4. Il est conseillé de s'abstenir de « fausses pratiques religieuses d'invention personnelle » dont les rituels qui ne sont pas accomplis dans un but religieux.

« J'avais prévenu Daniel que notre travail serait long et difficile avant que son exposition systématique aux tabous ne fasse « s'évaporer » ses rituels, un concept qu'il comprenait mieux que moi.

« Nous avions dressé un plan d'attaque. Nous nous étions d'abord occupés du soin qu'il mettait à fuir certaines situations taboues. Puisqu'il ne les évitait plus, il lui fallait les violer.

« Sa vie restait toujours aussi difficile. Ses maux allaient de mal en pis, et il était constamment assailli d'« émotions » et de « rites purs » dont le rapport avec ses tabous lui échappaient.

« Nous avions commencé un « travail d'imagination » dans mon cabinet et répertorié toutes les règles qu'il s'était inventées. Elles concernaient la nourriture et la boisson, l'habillement, la toilette, le ménage, la conduite, la marche, l'écriture, la mémoire, la parole, les courses, etc.

« Dans chacune de ces catégories, nous avions fait une liste des activités spécifiques qui étaient interdites, classées selon leur caractère plus ou moins angoissant. Nous nous étions rendu compte dès le début que cette méthode marcherait. Il s'était efforcé d'imaginer les activités les plus insignifiantes et les moins effrayantes, ce qui devenait de plus en plus facile. Il s'imaginait qu'il me parlait d'un souvenir « tabou » puis me le racontait vraiment. Il m'avait ainsi révélé tous ses souvenirs « interdits ».

« Il devait faire chez lui ce que nous faisions dans mon cabinet médical. C'était plus difficile, mais il y arrivait quand même.

« Il avait commencé à s'ouvrir à la vie. Les samedis étaient réservés aux situations qui provoquaient en lui de très fortes émotions. Je l'accompagnais quand il allait au campus par les routes « interdites », quand il se garait à certaines places « taboues » dans des parkings « interdits », quand il prenait des allées « non autorisées » pour aller jusqu'aux bâtiments, et qu'il franchissait des portes « verboten ». Il faisait tout cela très facilement.

« Nous sommes maintenant à la fin mai. Daniel n'a pas résolu tous ses problèmes. Il souffre encore de ce que nous appelons ses « émotions » et nous essayons de l'en débarrasser. Il a tellement d'espoir qu'il n'accepte plus son état actuel. Cela fait pourtant des années qu'il ne s'était pas senti aussi bien. Il existe de nombreuses manières de s'attaquer aux symptômes qui restent. Le plus gros problème est d'avoir la patience pour permettre à chaque étape de la thérapie de faire de l'effet.

« Daniel cherche un appartement à partager avec des camarades de classe, mais il continuera sa thérapie avec moi cet automne.

« Son cas n'est pas de ceux que les thérapeutes comportementaux espèrent rencontrer. Il était clair dès le début que ce ne serait pas facile. Certaines personnes parlent de l'utilisation de la thérapie comportementale contre les TOC comme s'il suffisait de « noyer » les patients dans ce qu'ils craignent ou évitent le plus, et de les « empêcher de ritualiser ». Mais ceux qui ont travaillé avec plusieurs obsessionnels-compulsifs savent à quel point il est compliqué de transformer cette formule en quelque chose de vraiment efficace. En fin de compte, plus qu'une question de technique, une bonne thérapie est d'abord un bon contact entre deux individus. »

Daniel avait doublement de la chance, et une chance incroyable. Non seulement avait-il pu travailler avec un thérapeute extraordinaire, mais son rabbin connaissait une cérémonie qui était l'équivalent dans le judaïsme du traitement de la scrupulosité chez les catholiques.

Jusqu'à présent, aucune étude supplémentaire à long terme n'a été menée sur Daniel. A l'automne 1987, il travaillait toujours avec Xavier et ses progrès étaient lents mais réguliers.

Quatrième partie

Limites

De nombreuses questions dépassent le cadre des problèmes cliniques ordinaires que posent les troubles obsessionnels-compulsifs. Elles sont pourtant tout aussi intéressantes et importantes. Notre nouvelle perspective et notre nouvelle compréhension de cette maladie affectent au moins trois aspects différents de notre vie quotidienne, qui sont tous d'une portée considérable. Prenez d'abord nos superstitions (toucher du bois) et nos habitudes ménagères (je ne supporte pas de laisser la vaisselle sale dans l'évier). Où s'arrêtent-elles, et où commencent les TOC*? En second lieu, la ressemblance entre les rites compulsifs de mes patients et les comportements prédéterminés de certaines espèces animales me fascine. Elle m'oblige à m'interroger sur ce que l'étude du comportement inné des animaux peut offrir aux scientifiques qui étudient les* TOC*. En troisième lieu, on me pose toujours la question suivante : L'amour est-il une obsession?*

Je réfléchis aux implications philosophiques des troubles obsessionnels-compulsifs depuis la fin des années soixante-dix. Deux de ces questions m'intéressent plus particulièrement : Les compulsifs ont-ils un libre arbitre? Notre compréhension de la « maladie du doute » nous conduira-t-elle à une biologie de la certitude – une biologie de la connaissance?

Obsessions et vie quotidienne

Plus j'étudie les TOC, plus la limite entre la véritable maladie et la gamme des styles, habitudes, et préférences « compulsives » me semble floue. Un caractère obsessionnel est plus difficile à décrire, mais parfois aussi dévastateur que les troubles obsessionnels-compulsifs. Il est aussi presque impossible à modifier.

La nouvelle de Maupassant « La ficelle » est une superbe introduction à un cas « classique » de personnalité compulsive. La compulsion de Maître Hauchecorne de Bréauté semble insignifiante : « [Il] venait d'arriver à Goderville, et il se dirigeait vers la place, quand il aperçut par terre un petit bout de ficelle. Maître Hauchecorne, économe en vrai Normand, pensa que tout était bon à ramasser qui peut servir; et il se baissa péniblement, car il souffrait de rhumatismes. Il prit, par terre, le morceau de corde mince, et il se disposait à le rouler avec soin... »

Comme le raconte Maupassant avec élégance et laconisme, Hauchecorne est observé par le bourrelier, Maître Malandain, avec lequel il est fâché, « étant rancuniers tous deux ». Celui-ci accuse Maître Hauchecorne d'avoir ramassé un portefeuille volé et non un bout de ficelle, mais Maître

Hauchecorne est finalement acquitté. Mais *il ne cesse pas d'y penser*. Il s'obstine à parler de son innocence avec une telle ténacité que cette préoccupation tourne au ridicule. Maupassant nous laisse entendre qu'il meurt prématurément de disgrâce et d'humiliation en continuant de marmonner, « une 'tite ficelle ». Il devient la risée du village sans jamais comprendre comment les gens pouvaient bien se moquer de sa dispute pour un bout de ficelle. Cet aperçu d'une habitude « insignifiante », d'un individu à la personnalité rigide, capable de rancunes profondes, et préoccupé obstinément par son bon droit, est une illustration classique d'un tempérament obsessionnel. Ces individus obsessionnels sont froids, inflexibles, honnêtes, et souvent très soigneux.

J'ai commencé ce livre en déclarant que les « obsessions » quotidiennes ont peu de chose à voir avec ce dont souffrent mes patients. J'exagérais un peu. Je ne sais pas encore où s'arrêtent les obsessions de la vie courante et où commencent les TOC. Prenez par exemple l'ordre et le désordre. Que signifie le fait que vous n'ayez pu supporter de vivre avec un camarade de classe peu soigneux parce que votre chambre était un vrai chantier ? Pourquoi certains individus attachent-ils tant d'importance au côté soigneux de leurs collègues, de ceux qui partagent leur appartement, de leurs employés, alors que d'autres s'en moquent éperdument ? Certains pensent que ces attitudes sont des formes bénignes de TOC, alors que pour d'autres, elles n'ont rien à voir. Les preuves abondent dans les deux sens.

D'une certaine manière, les habitudes quotidiennes ressemblent beaucoup aux troubles obsessionnels parce qu'elles sont tout aussi difficiles à changer. Comme les gens ne modifient pas leurs habitudes, ou sont incapables d'en changer, quand bien même ils gagneraient à le faire, les « maniaques » et les « bordéliques » se font constamment la guerre.

Dans son livre « Alternate Realities », le sociologue Andrew Rigby montre que l'ordre, un problème banal, était une source majeure de conflit au moment de la désintégration des communautés des années soixante. Les gens se disputaient souvent car leurs normes de propreté et d'hygiène étaient différentes.

A l'époque, un sondage sur les désavantages de la vie en commun révélait que ce problème était la source de mécontentement *la plus répandue.* Le plus souvent, on se plaignait du désordre de la cuisine et de la salle de bains, et de l'utilisation en commun de la machine à laver (qui avait tendance à tomber en panne). En plus des problèmes économiques et spirituels qui détruisaient l'idéal collectif, il fallait aussi s'adapter aux habitudes des autres. S'entendre sur des questions fondamentales s'avérait plus facile que décider s'il fallait aller chercher le journal ou ranger les vêtements. Ce problème exaspérait les gens : une communauté interrogée par Rigby décrivait un de ses membres comme un « fasciste » du ménage.

Le concept de « saleté », ou la définition de ce qu'est la « saleté », est un mélange complexe d'hygiène et de conventions. En Occident, quand la maîtresse de maison fait son ménage de printemps, elle va bien plus loin que ne l'imposent les règles d'hygiène. Elle affirme ainsi son appartenance sociale, sa volonté d'acceptation par le groupe, et son désir de conformité. Comme pour beaucoup d'activités humaines, nettoyer est un acte symbolique par lequel nous réorganisons notre environnement, et le rendons conforme à une idée. Selon l'anthropologue Mary Douglas, on enlève la saleté car c'est une substance *qui n'est pas à sa place* et défie l'ordre idéal de nos vies.

Le désordre et la confusion qui régnaient dans les communautés des années soixante étaient signe, pour certains, d'une collectivité libre et sans limites. Pour d'autres, partager la même vaisselle sale symbolisait l'amitié, comme pour Gabriel, le berger de Thomas Hardy, qui avait refusé une chope propre pour son cidre.

Alors que le berger de Hardy nous est plutôt sympathique, le personnage central d'une célèbre pièce intitulée *Craig's Wife*, écrite par George Kelly en 1925, Mme Craig, est continuellement à l'affût de la moindre tache, d'empreintes laissées sur le tapis, ou de meubles qui ne sont pas à leur place. Elle fait fuir sa famille, les amis de son mari Walter, et enfin Walter lui-même.

Mazie, la servante, dit à la gouvernante : « Des comme elle, il y en a dix à la douzaine. » Avant de partir, Mlle Austen, la tante de M. Craig, déclare à son hôtesse qu'elle a « l'habitude de *vivre* dans les pièces ». « La femme de Craig » est devenue une expression consacrée en anglais qui désigne une femme exerçant un contrôle fanatique par le biais du ménage. Il en existe encore dans le monde d'aujourd'hui. Les femmes d'intérieur méticuleuses se retrouvent souvent chez le conseiller matrimonial.

Joan et Steve se disputaient parce qu'elle était « trop maniaque » pour tout ce qui concernait la maison. Joan n'avait jamais pensé qu'elle faisait partie de ces « folles du ménage » qui vident les cendriers avant même que leurs invités soient partis. Jusqu'à son mariage, elle n'avait jamais beaucoup réfléchi à son besoin de propreté.

Ils avaient vécu ensemble avant de se marier. Pourquoi ne s'était-il rien passé alors ? Parce qu'ils n'étaient jamais chez eux, et que la plupart de leurs affaires étaient encore chez leurs parents. Maintenant qu'ils s'étaient installés dans une routine conjugale et qu'ils étaient plus souvent à la maison, leur appartement était jonché de vêtements, de livres, et de tas de papiers. Joan était consternée par cet amoncellement de chaussettes, chaussures, journaux, et manuscrits non lus (Steve était rédacteur d'un magazine) autour du lit – sans compter les chemises et les sous-vêtements sales.

Sa solution était quelque peu mécanique, mais avait le mérite de fonctionner. « J'ai acheté un grand panier mexicain, et je fourre toute cette pagaille à l'intérieur », m'avait-elle expliqué. En contrepartie, elle le laissait tranquille.

C'était la paix, en quelque sorte. Cette méthode marchait plus ou moins bien, mais c'était une corvée bien établie. Remplir le panier prenait peu de temps, mais il y avait toujours quelque chose à mettre dedans. Ne pas le faire l'aurait mise aussi mal à l'aise que d'être assise dans une pièce avec au mur un tableau de travers. Certains ne s'en rendraient pas compte – Joan, elle, se sentirait obligée de le redresser.

« Je ne veux pas être ainsi, m'avait-elle dit. Je sais que ça le met en colère. Mais c'est plus fort que moi. Si je ne ramasse pas tout ce bric-à-brac, je me sens trop mal à l'aise pour m'asseoir et lire ou faire quoi que ce soit d'autre dans cette pièce. Connaissez-vous quelqu'un qui ait jamais changé ? Pas moi. Je suis exactement comme mon père. Je sais que j'éprouverai toujours ce sentiment. »

Steve donnait l'impression de ne jamais voir les chemises, chaussettes et vieux journaux qui traînaient par terre. Il arrivait toujours à retrouver les manuscrits qu'il n'avait pas lus. Toutes les chaussettes, tous les manuscrits et tous les petits morceaux de papier se trouvaient dans ce panier. Steve se souciait peu de savoir où se trouvait ce dont il n'avait pas besoin; ce n'était pour lui que détails sans intérêt. Tout ce qui lui importait, tout ce qui devait vraiment être fait, finissait par être fait. N'avait-il pas vécu seul pendant des années sans jamais rien perdre d'important ? Avait-il jamais égaré un manuscrit ? N'avait-il pas payé, tôt ou tard, toutes ses factures ? Son téléphone et son gaz n'avaient jamais été coupés, et il n'avait jamais été à découvert. Il s'était plaint à moi : « Pouvez-vous me dire ce que ça peut bien lui faire, à Joan ? Du reste, c'est mon problème, pas le sien. »

Un détail ? Bien sûr ! Pour ce couple, les choses s'arrangèrent cependant assez bien, car Steve était d'une nature accommodante. Si deux Joan avaient habité ensemble, la situation aurait été catastrophique. Facilement remédiable ? Rien n'est moins sûr.

Parlez-en avec n'importe quel couple marié et on vous sourira de manière entendue. Même le couple le plus réservé aura des choses à dire sur qui est le plus soigneux des deux, qui jette le plus volontiers, et qui a le plus besoin d'ordre. Il laisse ses factures s'accumuler pendant cinq semaines. Elle paye les siennes tous les dimanches. S'agit-il de troubles obsessionnels-compulsifs ? Sans doute pas. Mais il est remarquable de voir à quel point ces habitudes sont bien établies, et pour certains mariages, à quel point il est essentiel de trouver des solutions.

La meilleure solution est d'accepter qu'on puisse ne pas s'entendre sur tout, et de ne pas essayer de se corriger mutuellement. Je paye les factures (plutôt rapidement) alors que mon mari s'occupe des impôts (toujours en retard). Les choses marchent bien mieux avec ce système de corvées « distinctes mais égales ».

Tout conseiller conjugal bien avisé fera face au conjoint qui déclare, « C'est simple, si seulement il/elle ne laissait pas traîner les choses comme ça » ou « Je ne comprends pas pourquoi il/elle trouve que c'est si difficile de... » Le conseiller sait que c'est un problème vraiment important, dont les ramifications affectent d'autres aspects de la relation, une question qui, le plus souvent, est « absorbée » et laissée de côté plutôt qu'abordée de façon décisive. Il faut généralement faire face à des « différences de tempérament » (l'un aura, par exemple, un plus grand besoin de sommeil que l'autre), plutôt qu'à ce qu'on peut changer volontairement (comme conduire à droite même si vous avez appris à conduire à gauche). Un thérapeute expérimenté m'a dit la chose suivante : « Le conjoint soigneux a deux manières d'aborder le problème. Il peut cacher le désordre ou le nettoyer lui-même. Je dis à mes patients que les portes sont faites pour ça et qu'ils n'y arriveront pas autrement. »

La propreté quotidienne, une écriture appliquée, des tables de travail propres, des vêtements bien rangés dans la penderie, des factures payées chaque semaine – existe-t-il un rapport entre ces routines, ces choses banales, et ce dont souffrent mes patients ? S'agit-il d'une forme bénigne de TOC ? Je suis surprise de voir à quel point ces habitudes quotidiennes sont très tôt source de punitions et de récompenses. Lors d'une étude, on avait demandé à des instituteurs débutants ou chevronnés d'évaluer les rédactions de leurs élèves en se basant essentiellement sur leur contenu. Celles d'apparence plus soignée avaient pourtant reçu de meilleures notes.

Quoi qu'il en soit, les gens ne changent pas. A la clinique, je sais quels sont les patients auxquels je dois téléphoner quand ils ont dix minutes de retard ; s'ils n'appellent pas, cela veut vraiment dire qu'ils ont oublié leur rendez-vous.

Qu'elles soient évidentes ou non, ces obsessions de la vie courante ont une influence sur notre style de vie. Avec un de mes amis, j'ai l'habitude de me moquer gentiment d'une de nos relations qui passe plus de temps à organiser ses vacances qu'en vacances à proprement parler.

En tant qu'« expert ès TOC », je suis devenue dépositaire des « habitudes » des gens, de leurs actes bizarres sans origine définie. Mon ami Wally rythme sa marche en faisant cliqueter trois fois ses ongles. Leda aime effleurer les murs ou les buissons en marchant, « juste pour les toucher ». Elle ne le fait pas si on la regarde. Mais quand elle est seule, elle trouve cela étrangement rassurant. Mon coiffeur compte ses pas quand il monte ou descend les escaliers. S'agit-il de mini-compulsions ? Personne ne le sait.

A un extrême, on trouve ce que les psychiatres appellent les troubles de la personnalité compulsive, un diagnostic différent de celui des troubles obsessionnels-compulsifs. La routine quotidienne de l'individu gravement atteint est tellement inflexible qu'elle l'emprisonne autant que celle de n'importe quel patient décrit dans ce livre. Les personnalités compulsives ne viennent généralement pas se faire soigner; ils ne se plaignent pas de leurs manies, mais de tout. Quand je pense à ces troubles, c'est Terry qui me revient toujours en mémoire.

Le traitement de cet ancien patient avait été un échec complet. C'était sa femme qui l'avait persuadé de venir me voir. Il piquait des colères quand elle déplaçait accidentellement ses chaussures bien alignées dans le placard. Terry voyait immédiatement, par la position des lacets, si quelqu'un avait « semé la pagaille » dans son armoire. Il ne voulait pas de consultation psychiatrique; pour lui, c'étaient les autres qui avaient un problème. S'il était venu me voir, c'est parce que sa femme menaçait de le quitter. Il arrivait livide à chaque rendez-vous : « Comment peut-elle manquer de soin à ce point! Je lui ai répété si souvent que j'aimais que les choses soient bien rangées. »

Tout avait commencé avec les placards. Par la suite, dès que la vaisselle du dîner était faite – et elle l'était tout de suite après le repas – la table était mise pour le petit déjeuner. « Seulement pour que ça soit prêt. » Tout ce qu'on déplaçait, même un cendrier, était immédiatement remis à sa place. Sa propreté et son inflexibilité fanatiques mettaient mal à l'aise leurs invités, et aux tensions du ménage s'ajoutait un isolement social progressif.

Terry dressait des listes. Quand un dimanche s'annonçait agréable, il le transformait en une série d'obligations. Il pouvait tirer d'une conférence ou d'une sculpture une liste ennuyeuse d'exercices et d'interdits. Ses projets devenaient de redoutables obligations.

Ses amitiés étaient également empreintes de ce que j'appellerais sa « susceptibilité », une caractéristique commune aux personnalités compulsives. Si Terry avait l'impression qu'on lui demandait de faire quelque chose, il avait une réaction automatique et désagréable – une forte envie de dire non – même s'il s'agissait d'un bon copain. Ce n'est pas qu'il évitait les responsabilités, bien au contraire. Il m'avait expliqué que pour les autres, promettre ou réconforter étaient des paroles légères, alors que pour lui, il s'agissait d'un contrat important. Il était très sérieux sur ce que les gens exigeaient de lui.

Sa femme avait entendu parler de notre traitement des obsessions par les médicaments, et elle voulait que son mari essaie la clomipramine.

« Vivre avec lui est un véritable enfer », m'avait-elle dit. « Il va de plus en plus mal. Il faut que vous fassiez quelque chose. »

Je compatissais, mais je ne pouvais pas l'aider. D'après notre diagnostic, Terry avait une personnalité compulsive. Il ne voulait pas changer; il n'était pas tourmenté. Il s'était toujours comporté de manière inflexible pour certaines choses, mais s'en trouvait fort bien. Il savait que des problèmes, il y en avait partout, mais à son avis, c'était la faute d'employés incompétents, de fonctionnaires négligents, et d'individus qui ne comprenaient pas comment faire les choses correctement (à sa manière!). Nous ne savons toujours pas si la clomipramine agit sur les personnalités compulsives; c'est une question qu'il serait bon d'étudier. En ce qui concerne Terry, le motif du traitement importait peu, car de toute manière, il ne voulait pas qu'on le soigne. Nous n'avions donc rien tenté, et la vie chez lui était devenue plus difficile encore.

Son divorce n'avait surpris personne. Au bureau, il n'obtenait pas d'avancement parce qu'il était incapable de déléguer. Son patron avait dit de lui : « M. B. est tellement occupé à polir les verres de ses lunettes qu'il ne s'en sert jamais pour regarder. »

Terry n'avait pas de crises et n'était jamais aussi malheureux que nos cas graves, mais était aussi prisonnier de ses manies que les obsessionnels-compulsifs. D'une certaine manière, il était même plus mal en point qu'eux, car il ne se rendait pas compte que quelque chose n'allait pas et n'essayait donc pas d'y remédier.

Cette inflexibilité est une des raisons pour lesquelles

beaucoup de mes malades obsessionnels – qu'ils souffrent d'une forme sévère de troubles de la personnalité compulsive ou de troubles obsessionnels-compulsifs – finissent par divorcer ou ne se marient jamais. La solitude est peut-être un grand sacrifice, mais renoncer à leurs habitudes pour mettre les autres à l'aise, même les gens qu'ils aiment le plus, leur serait tellement pénible et désagréable que mes malades insistent qu'ils n'ont pas le choix.

Je ne critique pas les habitudes. Elles sont utiles en nous facilitant la vie et en nous rendant plus efficaces. Ce sont elles qui permettent à beaucoup de personnes âgées avec une mauvaise mémoire d'éviter la maison de retraite. Instaurez certaines routines; vérifiez toujours le gaz, et que vous avez bien votre clef; posez votre sac au même endroit chaque fois que vous rentrez chez vous, faites des listes, et mettez-les toujours au même endroit.

Suivre ces routines ne vous sauvera pas si vous commencez vraiment à perdre la mémoire, mais en ce qui concerne les trous de mémoire habituels de la plupart des personnes âgées, elles peuvent faire la différence entre indépendance et dépendance, particulièrement lorsqu'on vit seul.

Quel que soit le bien-fondé de cette remarque, les habitudes ne sont pas toujours utiles. Elles peuvent perdre toute flexibilité. *Personne* n'a encore trouvé le moyen de transformer un homme qui pose ses clefs de voiture n'importe où en rentrant chez lui en quelqu'un qui les laissera toujours au même endroit. Un produit capable de le faire serait vraiment un médicament « miracle »!

Superstitions

J'ai grandi dans une ville, et pendant au moins plusieurs années, j'ai évité de marcher sur les fissures des trottoirs.

Il y a de nombreuses superstitions sur les fissures, notamment « Step on a crack, break your mother's back » (Marche sur une crevasse, le dos de ta mère tu casses). Au jeu de la marelle, on évitait de marcher sur les traits. Je touche encore du bois après avoir raconté un coup de chance ou m'être vantée. Pourquoi ? Je ne connais personne d'autre qui le fasse. Ces superstitions ont-elles un rapport avec les obsessions et les compulsions ? Je pense en fait qu'elles ont peu de chose à voir.

Ce que les compulsions et les superstitions ont vraiment en commun, c'est la pensée magique. Les mots et les gestes ont une puissance que le bon sens refuse de leur admettre. Elles ont aussi pour but la protection contre le danger. Mais là s'arrête toute ressemblance. Il n'existe pas de véritable relation entre ces superstitions courantes et ce dont souffrent mes patients.

Les obsessionnels-compulsifs ne sont pas en général superstitieux avant de tomber malades de TOC. Nous avons pu le confirmer en interrogeant tous nos patients. D'ailleurs, ils m'ont raconté que les quelques superstitions qu'ils avaient pu avoir avant leur maladie ne leur donnaient pas du tout la même impression. Elles étaient faibles, passagères, et on pouvait facilement éviter d'en tenir compte. Plus frappant encore était le fait que le contenu indéfinissable des superstitions ordinaires était différent de celui des symptômes handicapants des TOC.

Toucher du bois, éviter les échelles et le nombre 13, renverser du sel, etc., sont des superstitions courantes. Ces gestes simples et brefs sont faits pour éloigner la malchance ou attirer la chance. Ils exercent peu d'influence et n'ont pas un caractère d'urgence.

Les superstitions semblent faire partie de la condition humaine. Nous ne savons pas pourquoi certaines personnes sont plus superstitieuses que d'autres. L'éducation, le sexe, la profession, rien ne permet de le prévoir. Spinoza disait que si nous maîtrisions notre destin ou si la chance nous souriait toujours, nous ne serions pas superstitieux. Les obsessions et les compulsions sont des comportements complexes, singuliers, accaparants, et intenses. En grande partie, il s'agit de rituels de toilette ou de vérifications, ou bien encore d'idées de violence allant bien au-delà de toutes les superstitions. Mes patients se braquent sur des peurs précises et, par-dessus tout, sur la saleté et les microbes. Ils n'ont aucun folklore en commun, et pour nombre d'entre eux, il n'existe aucune menace incontrôlable. Il est clair que les superstitions ne ressemblent pas vraiment aux TOC.

En poussant la comparaison à l'extrême, j'ai découvert une faible analogie entre les compulsions et les superstitions des athlètes. Les rituels du sport sont les seuls à ressembler en qualité et en contenu aux véritables compulsions; il est possible que le stress causé par l'appréhension de la performance engendre un niveau de tension comparable, bien que passager. Les rites religieux et les comportements superstitieux sont très courants – presque universels – dans les sports de compétition.

En plus des prières, des encouragements, et des poignées de main rituelles de l'équipe avant le match, il est courant pour chaque joueur d'avoir ses propres rituels. Un joueur de basket-ball, par exemple, portera toujours la même paire de chaussettes ou une casquette spéciale. Certains rituels se focalisent sur les vêtements (il faut s'habiller en commençant par un certain côté du corps), les boissons porte-bonheur avant le match, et même les tasses spéciales ou les verres dans lesquels il faut boire. Ces superstitions donnent aux jeunes l'impression d'exercer un certain contrôle quand l'issue du match est incertaine et que la tension monte. De fait, plus le stress est important, plus nous trouvons des rituels bien enracinés.

Mais les rituels de nos patients sont bien plus complexes que les gestes d'athlètes cherchant à s'attirer la chance. Amy, dix ans, avait un ordre particulier dans lequel elle devait se brosser les dents, se débarbouiller, faire son lit, et prendre son petit déjeuner. Sa mère devait l'embrasser trois fois : trois bises sur la joue droite puis trois sur la joue gauche. Elle devait répéter : « Au revoir, Maman, au revoir Papa, mettez votre ceinture de sécurité et conduisez prudemment » trois fois de suite. Si cette routine était interrompue, elle devait recommencer depuis le début.

Quand les rituels compulsifs de nos patients se déclenchent pendant une épreuve sportive, ils interfèrent avec le jeu, tout comme ils interfèrent avec le reste de leur vie. Un garçon était obligé de courir d'une certaine manière quand il était sur le terrain de football. Parce qu'il se concentrait sur ses pas, il se déplaçait trop lentement et ratait la balle. Il avait dû quitter l'équipe.

Au fil des années, j'ai appris à ne jamais dire à un compulsif : « tout le monde fait ce genre de chose », ou « je sais exactement ce que vous ressentez ». C'est faux. Les superstitions quotidiennes et les rituels associés au développement normal des enfants – les rituels du coucher des tout-petits, par exemple – ont une structure et une intensité différentes des rituels des TOC et donnent une tout autre impression. Pourquoi retrouve-t-on si souvent ce besoin de se laver et de vérifier ? Nous devons chercher ailleurs notre réponse, et notre champ d'investigation risque d'étonner.

La toilette et le nid

J'ai filmé David, douze ans, en train d'enlever les peluches de ses sous-vêtements. Méticuleusement, lentement, il étudie chaque partie de l'étoffe et construit une minuscule pyramide de fil blanc.

David commence toujours de la même manière, et fait toujours un travail parfait. Ses doigts se meuvent comme de fines pinces. Son maillot de corps, comme les précédents, est sur le point de tomber en lambeaux. En un sens, il l'a complètement « nettoyé ».

Toute sa collection de peluches, le résultat de trois ans passés à tirer des fils, s'entasse sous son lit. On dirait un nuage gris qui s'échappe du matelas. Personne n'y touche, car la famille de David ne veut pas être confrontée à ses crises de nerfs. Il lui suffit de voir sa chemise blanche ou son caleçon pour s'y remettre. Si sa mère l'habille et le force à s'occuper, il arrête pendant des heures.

David est incapable d'expliquer ce qu'il fait, mais se souvient du moment où ce besoin d'amasser des peluches a commencé. Un jour, ces petits morceaux d'étoffe dont il ne s'était jamais particulièrement soucié avaient brusquement pris une importance nouvelle. Il avait commencé à les remarquer, et ils avaient captivé son attention. Il était maintenant obligé d'y prêter attention. Il avait d'abord essayé d'éviter de regarder ces peluches, mais le simple fait de les entrevoir avait progressivement renforcé leur effet. David n'avait jamais entendu parler de quelqu'un d'autre qui faisait la même chose, et n'avait jamais cherché à comprendre. A onze ans déjà, il avait accepté ce comportement comme sa manière d'être. Son seul modèle, c'était les écureuils dans le parc : « Moi aussi, je suis comme ça, m'avait-il dit, il faut que j'accumule. » Après trois mois d'hôpital psychiatrique, David disait qu'il avait toujours l'impression que les écureuils qu'il regardait par la fenêtre, eux, le comprenaient.

Ses « habitudes d'écureuil » et celles de la plupart des compulsifs rappellent fortement certains aspects du comportement animal. Leur manière parfaite et méticuleuse de « collectionner » fait penser aux oiseaux qui construisent leurs nids et aux écureuils qui amassent des provisions. Sal, mon premier malade collectionneur, involontaire mais fanatique, se construisait-il un nid ? Évidemment, cela peut paraître absurde. Mais je commençais à m'apercevoir qu'un type de comportement complexe se développait de manière identique chez beaucoup de gens qui ne se connaissaient pas. Celui-ci devait avoir son origine quelque part dans le cerveau. Existe-t-il un modèle capable d'expliquer ce comportement ? Je crois à présent que l'éthologie en propose un.

Fondée vers la fin du XIXe siècle par Charles Whitman et Oskar Heinroth, élevée au rang de science grâce aux travaux de Konrad Lorenz, l'éthologie est l'étude du comportement animal. Konrad Lorenz disait que les éthologues sont des « regardeurs d'animaux ». Je trouve dans l'éthologie et la neuro-éthologie, son héritière, un modèle, une base pour la compréhension de schémas pré-établis présents chez nos laveurs (ou « toiletteurs »), ritualistes (« paradeurs »), et collectionneurs (« nidificateurs » et « accumulateurs »). Les neuro-éthologues étudient le rôle du cerveau dans le développement et le maintien de ces comportements.

Les éthologues étudient les schémas comportementaux innés. Une fois déclenchés, ces schémas se déroulent jusqu'au bout, qu'ils soient ou non appropriés – ce qui se retrouve aussi chez nos patients. A titre d'exemple, mon chien décrit des cercles pour préparer l'endroit où il va se coucher. Peut-être ses ancêtres devaient-ils piétiner les hautes herbes, ou faire fuir les serpents ou les insectes ? Mais mon chien se comporte de manière identique, qu'il se prépare à dormir devant ma tente dans les montagnes du Shenandoah, ou sur le tapis de mon séjour.

Le rituel de l'écureuil qui entrepose ses provisions est également ce que l'éthologue appellerait « un schéma d'action pré-établi ». Les écureuils qui possèdent un surplus de nourriture, même ceux qui vivent en captivité, cherchent un endroit pour « cacher » ces noix supplémentaires, et font le geste de les couvrir et de les tasser. Ce comportement est un « programme » qui, une fois lancé, « suit son cours ».

La nidification est un autre comportement extrêmement ritualisé. L'animal doit repérer, ramasser, et porter jusqu'à son abri les matériaux de construction nécessaires. Ceux-ci sont alors transformés en nid avant que l'animal ne s'y installe.

On peut provoquer la nidification chez une souris par un changement hormonal (la gestation libère de la progestérone), et amener une souris non enceinte à construire un nid en lui injectant cette hormone. Les TOC présentent des indices intéressants de dérèglements endocriniens : cette maladie touche deux fois plus de garçons que de filles; elle peut être une complication de l'accouchement; on peut la combattre par des médicaments anti-androgènes. Encore un lien entre le TOC et l'éthologie.

Dans l'introduction, j'ai raconté l'histoire de Sal, qui devait ramasser tous les bouts de papier et toutes les ordures qu'il trouvait, sans jamais savoir pourquoi. Les supplications de sa femme et les menaces de son patron n'avaient pas réussi à faire taire la voix intérieure qui l'exhortait à ramasser tous les débris qu'il trouvait. L'intensité de cette envie est, bien entendu, la marque du TOC. Mais la nature extrêmement sélective des comportements qui s'y rapportent est tout aussi remarquable. Se laver, faire sa toilette, accumuler – toute théorie de cette maladie doit expliquer l'incroyable sélectivité de ces comportements qui semblent sortis des pages d'un carnet d'éthologue. En tant que psychiatres, nous devrions observer les comportements sur le terrain beaucoup plus souvent que nous ne le faisons.

Shirley avait vingt-quatre ans quand elle m'a fait le récit d'une vie passée à accumuler. Lors de notre première rencontre, elle parlait avec précipitation :

« Ces sept dernières années, j'ai gardé pratiquement tout ce qui m'est passé entre les mains, à l'exception de vieux kleenex, de papiers de chewing-gum, et de billets de cinéma déchirés, mais pas grand-chose d'autre. Par contre, je mets de côté les kleenex propres que je sors de ma poche abîmés et froissés, “ en cas de besoin ”.

« Je garde les reçus, même ceux d'articles qui ne sont pas chers; je conserve des sacs en papier, des boîtes, des journaux, des magazines, des petits mots et des listes que je me suis faits, des tracts et des prospectus, de vieux programmes de cinéma, des flacons de vitamines vides, des flacons de shampooing, ainsi que des bocaux, de vieux programmes de télé, des catalogues, des calendriers (pour les images), des vêtements que je ne porte plus et que je sais que je ne porterai plus jamais, des travaux d'artisanat jamais terminés, des coupures de presse, du très vieux maquillage auquel je crois que je suis allergique, mais que je me sens obligée de finir au lieu de le jeter.

« Le pire, c'est mon courrier. Pendant les sept dernières années, j'ai gardé 99 % de tout ce que j'ai reçu. Je ne lis pas la plupart de ces lettres, je ne les ouvre même pas, parce qu'on peut voir par l'enveloppe s'il s'agit de courrier publicitaire sans intérêt, et parce que je vois tout de suite si elles contiennent une lettre personnelle, un chèque, ou une facture. Je garde mon courrier personnel, même après l'avoir lu. Je garde tout! Mais pas pour plus tard, ou parce que je le relirai un jour. Je le garde parce que je ne peux pas m'en empêcher. Je suis forcée de tout garder.

« Ma chambre est un tas d'ordures monumental de tout ce que j'ai ramassé. Tout ce dont j'ai parlé est éparpillé, empilé, ou enfermé dans des boîtes dans un désordre total. Il y a bien un passage étroit pour aller de la porte à mon lit, mais il faut enjamber le courrier et les journaux. A part cette tranchée, je ne peux aller nulle part ailleurs, même jusqu'à ma penderie, sans déblayer. Et j'ai aussi beaucoup d'affaires entassées ailleurs dans l'appartement, et ces tas grossissent de jour en jour. »

Je lui avais demandé si elle me laisserait lui rendre visite chez elle. Cette jeune femme pleine d'assurance ne vivait tout de même pas sur des tas de journaux comme les frères Collyer! Ces vieux frères avaient vécu comme des reclus chez eux à New York, sur la 5e Avenue, jusqu'à leur mort en 1947. Le contenu bizarre de leur maison avait fait la une des journaux pendant des semaines. Pour entrer chez eux, la police avait dû évacuer deux vies entières de bric-à-brac, dont de nombreux tas de journaux, plus de 3 000 livres et, plus bizarrement, quatorze pianos à queue et une Ford modèle T. La police avait déblayé 120 tonnes de détritus avant de déclarer la maison vide. Était-ce ce qui m'attendait ? (Les frères Collyer étaient-ils atteints de TOC ?)

Il fallait que j'en aie le cœur net. La semaine suivante, j'avais pris ma voiture pour me rendre dans la jolie banlieue où Shirley habitait. Rien, dans son lotissement, et certainement pas son apparence proprette, ne me préparait à ce qui se trouvait à l'intérieur. Elle avait ouvert la porte timidement, « A part ma mère, personne n'est venu ici depuis des années », m'avait-elle avoué. « Bon, allons-y. » Elle m'avait fait rentrer.

L'appartement offrait un spectacle inhabituel. Ça n'était pas pire que chez les Collyer, mais presque. Il y avait des piles de journaux partout, hautes d'environ deux mètres. Pour pouvoir circuler, des passages avaient été aménagés entre les piles. J'avais l'impression de pénétrer dans un entrepôt ou dans une drôle de bibliothèque. Shirley, que ma présence intimidait, continuait de bavarder. Son appartement était moins en désordre qu'elle l'avait laissé entendre. L'endroit ressemblait à une grotte, à un refuge, à un terrier de journaux. Mais le désespoir de Shirley ne laissait aucune place à la froideur de l'éthologue.

« Je gâche ma vie en me cramponnant à cette horrible PAGAILLE ! Je devrais jeter les deux tiers de ce qui se trouve dans cet appartement. » (A mon avis, plutôt 95 % !) « Qu'est-ce qui vous arrête ? » avait été ma question.

« Je n'y arrive pas, c'est tout. Pendant toutes ces années, j'ai souvent songé à nettoyer cette pièce et le reste de l'appartement, mais je n'ai jamais rien fait. Ça m'angoisse énormément d'y penser. Je ne veux pas être confrontée au processus douloureux de tout devoir trier – ce qu'il faut garder, et ce qu'il faut jeter. »

Elle avait montré du doigt les tas qui l'encerclaient et s'était mise à pleurer. « Je n'accepte aucune invitation et je ne vois pas mes amis, parce qu'il faudrait qu'ils viennent et voient ça. Je ne sais pas pourquoi je fais ça. »

Nous avions continué de parler un moment. Elle s'était finalement calmée. « Ça vous aiderait si nous nous y mettions tout de suite ensemble ? lui avais-je proposé.

– J'ai déjà essayé. J'ai été suivie pendant un certain temps par un psychologue comportementaliste. Tous les jours, nous essayions de jeter quelque chose ensemble.

– Et alors ?

– Ça n'a pas marché. Ça me rendait trop malheureuse. Je vous dis que je n'y arrive pas. J'avais peur.

– De quoi ?

– Je ne sais pas. Je ne sais vraiment pas. »

Nous avons tourné et retourné cette question dans tous les sens. Shirley est prisonnière d'une force terriblement puissante qu'elle ne comprend pas. Comme pour Sal et les autres « accumulateurs », cette force est irrésistible, et elle ne comprend pas pourquoi elle y obéit. Elle sait seulement qu'elle souffre si elle y résiste. Comme Sal, Shirley est absolument lucide quand elle décrit son besoin d'accumuler. Elle sait que son comportement est bizarre, mais celui-ci vient d'une partie d'elle-même qu'elle ne reconnaît pas ou ne comprend pas, alors qu'elle voudrait tant cesser d'accumuler. (Pourquoi la thérapie comportementale ne l'aide-t-elle pas ? Elle marche souvent dans des cas comme le sien. Franchement, je suis incapable d'expliquer pourquoi elle n'agit pas sur elle.) Shirley ne tolère pas la clomipramine même à très faible dose, et rien ne l'a aidée jusqu'à présent.

Konrad Lorenz décrivait les schémas comportementaux innés comme « l'envers du miroir ». Il avait choisi cette métaphore pour souligner le fait que nous ne nous contentons pas de refléter ce qui est à l'extérieur de nous-même, comme le fait un miroir. L'esprit humain possède des instincts et des connaissances transmises à l'intérieur de chaque espèce. Derrière le miroir, ces types de comportement génétiquement déterminés sont des « connaissances emmagasinées » qui déterminent notre vision des choses et notre façon de réagir.

La vie elle-même est un processus d'acquisition de connaissances, disait Lorenz, et les schémas innés – qu'il a si brillamment décrits, et pour lesquels il a reçu le prix Nobel en 1973, – sont ces informations qui font face au monde.

Je crois à présent que les rituels obsessionnels-compulsifs sont des actions pré-établies, des comportements innés qui, pour une raison inconnue, se libèrent de manière inopportune chez nos patients. L'obsessionnel-compulsif peut vérifier trente ou quarante fois que sa cafetière est bien débranchée. Chaque épisode consécutif de vérification est identique au premier. Le patient s'aménage souvent un coin personnel qu'il défendra ensuite. Un garçon qui a rejoint notre étude l'année dernière avait dormi pendant des années devant la porte de sa chambre pour qu'elle reste « parfaite ». Il lui était même devenu difficile d'y rentrer pour la réarranger.

Ginger, vingt-huit ans, vit seule et passe son temps à nettoyer et à dépoussiérer son trois-pièces. Quand elle n'est pas au travail – elle est réceptionniste – elle compte les serviettes dans l'armoire, met en ordre les coussins du canapé, et prépare le petit déjeuner à l'avance. Elle met les céréales dans un bol avec le sucre; le lendemain matin, il ne lui reste plus qu'à verser le lait. Elle défait ses lacets, les prépare, et sort les vitamines. Toute cette activité inutile et épuisante lui fait dépenser de l'énergie pour rien. Ginger se dit « à bout de nerfs » vingt-quatre heures sur vingt-quatre.

Il fut un temps où je l'aurais prise pour une ménagère

américaine d'un genre extrême, victime d'un lavage de cerveau par la publicité télévisée. Mais depuis que j'ai appris à reconnaître ce type de comportement, ce n'est plus mon avis. Les obsessionnels-compulsifs font tous la même chose, qu'ils vivent en Suède, en Chine, en Angleterre, au Soudan, ou en Inde. Les études comparatives qui ont été faites entre ces pays très différents montrent à quel point les obsessionnels-compulsifs se ressemblent. L'aspect multiculturel de ce type de comportement signifie que nous devons chercher en nous, à un niveau plus élémentaire, le modèle capable d'expliquer ce besoin absurde d'ordre et d'accumulation.

Mais revenons aux questions principales : pourquoi et comment ces comportements se déclenchent-ils ? Quelle est leur importance fonctionnelle ? Je n'ai pas de réponses, seulement des indices. Ce que font les obsessionnels-compulsifs ressemble à des rites de toilette et/ou de protection qui se déclencheraient à un moment inopportun. Les TOC sont parfois associés à une affection des ganglions de la base de la partie « primitive » du cerveau (sur le plan de l'évolution) qui, on le sait, contrôle les réactions et l'anticipation des réponses à l'information recueillie par nos sens. Mais toute explication doit justifier les très grandes similitudes qui existent entre les patients. Pour moi, les obsessionnels-compulsifs obéissent involontairement à des « ordres cérébraux » qui ont un sens d'un point de vue évolutif mais qui les terrifient.

On objectera certainement que des stimuli « innés » capables de déclencher des comportements pré-établis sont un modèle valable pour les animaux, mais que les mécanismes cérébraux des êtres humains, ou même ceux des autres primates évolués – les singes, par exemple – ne sont pas comparables. Cette question a été peu approfondie, mais les quelques études menées sur des singes rhésus semblent indiquer que cela n'est pas le cas.

J'ai trouvé des exemples qui m'ont fait réfléchir plus

longuement à ces schémas comportementaux « programmés » chez les primates. Dans une étude, on mettait un projecteur de diapositives à la disposition de singes élevés dans l'isolement le plus complet. Ils pouvaient choisir de regarder des photos de paysages ou d'autres singes. Ils préféraient regarder leurs semblables, et leur « parlaient ». Quand on leur montrait le faciès menaçant d'un singe adulte, les plus âgés des singes avaient un mouvement de recul, et visiblement peur. Le but de l'étude était de voir si la reconnaissance de ses congénères et la manifestation d'une émotion particulière pouvaient se produire sans apprentissage.

Plus révélatrice encore est une étude récente réalisée par Susan Mineka à l'Université du Texas d'Austin qui semblerait indiquer le caractère inné de l'apparition de certaines peurs. Le docteur Mineka utilisait des singes rhésus pour étudier l'évolution des phobies.

Tous les singes sauvages ont peur des serpents. Sauf les singes élevés en laboratoire qui, la première fois qu'ils en voient un, ont même envie de jouer avec lui. Le docteur Mineka étudiait l'apprentissage de la peur chez ses animaux de laboratoire. Comme ils avaient tous été élevés en cage, ils n'avaient jamais vu de serpents. Ils n'avaient jamais vu de fleurs non plus. Le docteur Mineka avait essayé de leur apprendre à craindre les serpents. Ce fut facile : après avoir vu un singe sauvage aux prises avec un serpent, ou même une courte séquence vidéo montrant un autre singe terrifié par un serpent, ses animaux s'étaient mis à en avoir peur. Mais elle *n'arriva pas* à leur apprendre à avoir peur des fleurs! Et cela même quand on leur projetait le film d'un singe qui semblait terrifié à la vue d'une fleur (un montage).

Que révèle cette étude? Quelle importance la réaction d'un singe peut-elle bien avoir? En fait, c'est une expérience extrêmement importante qui nous montre qu'il existe dans le cerveau des primates certaines conformations innées

(« câblées », dans le langage informatique actuel) de neurones qui réagissent à certains stimuli (par exemple, les serpents et les araignées) et non à d'autres (dans ce cas, les fleurs).

Des phobies très difficiles à combattre peuvent se déclencher chez les êtres humains après une seule expérience désagréable. Il est intéressant de noter que les plus courantes d'entre elles concernent les plus anciens dangers connus pour l'espèce humaine : les espaces clos, les hauteurs, les serpents, les araignées. Ces phobies portent rarement sur les véritables dangers de la vie moderne, comme les automobiles, les armes à feu et les couteaux. Nous possédons donc aussi cette aptitude qui consiste à « apprendre » facilement un certain type de peurs.

D'aucuns appelleront « connaissances innées » ces préférences et ces réactions. Quel que soit le terme choisi, cette sensibilité, ou la sensibilité à certains stimuli plutôt qu'à d'autres, pourrait contribuer à expliquer le comportement obsessionnel-compulsif. Le déclenchement de comportements innés chez les animaux serait une réaction à des signaux qui était appropriée il y a des milliers d'années mais qui serait à présent « dépassée ». On pourrait interpréter de la même façon la manière d'agir de certains individus perturbés. Par exemple, pourquoi la plupart des obsessionnels font-ils la même chose (se laver et ritualiser quand ils franchissent une porte) ?

Les comportements liés à la propreté corporelle m'intéressent tout particulièrement car la toilette et les rituels d'habillement sont de loin les symptômes les plus courants chez les obsessionnels-compulsifs. Nos patients les plus jeunes commencent par compter et vérifier, et passent des mois ou des années à se laver pendant leur adolescence. Une fois le rituel installé il est rare qu'il disparaisse.

Cette toilette est un rituel bien particulier. Chacun de nos laveurs a sa propre routine qu'il suit chaque fois de manière très précise. Dans un effort de « simple observation », comme l'avait fait Lorenz, j'ai demandé à ces laveurs de me faire une démonstration des rituels qu'ils accomplissent sous la douche, en m'expliquant le détail de leur routine. Brendan se passe la main huit fois de suite sur le côté droit de la tête, met du shampooing, se la repasse encore huit fois, rince huit fois, et refait ce geste huit fois encore. Il fait la même chose sur le haut du crâne, sur le côté gauche, et derrière, dans cet ordre. Il passe ensuite au visage, au cou, et au reste du corps. Pour Susan, il y a une manière « correcte » d'ouvrir l'eau, de continuer après avoir fini de se doucher, et d'accrocher sa serviette.

Il est normal, pour les rats, de passer environ un tiers de leur vie à faire leur toilette, ce qui leur permet de régler leur température (par l'évaporation de leur salive), et influence leur comportement sexuel (odeurs variables de la salive du mâle). Mais les rats font aussi leur toilette quand ils sont frustrés ou se disputent, et redoublent de zèle dans ces moments-là. Quoi qu'il en soit, la toilette du rat se déroule selon des règles pré-établies qui sont aussi complexes que celles de n'importe lequel de nos patients. Le rat se nettoie de la tête à la queue, et termine sa toilette en se grattant et en se reniflant la queue.

Cette toilette peut être « déclenchée » en laboratoire, de manière prévisible, par une grande quantité de produits chimiques et d'hormones, et par certaines lésions cérébrales. Si l'ACTH (hormone adrénocorticotropique), produite par la glande pituitaire est injectée dans le cerveau d'un rat, il se met à faire sa toilette exactement comme il le ferait spontanément. Il existe aussi un grand nombre de composés qui le font s'arrêter. Il est probable que le cerveau produit de l'ACTH naturellement quand le rat est confronté à ce que les chercheurs appellent une situation nouvelle ou conflictuelle, qui déclenche ce programme.

Certains animaux font-ils du zèle dans des conditions normales ? Les techniciens de laboratoire du NIH ne s'étonnent plus du travail de ces fanatiques de la toilette quand ils arrivent le matin au Centre de Recherches en Génétique animale et allument les lumières. Dans certaines cages où se trouvent les quelque vingt mille souris qui servent à des expériences scientifiques, toutes les souris ont eu leurs poils et leurs moustaches coupés.

Toutes sauf une, qui est manifestement responsable de la tonte massive de ses compagnes. Ces souris sont appelées « souris-coiffeuses » en raison de leur enthousiasme. Mis à part le fait qu'il n'y a qu'une coiffeuse par cage et que cette activité se déroule dans l'obscurité, nous savons peu de chose sur ce comportement. Dans *The Mouse in Biomedical Research*, un livre consacré principalement à des questions plus sérieuses, une théorie avancée est celle d'un « besoin de propreté exagéré », du déchaînement d'une tendance à la propreté. Il n'est pas certain que les souris qui vivent en liberté se comportent ainsi. L'interprétation de ces rituels chez ces animaux est aussi complexe que chez nos patients. Faire la toilette d'une autre souris fait partie de la vie sociale complexe de ces rongeurs. C'est un modèle envisageable pour nos « laveurs ». Mais j'ai parfois l'impression que ce sont les animaux qui imitent nos malades.

Deux des garçons les plus jeunes participant à notre étude passent trois ou quatre heures par jour à se lécher les mains. Ils vont d'un doigt à l'autre, toujours dans le même ordre. Plus tard, le comportement atavique qui s'est libéré chez ces enfants sera probablement remplacé par des rites de propreté plus « ordinaires ».

La toilette n'est qu'un modèle animal particulièrement frappant pour expliquer le zèle des patients. Il existe en fait des exemples de comportements innés à tous les niveaux de la hiérarchie animale – nettoyer son nid, retirer les matières fécales du nid ou du terrier, déféquer à une certaine distance de chez soi. Ces habitudes sont tellement essentielles à la survie qu'elles font partie du répertoire de presque tous les mammifères.

Les entrées semblent propices aux cérémonies. Nos

patients bondissent, prennent des poses, et gesticulent devant les portails, sous les porches, et devant les seuils, partout où l'on peut entrer. Paul restait coincé sur le pas de la porte pendant des heures. Quand John arrivait chez lui dans la voiture de ses parents, il devait descendre et remonter la vitre, ouvrir la portière et la refermer, puis l'ouvrir à nouveau avant de sortir de voiture. Il marchait ensuite jusqu'à la boîte aux lettres et faisait le tour du chêne avant de pouvoir rentrer chez lui.

Il essayait souvent de ruser. Il mettait la voiture au garage et tentait d'entrer chez lui par la porte du garage. Mais cette stratégie ne marchait jamais. Il devait donc retourner, d'abord à la voiture, puis à la porte principale, pour recommencer son entrée. Ses rituels sont de simples passe-temps comparés à ceux d'une autre jeune malade. Quand celle-ci rentre chez elle, il lui suffit de voir sa porte d'entrée pour qu'elle se lance dans un long rituel humiliant. Elle doit se rouler dans l'herbe et toucher chaque arbre de son jardin. Elle évite de sortir car tout cela l'horrifie, et est restée enfermée pendant des années, comme une princesse dans une tour verrouillée par ces rituels d'entrée.

Les animaux font-ils, comme nos patients, des choses incongrues? Les éthologues racontent qu'un chien faisait le « bond de la souris » chaque fois qu'il s'approchait d'une remise où il avait, un jour, surpris une souris. Un autre scientifique raconte qu'il devait décharger et recharger son vieux cheval chaque fois qu'ils arrivaient dans un endroit où ils avaient souvent campé, sous peine de le voir refuser de continuer son chemin.

Mais l'histoire la plus émouvante et la plus intéressante pour la science est celle d'une oie. Les oies cendrées de Konrad Lorenz vivaient chez lui. L'une d'elles s'était habituée à suivre un certain parcours quand elle rentrait dans la maison :

« Elle avait d'abord pris l'habitude de longer la première marche vers la fenêtre du hall avant de faire demi-tour et de monter l'escalier menant à l'étage supérieur. Le détour routinier vers la fenêtre devenait de plus en plus court, mais elle continuait à longer la première marche jusqu'au coin gauche avant de se tourner brusquement sur sa droite pour monter. »

Un jour, Lorenz avait oublié de la laisser entrer à son heure habituelle. Il commençait à faire nuit et l'oie avait hâte de rentrer. Elle passa la porte en courant et se précipita vers l'escalier qu'elle se mit à gravir. Lorenz poursuit :

« Arrivée à la cinquième marche, elle fit quelque chose de réellement bouleversant : elle s'arrêta subitement, son cou s'allongea, signe de grande frayeur chez une oie sauvage, et elle déplia les ailes, prête à s'envoler. En même temps elle poussa le *cri d'avertissement*. Je crus qu'elle allait s'envoler. Mais elle hésita un instant, fit demi-tour, redescendit les cinq marches et exécuta d'un pas pressé, comme quelqu'un qui doit accomplir une mission importante, le détour primitif par la fenêtre.

« Ensuite elle monta à nouveau, cette fois conformément à l'usage primitif, tout à fait à gauche. Arrivée sur la cinquième marche, elle s'arrêta et se retourna, puis se secoua et salua, deux comportements que l'on observe régulièrement chez les oies cendrées lorsque la peur fait place à l'apaisement. Je n'en croyais pas mes yeux. Je n'avais aucun doute sur l'interprétation de ce que je viens de raconter : l'habitude était devenue une coutume que l'oie ne pouvait enfreindre sans être saisie de peur. »

Serait-il donc possible que les obsessions et compulsions de mes patients soient la manifestation d'un savoir inné ? Faire sa toilette et son nid, s'exhiber rituellement, sont-ce des comportements rigides qui n'apparaissent pas dans la vie normale des êtres humains mais qui se manifestent avec cette maladie bizarre et handicapante ? Tout se passe comme si des gestes utiles et quotidiens – examiner notre environnement et notre apparence – s'étaient détraqués.

Un parallèle entre les TOC et le comportement animal

s'impose. Les comportements innés témoignent d'un savoir « enregistré » qui avait autrefois une utilité. Nettoyer, éviter, vérifier et répéter ces actes sont liés à des préoccupations fondamentales – la propreté, la sécurité, l'agressivité et la sexualité. Accomplis hors d'un certain contexte, ils sont incompréhensibles. La preuve la plus convaincante nous en sera donnée par la découverte de « déclencheurs » analogues aux hormones qui provoquent habituellement ces comportements chez les animaux.

Dans *Le Singe nu,* Desmond Morris montre comment notre héritage biologique contrôle un bon nombre d'activités qui pourraient nous sembler « spontanées ». La toilette corporelle joue un rôle essentiel dans cet héritage. Morris nous le fait remarquer :

« L'endroit où l'environnement est en contact direct avec un animal – sa surface corporelle – est passablement rudoyé au cours de sa vie. Il est remarquable qu'il survive à ces mauvais traitements et qu'il dure si longtemps. La raison en est le merveilleux système de remplacement du tissu ainsi que les divers mouvements particuliers qui ont évolué afin d'aider à le garder propre. » Comparés au besoin de s'alimenter, au combat et à l'accouplement, ces comportements peuvent, au premier abord, sembler insignifiants. Mais sans eux, le corps ne pourrait pas fonctionner de manière efficace.

Tous les mammifères passent beaucoup de temps à faire leur toilette, à se lécher, se mordiller, se gratter, et se frotter. Les petits et grands singes passent méthodiquement leur fourrure en revue, enlevant des bouts de peau morte, des insectes, ou d'autres corps étrangers.

Ma thèse est simplement une extension de cette idée – il existerait dans le cerveau humain des comportements complexes programmés dont l'homme moderne est habituellement inconscient. Notre fourrure a disparu depuis longtemps, mais cette toilette serait-elle un vestige de rituel primitif ? Ce besoin compulsif de se laver, de se coiffer, et de s'épiler nous ouvrira peut-être une fenêtre sur cet héritage biologique. Chez mes patients, celui-ci s'est déréglé, est devenu fou.

Poursuites

Dans le film *Recherche Susan désespérément* (1985), Roberta Glass, une femme au foyer qui s'ennuie dans sa banlieue du New Jersey, se met, un jour, à penser constamment à une mystérieuse femme de Manhattan, Susan, qui utilise les petites annonces pour fixer ses rendez-vous. Roberta remplit les pages de son journal intime de fantasmes concernant Susan, son style excentrique, ses aventures. Elle se met d'abord à l'épier, puis finit par rentrer dans son monde. Roberta garde cette passion secrète; son mari ne l'apprendra jamais. L'énergie qu'elle dépense et le temps qu'elle passe à suivre la vie de Susan, le monde fou des punks, ses valeurs et ses comportements nouveaux, son univers secret et souvent dangereux, cela nous permet-il de parler d'obsessions? De nombreux critiques de cinéma ont employé ce mot.

Peut-on considérer qu'une fascination intense et entièrement tournée vers l'autre est une obsession? Est-ce un type de maladie? Je ne pense pas que ce soit le cas en règle générale, mais ce thème est fascinant. Cette poursuite fanatique et presque folle est parfois une « chasse ». Dans *Les Misérables*, Jean Valjean est traqué par le commissaire Javert pendant trente ans, et cette poursuite entraîne l'humiliation, la perte, et finalement le suicide de ce dernier. Javert n'arrivait pas à concilier les complexités de la vie avec sa détermination rigide et bizarre de punir un délit insignifiant.

Ces poursuivants fanatiques sont caractérisés par l'intensité et l'acharnement de leur poursuite. Leur vie est faite d'absolu et d'exigences inflexibles. L'amour est peut-être ce qui nous attire dans ces histoires, mais ce sont les règles obsessionnelles qui mènent les protagonistes à leur perte. Javert est aussi intransigeant avec lui-même qu'avec Jean Valjean. Quand il croit avoir accusé à tort le maire Madeleine, Javert tente, sans succès, de se faire destituer ! Victor Hugo nous dépeint un homme désespéré et résolu, étrangement honnête, capricieux, mais par-dessus tout, fanatique.

Dans son roman *Endless love* (1979), Scott Spencer parle de l'obsession de David pour Jade, qu'il aime depuis le lycée. Le roman a tout de l'étude de cas. Pour David, ce qui n'est pas lié à Jade est irréel. Ce n'est que par son contact avec Jade ou avec la famille de cette dernière qu'il a l'impression de vraiment exister. Sa persévérance, son indifférence à la bienséance et aux besoins de sa propre famille, détruisent sa vie et la famille de Jade. L'intensité de leur passion entraîne des réactions tout aussi intenses – la nostalgie, la convoitise, la colère – chez les parents de Jade et de David, provoquant indirectement leurs séparations et la mort de leurs pères respectifs.

L'obsession de David pour Jade est effrayante. Il finit dans un hôpital psychiatrique. La couverture du livre répète par trois fois le mot « obsession ». D'un bout à l'autre du roman, on dit à David qu'il est obsédé. Être amoureux est un état toléré, fantasmatique, et irrationnel. Il est allé plus loin. Mais est-il malade ? Et dans ce cas, de quoi ? Je ne pense pas que sa passion soit liée aux troubles obsessionnels-compulsifs. C'est d'autre chose qu'il s'agit, bien que cela soit difficile à dire.

Ai-je personnellement rencontré des Roberta et des David parmi mes malades ? Une fois seulement. Et nous n'avons pas su diagnostiquer le mal de ce patient, ni trouver un remède. On ne peut pas empêcher quelqu'un d'être amoureux. J'ai vu Sebastian pour la dernière fois il y a vingt-sept ans, mais je me souviens encore de lui.

En 1960, le tribunal avait ordonné qu'il fût mis sous observation pendant dix jours à l'hôpital psychiatrique de Boston où je recevais ma formation. C'était la troisième fois en deux ans que le tribunal l'envoyait devant un psychiatre. Il avait été arrêté une fois encore devant le « Dotty's Donuts Shop » une pâtisserie du centre de Boston. Le propriétaire de l'établissement s'était plaint de sa présence régulière et vraiment peu ordinaire devant son magasin, mais n'avait pas réussi à l'éloigner. Il épiait Sandra, une serveuse. Sebastian avait cinquante et un ans et vivait séparé de sa femme depuis de nombreuses années.

Sandra, une veuve d'une cinquantaine d'années, travaillait depuis dix ans comme serveuse chez Dotty's Donuts, et c'était la préférée des habitués. Elle avait toujours le sourire, ne manquait jamais de demander au client comment il allait ce jour-là, et remarquait toujours les absences.

Sebastian avait travaillé dans ce restaurant pendant de nombreuses années et s'était épris d'elle « d'un amour non partagé », pour employer son expression. Au début, le simple fait de travailler à ses côtés le rendait heureux. Puis il s'était mis à s'attarder au travail, à lui laisser des petits mots, et à lui apporter des cadeaux.

C'était un petit homme effacé, mais Sandra avait eu peur de son intensité et de son entêtement. Ses petits mots, rédigés avec difficulté dans son mauvais anglais, parlaient de son amour, de la dévotion inébranlable qu'il avait pour elle. Mais sur un de ses billets doux, il avait écrit : « Si je ne peux pas t'avoir dans cette vie, je t'aurai dans la mort », ce qui avait encore plus effrayé Sandra. Quand elle s'était mise à sortir avec un autre homme, Sebastian avait dégonflé les roues de la voiture de son rival. Il était toujours poli et n'avait jamais essayé de la toucher, mais il la regardait fixement, et s'efforçait toujours d'attirer son attention. Elle s'était mise en colère et lui avait poliment demandé de la laisser tranquille. Le gérant avait licencié Sebastian. Pendant un an, il avait trouvé du travail dans d'autres restaurants, mais il fallait qu'ils soient tous dans le même quartier que Dotty's Donuts.

Son amour grandissait. Il avait volé une paire de chaussures de rechange que Sandra gardait au restaurant. Il voulait seulement pouvoir s'endormir en touchant quelque chose appartenant à sa bien-aimée. Quelque temps plus tard, il était passé à la pâtisserie pour lui dire qu'il les avait fait couler dans du bronze. C'en était trop. On avait à nouveau appelé la police.

Sebastian avait été condamné à six mois de prison avec sursis, et on lui avait enjoint de ne plus s'approcher du restaurant. Deux semaines plus tard, il avait enfreint cet ordre et s'était fait arrêter une fois encore.

Comme toujours, Sebastian avait été poli et plein de déférence envers le policier qui l'avait arrêté devant la porte du restaurant. Mais il avait affirmé que son amour pour Sandra serait partagé tôt ou tard, et qu'il ne pourrait jamais refréner son désir de la voir.

Le docteur Alan Hobson avait noté sur le registre de l'hôpital :

« Sebastian vit en solitaire, rue Tremont. Il est un peu alcoolique, et obsédé par Mme S., mais la plupart du temps, il parvient à contrôler sa forte envie de la voir. Avant de s'installer à Boston, il avait travaillé comme jardinier, homme à tout faire, et même fossoyeur. Chez lui, il écoute des airs d'opéra et boit de la bière pour se consoler. Il était désespéré qu'on lui ait donné l'ordre de ne plus mettre les pieds au restaurant, et se sentait “ en prison sur le trottoir ”. Il s'est finalement mis à attendre Mme S. devant l'établissement pour la voir arriver et repartir. Comme il a essayé plusieurs fois de lui parler, elle a de nouveau porté plainte. »

Ses patrons et ses collègues disaient du bien de lui. Tous ceux qui le connaissaient le trouvaient gentil. Il était né dans une ferme de Newburyport, là où avait vécu sa mère, et y était resté jusqu'à ce que celle-ci soit internée. Elle avait maintenant soixante-quatorze ans. Son père avait quitté le foyer, et Sebastian avait été élevé dans une famille adoptive qui, selon ses dires, le traitait bien. Cela faisait dix ans que son frère était interné dans un hôpital psychiatrique. Sa grand-mère maternelle, qui avait vécu dans la ferme avec eux et était considérée comme « mentalement instable », avait été retrouvée noyée dans un marécage.

M. Brown, le logeur de Sebastian, était venu à l'hôpital lui rendre visite et parler aux docteurs. Il voulait que le personnel sache qu'il ferait tout son possible pour aider Sebastian, et qu'il gardait sa chambre à sa disposition. Selon lui, c'était un « type super ». « Laissez-le sortir, s'il vous plaît, avait-il déclaré, il nous manque. »

Selon son dernier patron, c'était un brave gars. Il était plein de bonne volonté, s'entendait bien avec tout le monde, et était digne de confiance. Oui, ils seraient contents qu'il revienne.

Sebastian était allé à l'école jusqu'en quatrième. Dans les années trente, il avait été marié et avait vécu heureux pendant quelque temps avec une femme qui travaillait dans une ferme voisine. Ils avaient eu trois enfants. Quelque chose avait changé par la suite. Dans les années quarante, il était tombé amoureux de la femme d'un fermier voisin, et était parti avec elle pendant de longs week-ends. C'est ce qui avait brisé son mariage.

Le personnel de l'hôpital avait envisagé plusieurs diagnostics, mais aucun n'était satisfaisant. Sebastian était bizarre et certainement peu réaliste à propos de Sandra, mais ses pensées n'étaient pas incohérentes comme celles d'un schizophrène. Par moments, il était agité et se sentait déprimé loin de la femme qu'il aimait, mais ce n'était pas un maniaco-dépressif. Le registre de l'hôpital appelle son amour pour Sandra une « obsession », mais l'emploi de ce terme est différent de celui que nous en avons fait dans ce livre. L'hôpital le décrit ainsi :

« Le symptôme principal de cet homme d'âge mûr est une affection obsessionnelle pour une femme qui n'a jamais répondu à son amour. Il a été privé très tôt de parents qui n'étaient sans doute pas à la hauteur. Sa famille est perturbée, tous ses membres connus étant malades ou hospitalisés. Il a toujours été un peu puéril et irréfléchi, naïf, capricieux et crédule, mais respectueux de ceux qu'il admire. Ce tableau atypique défie tout diagnostic satisfaisant. »

Sebastian aimait bien le docteur Hobson, mais son besoin de voir Sandra était trop fort. Il s'était « enfui » de l'hôpital, mais continuait d'écrire à son docteur des lettres dans lesquelles il décrivait sa vie misérable d'homme traqué, avec pour l'aider à continuer, le bonheur d'apercevoir Sandra de temps à autre, l'espace d'un instant.

Pendant cette fugue, Sebastian était allé à Hartford, dans le Connecticut, pour rencontrer le docteur Francis Braceland, un psychiatre célèbre dont une malade lui avait parlé à l'hôpital de Boston. Celle-ci lui avait dit que nul autre médecin ne l'avait autant aidée. Sebastian s'était donc mis en route et avait trouvé le moyen de le rencontrer. D'après Sebastian, le docteur Braceland lui avait déclaré : « Je ne peux pas vous aider. Il s'agit d'amour. » Sebastian avait raconté cette visite au docteur Hobson (dans une carte postale sans adresse d'expéditeur) : « J'ai supplié le docteur Braceland d'effacer mes souvenirs. Mais il m'a dit qu'il n'existait aucun remède pour l'amour. »

Sebastian refit surface une toute dernière fois. A cette occasion, il avait essayé de jouer de l'harmonica à la fenêtre de Sandra pour la charmer, mais celle-ci avait rapidement appelé la police. Il avait réussi à s'échapper. Il ne voulait pas abandonner sa liberté, mais le docteur Hobson lui manquait. Sa solution était de lui écrire. « Ça me manque de discuter avec vous, docteur; je sais que j'ai besoin d'aide. Mais je ne veux pas être renvoyé à l'hôpital, alors j'ai tout intérêt à ne pas me faire remarquer. Ça fait presque sept mois que j'en suis sorti, et je ne vais pas mieux aujourd'hui qu'avant. Je travaille cinquante heures par semaine pour essayer d'oublier. Mais je suis malade à l'intérieur. Je ne supporte pas de vivre dans le passé, mais chaque fois que je retrouve du travail, je me remets à penser à elle. Je me dis, elle est pas dans le même bâtiment. Alors je démissionne, et je dis au patron, vous n'aurez plus besoin de me payer.

« J'aimerais vous parler, docteur, mais je ne sais pas comment. Je vous souhaite de bonnes fêtes de Pâques et bien du bonheur. Votre ami Sebastian.

« P.S. Mon adresse est la même que celle de qui repose sous terre au cimetière de Forest Hill, sous le ciel bleu du Bon Dieu. Une seule grande pièce sans numéro. Vous ne pourrez donc pas m'écrire! »

Sa dernière lettre, envoyée d'une autre cachette, disait :

« J'ai cinquante-trois ans, je suis presque fichu. J'ai passé Noël seul, presque dans le noir. J'ai acheté un hamburger comme dîner de Noël. Je vais au bar, j'y vois des couples mariés, et c'est insupportable. Ça me donne envie de hurler. Y a que mon harmonica qui ne me dégoûte pas. Qu'est-ce que ça peut bien me faire d'être libre, je suis tellement malheureux.

« Je regarde passer le train qu'elle prend tous les matins, et comme ça, je la vois une minute, c'est tout. C'est tôt le matin que je souffre le plus. J'accepte du boulot, mais je me dis, elle est pas dans ce bâtiment, alors à quoi ça sert? Je peux pas gagner beaucoup d'argent dans ces conditions. J'ai cinquante-trois ans, je suis presque fichu, alors à quoi ça sert? J'espère que ma lettre vous trouvera en bonne santé et heureux. »

Dans cette lettre, la dernière, Sebastian avait donné l'adresse suivante : « Sous les étoiles – sans numéro. »

Je trouve Sebastian captivant. Il me fascine par son bon sens. Sa passion était étrange mais réelle.

Personne n'a plus jamais entendu parler de lui.

Ces poursuites infatigables sont-elles des cas de troubles obsessionnels-compulsifs? Je ne le pense pas. Aujourd'hui, on dirait sans doute que Sebastian était érotomane, un trouble psychiatrique connu depuis très longtemps chez les femmes, mais identifié depuis peu seulement chez les hommes.

Le psychiatre français Clérambault fut le premier à décrire un type d'érotisme étrange chez la femme dans laquelle celle-ci fantasme qu'elle est aimée d'un homme qu'elle connaît en fait très peu. Clérambault et d'autres psychiatres ont remarqué qu'en général l'homme choisi est socialement inaccessible, que la femme souffrant d'érotomanie (appelée par la suite syndrome de Clérambault) est convaincue que son idole la protège, qu'il lui reste « fidèle », et se soucie énormément de leur amour.

Ces quinze dernières années, de nombreuses descriptions de cas d'érotomanie ont été publiées. Il s'agit en général d'individus isolés qui ont souvent des ennuis avec la loi parce qu'ils sont agressifs et gênants dans leur obstination romantique; il y a souvent des schizophrènes dans leurs familles, et eux-mêmes – quand leurs signes cliniques changent – deviennent parfois psychotiques. Mais la plupart d'entre eux ne manifestent aucun signe de schizophrénie et, tout comme Sebastian, ont des postes de responsabilité, donnent satisfaction dans leur travail entre chaque crise, et sont tristes et esseulés quand ils ne sont pas avec celles qu'ils aiment.

Mais qu'il s'agisse de la réalité ou de la fiction, cet étrange souci de l'autre est généralement voué à l'échec. Sebastian a été hospitalisé. David aussi, après avoir incendié la maison de Jade. La vie de Roberta change complètement (c'est elle qui s'en sort le mieux). A la fin de son roman, Victor Hugo nous raconte que Javert *lui-même* se sent perdu :

« Tous les axiomes qui avaient été les points d'appui de toute sa vie s'écroulaient devant cet homme... Javert sentait que quelque chose d'horrible pénétrait dans son âme, l'admiration pour un forçat. Le respect du galérien, est-ce que c'est possible ? Il en frémissait, et ne pouvait s'y soustraire. Il avait beau se débattre, il était réduit à confesser en son for intérieur la sublimité de ce misérable. Cela était odieux. » Cette prise de conscience conduit Javert au suicide.

Comment de telles préoccupations fanatiques se déclenchent-elles ? Comment était l'inspecteur Javert enfant ? Avait-il commencé par des obsessions comme celles de mes patients, pour se convaincre ensuite que sa manière d'être était vraiment la bonne ? Existe-t-il un moment décisif où la décision est prise qu'il vaut mieux se déclarer fanatique plutôt que d'être obsessionnel et en souffrir ? Comment une même obsession peut-elle être la torture d'un homme et la passion d'un autre ?

Volonté et incertitude

La souffrance des patients m'a fait réfléchir à des problèmes auxquels je ne m'étais plus intéressée depuis mes cours de philosophie à l'université. Les TOC sont une maladie de la « volonté » et de la « connaissance ». Je ne suis sûrement pas la première à m'en être aperçue.

Louise Despert, une grande psychanalyste d'enfants, raconte qu'une de ses patientes, une fillette âgée de six ans, souffrait de graves obsessions et d'un besoin de toucher et de compter. Elle courait voir sa mère pendant ses crises, et lui disait : « Maman, Maman, mon autre moi est revenu. Dis-lui qu'il est bête. Peux-tu lui dire d'arrêter de faire l'idiot ? »

L'impression que les obsessions, *tout en étant insensées,* sont intimement liées à nos intentions conscientes, fait tellement partie de la nature de cette maladie – même pour un enfant de six ans – que cet état de choses sert à la définir. Pour l'*American Psychiatric Association's Diagnostic Manual,* l'ouvrage de référence en ce qui concerne la définition des troubles psychiatriques, le fait de se sentir obligé, contraint par une force intérieure d'agir de manière insensée ou de penser à des choses absurdes, est caractéristique de cette maladie. Cela veut-il dire que mes obsessionnels-compulsifs n'ont plus de « volonté » ?

Cette affection est la seule dans laquelle les malades, quand ils parlent des choses bizarres qu'ils font et pensent, insistent clairement sur l'importance et le pouvoir de la volonté. Un malade qui a un tic dira « j'ai le bras qui sursaute » ou « j'ai la paupière qui se contracte ». Un obsessionnel dira, « je ne sais pas pourquoi, mais *je dois, je suis obligé* de bouger le bras sans arrêt ». C'est cela qui les trouble, et qui trouble les enfants en particulier. Ils sont prisonniers; ils désirent ces rituels pour les instants de paix qu'ils leur procurent, mais ils préféreraient vraiment *ne pas avoir à les désirer.*

Ce point est capital. Dans son ouvrage *Brainstorms,* le philosophe Daniel Dennett fait remarquer que les êtres humains sont peut-être uniques en ce qu'ils ont deux sortes d'intentions, ce qu'il appelle des désirs de premier et de second ordre. Nous avons en commun avec les animaux le premier ordre de désirs ou d'intentions – par exemple, celui de se laver. Mais les désirs de second ordre, nos désirs concernant nos désirs, sont très certainement uniques.

Murray, un garçon avec un très fort besoin de se laver, nous avait raconté à quel point ses obsessions « le rendaient fou ». Il *savait* qu'il ne *voulait pas* se laver, mais il se sentait *obligé* de le faire. Comme il suivait une psychothérapie, il s'était dit qu'il se lavait peut-être parce qu'il en avait vraiment envie. Il arrive que les obsessionnels-compulsifs, et en particulier ceux qui suivent une thérapie, en viennent parfois à se convaincre passagèrement qu'ils veulent faire ce qu'ils font, ou qu'ils « doivent en avoir besoin » car ils se comportent comme si c'était le cas.

Mais je crois qu'il est clair qu'ils ne veulent pas vraiment se laver, vérifier, ou compter. Non seulement les rituels précèdent les justifications qui, elles, viennent bien plus tard (ou jamais), mais les malades me disent : « Soignez-moi, je veux cesser de vouloir. » Ils restent en pleine possession de leur « volonté » de deuxième ordre, d'un niveau supérieur, celle qui refuse de vouloir.

Mes patients restent donc libres – ils peuvent avoir la volonté de refuser. Ils viennent suivre une thérapie ou prendre un médicament à la clinique afin d'arrêter de « vouloir ».

Cependant, une question plus difficile subsiste. Dans quelle catégorie faut-il ranger les personnalités compulsives ? Il semble que ces individus désirent ces règles inflexibles qui dirigent leur vie. Sont-ils libres ? Ou sont-ils très réellement pris au piège d'un univers carcéral encore plus rigide que celui des obsessionnels-compulsifs ? C'est une question difficile pour laquelle il n'existe pas de réponse claire.

« Rien n'est certain », avait conclu Pyrrhon le sceptique, après avoir demandé à ses disciples de ne pas le pleurer, puisqu'ils ne pouvaient pas être sûrs de sa mort.

Alice

Le père d'Alice nous avait appelés de Chicago. Sa voix trahissait l'arrogance et l'assurance du millionnaire qui ne devait son succès qu'à lui-même. Il était propriétaire d'une grande usine de vêtements et d'une autre entreprise encore plus grande qu'il dirigeait presque sans effort. Monsieur B. n'avait pas l'habitude d'être confronté à des problèmes qu'il ne pouvait pas résoudre ou pour lesquels il ne pouvait pas embaucher la personne qu'il fallait. Mais il en avait un sur les bras.

Alice, sa fille de seize ans, se disputait continuellement avec eux, ou plus exactement avec sa mère, et avec son père quand il était à la maison. « Elle n'arrête pas de poser des questions », nous avait dit ce dernier. « Elle n'est jamais d'accord avec nous; on ne peut rien lui dire. »

Ça ne me paraissait pas si terrible que cela. Tous les enfants intelligents posent beaucoup de questions. Et beaucoup d'adolescents se disputent avec leurs parents. Mères et filles en particulier. C'est ce que j'avais dit à Monsieur B. Il devait bien y avoir quelqu'un à Chicago qu'il pouvait consulter, pourquoi venir à Bethesda ?

« Mais sa mère et elle s'insultent. Elles hurlent et se crêpent le chignon. Alice n'arrête pas de poser des questions. »

– Elles se crêpent le chignon ?

– C'est que sa mère se met tellement en colère qu'elle rend les coups, m'avait-il avoué sur un ton malheureux.

– Se dispute-t-elle avec d'autres gens ? voulais-je savoir.

– Ça ne se passe qu'à la maison, m'avait dit son père. Ses camarades d'école et ses professeurs l'aiment bien. Ses résultats ne sont pas merveilleux, mais elle se débrouille. Son lycée n'est au courant de rien. Nous l'avons emmenée chez trois psychologues et psychiatres différents. Ils disent tous la même chose, qu'elle a des problèmes avec nous, qu'elle est jalouse de sa mère qui est très belle, mais qu'à part ça, tout va bien. Mais il doit y avoir autre chose; depuis qu'elle a trois ans, nous n'avons pas de vie de famille normale.

« Ça n'allait pas trop mal pendant un certain temps. Mais à présent, c'est pire que tout. C'est terrible, en ce moment. Alice dit que nous ne pouvons répondre correctement à rien. Elle dit que nous l'embrouillons. »

Je m'étais mise à pontifier sur le conflit des générations,

sur la rivalité mère-fille, sur le besoin de respecter l'autonomie des adolescents, et d'autres choses de ce genre.

« Mais je ne connais aucun autre enfant qui pose de telles questions.

« De quelles sortes de questions s'agit-il ?

– Eh bien, elle veut savoir si le ciel est bleu. C'est sa dernière question en date. Mais avant ça, c'était les feuilles.

– Les feuilles ?

– Oui. Elle nous demandait si les feuilles étaient vertes. Elle nous a posé cette question pendant des mois. »

– Que lui répondiez-vous ?

– Évidemment, je lui disais qu'elles étaient vertes. Elle me demandait alors s'il s'agissait d'un vert foncé ou d'un vert clair. Je lui répondais donc que certaines étaient vert foncé, et d'autres, vert clair. Mais cette réponse ne la satisfaisait pas. Elle montrait du doigt un arbre parmi d'autres, et voulait savoir de quel vert exactement était une de ses feuilles. Quand je ne pouvais pas lui répondre parfaitement, elle se fâchait et se mettait à crier.

– Vous parlez donc toujours de feuilles chez vous en ce moment, ou avez-vous refusé de lui répondre ?

– A présent, c'est ses cheveux. Et c'est ce qu'il y a de pire.

– Ses cheveux ?

– Elle demande s'ils sont blonds, blond cendré, ou bruns. Ma femme a commencé par lui dire que c'était mélangé ; qu'ils étaient blonds au-dessus, châtains à certains endroits, et bruns derrière. Elle essayait seulement d'être précise, parce qu'elle a peur de ce qui peut arriver. Comme d'habitude, Alice est sortie de ses gonds et s'est mise à crier et à hurler : « Mais de quelle couleur sont-ils ? »

J'ai rencontré Alice peu de temps après. Elle avait des mèches blondes, et elle aurait même été jolie si elle n'avait pas été si maussade. Elle s'était assise face à ses parents pendant notre conversation, et nous décochait des coups d'œil irrités sans dire grand-chose. Je l'avais vue en tête à tête pendant que d'autres médecins discutaient avec ses parents.

– Alice, lui avais-je demandé, que se passe-t-il ?

– Je me dispute avec mes parents, ils me rendent folle, m'avait-elle répondu.

– Pourquoi vous disputez-vous ?

– Ils m'embrouillent. Ils ne peuvent pas me répondre franchement.

– Donne-moi un exemple.

– Eh bien, Maman avait regardé une émission et m'avait dit qu'elle lui avait beaucoup plu. Plus tard, je l'avais entendue discuter avec quelqu'un au téléphone, et elle lui avait dit que le programme lui avait bien plu. Enfin, vous voyez ce que je veux dire. Est-ce que l'émission lui avait " beaucoup " plu, ou simplement " bien " plu ? Maman m'embrouille. Elle n'arrive pas à se décider !

– Ça ne me paraît pas si difficile que ça, Alice.

Elle avait fait une grimace. Pour moi, c'est terrible. Comment savoir de quoi elle parle ?

– Peux-tu me donner un autre exemple ?

– Eh bien, je lui ai demandé si elle pensait que Sue, ma meilleure amie, était jolie.

– Et qu'a-t-elle répondu ?

– Elle m'a d'abord dit qu'elle trouvait qu'elle était assez jolie. Plus tard, je lui ai reposé la question. Elle m'a dit qu'elle pensait qu'elle était vraiment jolie. Et une autre fois, qu'elle était très jolie. » Elle avait l'air gêné en me racontant cette histoire et m'observait prudemment, se demandant visiblement si je la trouvais ridicule.

« Tu sais bien que ça n'a pas de sens, Alice, n'est-ce pas ? »

Elle avait hoché la tête et s'était mise à pleurer.

J'ai vite découvert qu'à la différence des autres obsessionnels-compulsifs, qui éprouvent un besoin de symétrie, de vérifier, de mettre de l'ordre, ou d'oublier, ce qu'Alice exigeait était une exactitude et une cohérence dans le choix des mots. C'était bien de TOC dont elle souffrait (c'était aussi le diagnostic du médecin qui nous l'avait envoyée), mais son mal prenait la forme d'un besoin irrésistible d'exactitude verbale qu'il était impossible de satisfaire. C'était chez elle, cependant, qu'il lui fallait « la réponse correcte ». Mais pourquoi chez elle et nulle part ailleurs?

Alice reconnaissait qu'elle éprouvait ce « besoin » à la maison. Il restait parfois en arrière-plan, et elle arrivait alors à ne pas y prêter attention. Les paroles prononcées par ses parents n'étaient pas seulement des mots; elles réveillaient chez elle ce besoin de trouver le mot juste, une exigence plus grande encore que dans n'importe quelle leçon de grammaire anglaise. Dans ces moments-là, *rien* ne lui semblait assez correct. Ce qui semblait clair et ordinaire à d'autres l'embrouillait de manière intolérable.

« Pourquoi cela se produit-il seulement chez toi? » lui avais-je demandé.

« Ça m'arrive un peu à l'école, mais là-bas, je réussis à me contrôler. Quand je me lavais souvent les mains, je le faisais aussi seulement à la maison », m'avait-elle dit. Je me suis alors aperçue que ce symptôme était malléable et qu'il pouvait ne se manifester que chez soi, tout comme les autres formes de cette maladie.

J'avais passé des heures à démêler cette histoire, à examiner avec ses parents chaque détail de son enfance. Cela faisait des années qu'Alice se disputait avec sa mère. Elle se querellait aussi avec son père, mais c'était tolérable. Même avant ses premières questions, il y avait eu d'autres signes. A l'âge de trois ans, elle portait tous les jours le même polo qu'il fallait laver la nuit, pendant son sommeil. Elle se disputait avec sa mère à ce sujet. Des vêtements neufs, dont beaucoup portaient encore leur étiquette, pendaient dans l'armoire. C'était un gros problème l'hiver, car un manteau était quelque chose de nouveau, et Alice était intraitable sur ce qu'elle devait porter. Avec l'arrivée de la neige, on l'avait forcée à en mettre un.

Leurs amis et la famille mettaient tout cela sur le compte d'une rivalité « mère-fille ». Alice rivalisait-elle vraiment avec sa mère, une très belle femme qui avait été mannequin ? Peut-être n'aimait-elle pas la façon dont sa mère l'habillait ? Son père, bel homme et très heureux en affaires, avait-il tenté de la séduire ? En bref, s'agissait-il d'un triangle familial qui s'exprimait de cette manière ? C'était ce qu'avait suggéré le premier psychologue. Ils avaient abordé le problème sous cet angle, et son rituel vestimentaire s'était amélioré petit à petit.

Mais à l'âge de six ans, il y avait eu autre chose : elle s'était mise à se laver les mains une heure par jour, ce qui avait aussi disparu après un certain temps.

A dix ans, il y avait eu un autre motif de discorde – ses cheveux. Elle ne supportait pas que sa mère la coiffe. Sans les détails de cette dispute, on aurait pu croire qu'il s'agissait une fois encore d'un conflit entre mère et fille. Mais ce n'était vraiment pas une autre de ces disputes classiques sur le style de coiffure, la longueur des cheveux, ou les nœuds. C'était un problème plus subtil auquel sa mère ne pouvait rien. Elle n'aimait jamais sa coiffure, et sa mère devait constamment la recoiffer. Elle avait d'abord eu l'impression que ses cheveux étaient trop « serrés ».

« C'est pas comme ça que je les veux », pleurnichait-elle. Et sa mère défaisait ses nattes.

« C'est *toujours* pas comme ça que je les veux. » Et ainsi de suite. Comme pour ses nattes, il y avait toujours quelque chose qui n'allait pas.

« Elles ne sont pas de la même longueur. »

« Moi, je crois qu'elles le sont, Alice. » Et cette petite fille terriblement malheureuse se mettait à se disputer avec sa mère, qui n'y comprenait plus rien. Elle essayait alors des barrettes qu'elle retirait aussitôt car elles n'étaient jamais symétriques. Alice passait tellement de temps à vérifier qu'elles étaient bien symétriques qu'elle ne jouait plus avec ses amies.

« Je ne peux pas vous raconter ce qu'est la vie avec Alice », m'avait dit sa mère. « Mon cœur bat plus fort quand je suis avec elle; vous ne pouvez pas vous imaginer toutes les migraines dont je souffre. Je ne peux pas passer près d'Alice sans qu'elle commence une dispute. »

La mère d'Alice avait très envie d'une fille. Elle-même avait adoré que sa mère la coiffe quand elle était petite. Aider sa fille à se faire belle aurait dû être un des moments agréables de son éducation. C'était un cauchemar.

La mère d'Alice avait attendu avec impatience de pouvoir se marier et fonder une famille. Elle avait travaillé comme mannequin pendant quelque temps, mais le but de sa vie était en fait d'élever ses enfants et de tenir sa maison. Au lieu de cela, le rapport tourmenté qu'elle entretenait avec sa fille l'avait contrainte à devenir une « garce qui criait, tirait les cheveux, et frappait », pour employer ses mots. Elle ne se reconnaissait plus. Et cela durait depuis seize ans!

J'avais expliqué à Alice et à ses parents que son mal ressemblait à une forme de TOC. Bien sûr, certains épisodes de son enfance suggéraient ce diagnostic. Certains enfants ont besoin que leurs devoirs soient impeccables, et n'arrêtent pas de gommer ce qu'ils font alors qu'ils ne peuvent pas mieux faire, lui avais-je dit. C'est ce qui se passait pour elle avec les mots : il fallait qu'ils soient exacts, précis, et toujours fiables.

Son psychologue et la thérapie comportementale ne lui avaient été d'aucun secours : nous avions donc essayé la clomipramine. Encore aujourd'hui, son effet me paraît trop beau pour être vrai.

Rien ne s'est passé pendant trois jours. Alice se plaignait seulement d'avoir la bouche sèche. Quand j'avais appelé, je l'avais entendue crier « Est-ce que le ciel est bleu ? » et m'étais dit que nous perdions notre temps.

Vers la fin de la semaine, sa mère avait téléphoné pour me dire qu'elle avait du mal à le croire, mais qu'elle était guérie. Elle revenait de prendre le bus avec Alice et était encore tout étonnée du plaisir que cela lui avait procuré. Par exemple, Alice avait dit : « Regarde, Maman, tu ne trouves pas que c'est joli ? » Sa mère s'attendait à une scène, mais rien ne s'était passé. Alice ne s'attendait même pas à ce qu'elle lui réponde !

La semaine suivante, son père nous avait appelés. « La maison est plongée dans une sorte de calme. C'est venu tout à coup. Plus personne ne crie. Je n'ai pas mal à la gorge. Les portes ne claquent pas. Nous avons du mal à y croire. Nous sommes heureux d'être ensemble. »

Les expériences de ce type sont rares en psychiatrie, ou dans les autres branches de la médecine. Alice est revenue nous voir après trois semaines de traitement. Tous ses symptômes avaient disparu.

Mais il n'y a pas de fin simple et heureuse à cette histoire. Alice doit prendre de très fortes doses de clomipramine pour empêcher le retour de ce besoin singulier d'exactitude, ce qui la rend somnolente et lui donne le vertige si elle se lève brusquement, et parfois la nausée. Elle et sa mère préfèrent vivre avec ce médicament, mais la dose prescrite ne parvient pas à supprimer entièrement son mal. Nous développons actuellement d'autres médicaments qui seraient éventuellement capables de renforcer l'action de la clomipramine, mais il est encore trop tôt pour savoir s'ils sont efficaces. Nous sommes encore loin d'avoir une solution à l'énigme du TOC.

Kim et William : comment savoir?

Kim, ma première obsessionnelle-compulsive, n'avait qu'un symptôme : elle se sentait coupable de la mort de quelqu'un. Cette jolie fille blonde et mince âgée de seize ans était assise dans sa chambre et se lamentait sur son pouvoir de destruction. Le personnel passait des heures à la rassurer, à lui dire qu'elle n'avait tué personne. Mais rien n'y faisait.

« Kim, lui disaient-ils, tes parents disent que tu n'as jamais fait de mal à une mouche. Comment *aurais-tu pu* tuer quelqu'un ? »

« Eh bien, j'avais peut-être l'air irrité, un jour, et il est possible que quelqu'un qui a croisé mon regard dans la rue et vu la tête que je faisais ce jour-là ait été choqué et ait fait une crise cardiaque. »

C'était à peu près tout ce que Kim arrivait à inventer. Elle passait tout son temps à ressasser ces idées et à discuter avec les infirmières et avec moi. Elle voulait que nous la réconfortions. Quand nous passions la voir pendant nos rondes, nous insistions sur le fait qu'elle devait bien savoir qu'elle n'avait rien fait, puisqu'elle ne s'était jamais présentée à la police, ce qui semblait indiquer qu'elle savait que son sentiment de culpabilité provenait de ses *pensées* obsessionnelles. Un jour, un de nos patients s'était réellement présenté à la police; ils n'avaient pas trouvé ça drôle.

La mère de William, étudiant en littérature anglaise, l'avait accompagné à la clinique et nous avait demandé : « Ne pouvez-vous pas lui faire entendre raison, docteur Rapoport ? Il n'arrête pas de dire qu'*il se peut qu'il ait tué* quelqu'un ! »

J'avais commencé par échanger quelques mots avec lui sur d'autres sujets. Il parlait clairement et avec enthousiasme de sa thèse sur la poésie américaine moderne.

« Maintenant, cette histoire de faire du mal à quelqu'un, tu peux me dire de quoi il s'agit ? » lui avais-je demandé. L'entretien avait changé de ton; j'avais déclenché quelque chose. William avait pris l'air soucieux et s'était lancé dans un monologue répétitif :

« Vous pensez que j'ai tué quelqu'un, docteur Rapoport ? Comment est-ce que je peux savoir si oui ou non j'ai tué quelqu'un ? »

Je lui avais dit des choses raisonnables mais qui, pour lui, étaient dénuées de sens et inintéressantes, des choses qui n'avaient pas retenu son attention et n'avaient été d'aucun secours. Il était reparti avec un rendez-vous pour la semaine suivante. Son week-end avait été dramatique et mouvementé.

Ce dimanche-là, à six heures du matin, William s'était livré au poste de police local. « J'avoue », avait-il déclaré. « Qui dois-je voir ? J'ai tué quelqu'un. » Après un court interrogatoire, son histoire ne tenait plus debout.

« Où est le corps ?

– Je ne sais pas trop.

– Comment le meurtre a-t-il été commis ?

– Eh bien, j'ai *peut-être* poussé quelqu'un du pont de Calvert Street.

– Quand cela s'est-il passé ?

– Je pense que c'était la nuit dernière. »

William avait passé une nuit terrible. Son impression d'avoir tué quelqu'un était plus forte que jamais. La télévision n'avait pas réussi à le détendre et une demi-bouteille de gin n'avait pas affaibli la voix intérieure qui n'arrêtait pas de l'accuser.

A l'aube, ce fardeau et ces doutes lui pesaient trop. Il ne se passait pas grand-chose au poste. Le sergent lui avait offert un café et écouté. Peu de temps après, c'était William qui s'était mis à poser des questions. « Sergent, est-ce que j'ai tué quelqu'un, oui ou non ? Vous a-t-on signalé un corps près du pont de Calvert Street ? Dites-moi, Sergent, *comment puis-je savoir si j'ai tué quelqu'un ?* »

Le sergent s'était aperçu que William n'était pas dans son bureau pour avouer. Il était là pour *découvrir s'il avait tué quelqu'un !*

« Docteur, des choses étranges se sont déjà produites ici », m'avait déclaré le sergent plus tard. « Mais le plus dingue dans cette histoire, c'est que ce gars-là n'avait pas l'air fou ! »

William posait des questions bizarres, mais n'était pas drogué, ni soûl, et n'avait pas eu d'accident. Cela ne ressemblait pas à un canular d'étudiants, qui prenaient le poste pour cible plusieurs fois par an. William était sincèrement malheureux. Après avoir téléphoné pour vérifier qu'il s'agissait bien d'un de mes patients, le sergent en avait profité pour me poser quelques questions : « Comment peut-on ne pas savoir quelque chose comme ça ? Qu'est-ce qui ne va pas chez lui ? » Le fait d'en avoir parlé avait permis à William de se ressaisir, ou peut-être la « crise » était-elle simplement passée. Il avait avoué au sergent qu'il avait des doutes de ce genre depuis des années, et qu'il ne savait pas pourquoi son état avait empiré cette nuit-là. On l'avait laissé repartir. Mais le sergent avait vu quelque chose de nouveau. « Qu'est-ce que ça veut dire, cette question, " Comment peut-on savoir si on a tué quelqu'un ? " », se demandait-il. « C'est bizarre, vraiment bizarre. »

Kim et William sont confrontés à deux problèmes étranges et profondément troublants. Le premier est qu'ils se croient un danger pour les autres. Le second est qu'ils pensent être incapables de savoir quoi que ce soit. Tous les tests démontreront que leur mémoire et leurs perceptions sont normales, mais qu'elles ne sont pas « pleinement prises en compte » comme elles devraient l'être. Mes patients les plus incrédules se demandent sans cesse : « Comment savoir vraiment ? »

Les obsessionnels-compulsifs n'ont pas en général ce problème. Cette maladie est très sélective – ils ne doutent que de certaines choses, et ce sentiment les absorbe complètement. Ce n'est pas un problème de mémoire; Kim et William pourraient raconter point par point ce qu'ils ont fait le jour de leur « meurtre ». Le problème se situe au niveau d'un processus de cognition et de perception bien plus complexe. Si Alice avait rencontré Kim ou William, elle n'aurait pas compris ce qui les préoccupait, mais elle aurait certainement reconnu la question qu'ils posaient : « Comment savoir ? »

Le doute à propos des observations les plus simples est peut-être l'aspect le plus fascinant du TOC. En France, on appelle les TOC la folie du doute. Quelque chose dans l'esprit – dans le cerveau – se met à mal fonctionner. Je crois que nous doutons tous de manière déraisonnable sans même nous en apercevoir. Une sorte de filtre mental fonctionne-t-il correctement pour nous, mais pas pour ces patients ?

Si on laisse de côté le contenu dramatique de ces doutes – pour lequel existent de nombreuses explications, toutes insatisfaisantes – un problème fondamental se pose : celui du *savoir*. La plupart d'entre nous ne décidons pas à l'avance comment nous allons faire pour savoir si la porte est bien verrouillée; nous savons qu'elle l'est après l'avoir fermée et avoir essayé la poignée. Nos vérifications habituelles sont tellement bien ancrées qu'il est difficile de les décomposer en étapes. Mes patients sont pourtant prisonniers de leur besoin de s'assurer de ce qui va de soi.

Certains obsessionnels-compulsifs se sentent obligés de vérifier ou de se laver sans arrêt, alors que d'autres doivent ressasser le danger qui les menace. Ces deux types de patients illustrent la lutte classique entre sensation et raison.

Les vérificateurs vivent une sorte de cauchemar à la Berkeley, doutant de ce qu'ils ne voient pas, et ont un besoin continuel de voir, de revoir, de vérifier ce qu'ils font. Les vérificateurs semblent dire que « la connaissance ne vient que des sens »; ce qu'ils peuvent entendre, voir, et toucher est pour eux le test de la vérité. Ils essaieront donc sans arrêt la poignée de porte, et allumeront et éteindront sans cesse la lumière. Ces gestes les informent immédiatement, mais restent incompris. Ces malades ne peuvent dire : « Oui, j'ai bien vérifié, et je sais maintenant que la porte est fermée à clef. »

Les « ressasseurs », eux, sont insatisfaits à l'idée que la

connaissance puisse dépendre des sens. Ces idéalistes sont indifférents à ce que leur disent leurs sens. Ils retournent des *idées* dans leur tête, en essayant de trouver la bonne réponse par *la pensée*. Un cauchemar à la Hume!

Quand William demande comment il peut « savoir » s'il a tué quelqu'un, ce qu'il désire, c'est retrouver la faculté de « savoir ». Alice voudrait pouvoir savoir à nouveau ce qu'est la couleur « bleue ».

Mes patients savent très bien qu'ils ne pensent pas comme il faut. Kim, qui était presque sûre d'avoir fait du mal à quelqu'un, ne nous demandait pas de lui dire : « Tout va bien, tu n'as tué personne. » Bien entendu, c'est ce que nous avions fait. Et elle nous avait bien sûr répondu patiemment, avec indulgence : « Docteur, c'est ce que *tout le monde* me dit. Mais ça ne m'aide pas. » Nous ne trouvions pas ce qui aurait permis aux bonnes raisons d'« accrocher », et lui aurait fait les accepter et cesser de douter.

Nos malades n'ont pas besoin de conseils pratiques. Aucun d'eux ne recherche une réponse de bon sens. Alice avait été informée que tout le monde pensait que le buisson était vert clair, mais cela ne l'avait pas calmée pour autant. Oubliez la façon sensée d'aborder ce problème; les patients s'en moquent! C'est pour cela que le garçon qui se sentait obligé de se laver, quand on lui faisait remarquer qu'il était propre, levait les yeux au ciel et disait : « C'est ce que *tout le monde* me dit! »

Cette incapacité à dissiper leurs doutes fait de mes patients les plus grands des sceptiques. Comme Parménide, le philosophe grec, ils trouvent que « la plupart des mortels n'ont rien dans leurs intellects faillibles qui ne provienne de leurs sens faillibles ». Ils ne se fient ni à l'expérience ni à l'intelligence. La maladie du doute mérite vraiment son nom.

Quelles sont les informations qui atteignent leur but? Pourquoi s'arrêtent-ils parfois de vérifier et de douter? Ils disent qu'il « se passe » quelque chose de temps à autre, qu'à ce moment-là, les choses leur semblent « bien », et qu'ils peuvent « savoir » pendant un moment que tout va bien. Ils peuvent parfois « emprunter » le jugement d'un ami, lui demander de fermer la porte, le gaz, et ainsi de suite, tout comme l'aveugle qui demande à quelqu'un s'il peut traverser la rue sans danger. De temps à autre, ils sont capables d'emprunter ce « savoir » avec succès. Parfois, ils peuvent aussi se débrouiller avec ce qu'ils ont réussi à « savoir » tous seuls. Les laveurs et les vérificateurs compulsifs chérissent les moments où ils peuvent se dire : « Je sais que je suis assez propre » ou « Je sais que la porte est fermée ». Pendant quelque temps au moins, cela semble très simple; jusqu'à ce que cette capacité de « savoir » s'éteigne à nouveau.

Cette réflexion sur les implications philosophiques des troubles obsessionnels-compulsifs peut-elle aider les patients? Sans doute pas. Mais il peut leur être très utile de savoir qu'il ne sert à rien de se poser sans cesse les mêmes questions! Les enfants ont tout particulièrement besoin qu'on leur dise que cela ne marche pas.

La situation ressemble à la vieille plaisanterie du psychiatre à qui son patient affirme qu'il est mort. Le psychiatre fait d'abord apprendre par cœur à l'homme la phrase, « Les morts ne saignent pas ». Il pique ensuite son sujet avec une aiguille et une goutte de sang apparaît. « Ah ça alors! » s'exclame celui-ci. « C'est donc que les morts saignent! » Pour aider le malade, il ne faut pas s'attarder sur la question qu'il pose, mais sur ce qu'elle présuppose.

Il faut dire aux obsessionnels-compulsifs que le fait de ne pas savoir, ou d'être incapable de savoir – qu'il s'agisse d'un danger, de verrous, de propreté, ou d'autre chose – fait partie du problème. Il faut leur dire que c'est aussi le cas pour l'obligation qu'ils ressentent, et que vous *savez* qu'ils veulent ne pas savoir.

Ils sentiront au moins qu'on les comprend, et cela atténuera un peu leur souffrance.

Quelle relation existe-t-il entre tout cela et la biologie des TOC ? J'ai dit qu'il s'agissait d'une maladie génétique liée à des troubles neurologiques et, souvent, à une affection des ganglions de la base. J'ai dit que cette partie du cerveau semblait fonctionner différemment chez les obsessionnels-compulsifs. Et le « savoir », dans tout cela ?

Je pense que la biologie des troubles obsessionnels-compulsifs nous permet de reprendre là où von Economo et Janet s'étaient arrêtés. Nous sommes peut-être en train de décrire une « biologie de la connaissance ». Certaines parties de notre cerveau vérifient l'information sensorielle et comparent ces données à nos actions et à nos prévisions. Les ganglions de la base sont un modulateur des mouvements et des intégrateurs d'information sensorielle. Quand mes patients me posent la question : « Comment savoir ? », c'est qu'à mon avis, ils ont perdu une certaine fonction : la faculté de *savoir s'ils savent* quelque chose.

Nous commençons à peine à identifier les circuits cérébraux qui contrôlent ce sens spécial, ce sens du « savoir ». Ceux-ci contrôlent des dimensions fondamentales de notre comportement : la sécurité, la propreté, l'agressivité. Il est fascinant de penser que la base biologique de notre fonction cognitive la plus élevée – la perception qu'a l'homme de sa propre connaissance – serait reliée à ces besoins ancestraux.

Des philosophes Immanuel Kant et David Hume, à l'éthologue Konrad Lorenz, de grands penseurs ont soupçonné l'existence, dans le cerveau, de structures innées génératrices d'hypothèses sur la réalité du monde. Il est possible que l'aspect extrêmement sélectif et particulier du mal dont souffrent Kim et William soit un signe de ce que les circuits qui devraient leur donner le sentiment inné, prédéterminé, de « savoir », ne fonctionne plus. Il est très probable que les programmes chargés d'analyser certains renseignements essentiels sur notre sécurité fonctionnent mal dans les cas de TOC.

Jusqu'à présent, les meilleurs exemples de comportements rituels innés proviennent d'études sur les animaux. Leur comportement serait une sorte de « savoir » naturel. On peut présumer que l'animal qui vient au monde avec les connaissances lui permettant de construire un nid possède une sorte de savoir, certaines idées sur le monde, qui lui permettant de l'affronter.

Aurons-nous jamais un modèle animal pour ce désir de certitude ? Malheureusement, j'en doute. De tels modèles ont joué un rôle essentiel dans notre compréhension de nombreuses maladies importantes de l'être humain, mais rien, mis à part notre intuition, ne permet de comprendre la complexité du combat que mènent ces obsessionnels-compulsifs qui cherchent à savoir. Une meilleure connaissance du déficit cérébral à l'origine des troubles obsessionnels-compulsifs nous aidera également à percer les mystères les plus profonds de la nature humaine.

Appendice

Êtes-vous obsessionnel-compulsif?

Établir le diagnostic

Cette partie comporte une liste de symptômes et une échelle qui servent à diagnostiquer les troubles obsessionnels-compulsifs. Mais aucune liste générale ne peut suffire. On doit consulter un médecin ou un psychologue pour confirmer ce diagnostic. D'autres troubles, comme la dépression ou l'anxiété, peuvent entraîner des problèmes semblables. Si vous présentez, ou si quelqu'un dans votre entourage présente certains de ces symptômes, il ne s'agit donc pas forcément de troubles obsessionnels-compulsifs*.

En outre, aucune liste de symptômes ne peut remplacer le bon sens. Si la personne n'a pas de problèmes psychologiques, si ses habitudes ne la gênent pas dans son travail ou dans sa vie privée, peu importe son « résultat » sur une quelconque échelle – elle ne souffre pas de TOC. D'autre part, il se peut qu'elle n'ait qu'une seule manie – se laver ou vérifier, par exemple – qui lui pose un problème sérieux et lui fasse perdre des heures. La question la plus importante est donc la suivante : Avez-vous des habitudes ou des pensées qui vous gênent dans votre vie professionnelle, sociale, ou privée ? Un de vos amis, ou une personne qui vous est chère, en souffre-t-elle ? Si tel est le cas, poursuivez votre lecture.

CHECK-LIST DES OBSESSIONS ET COMPULSIONS **

La liste suivante des obsessions et des compulsions les plus fréquentes contient de nombreuses habitudes que l'on retrouve de temps à autre dans la vie de la plupart des gens. On considère qu'une pensée ou une habitude est une obsession ou une compulsion si on ne peut la faire cesser, si elle gêne la vie normale de manière importante, ou si l'on dépense beaucoup de temps et d'énergie à la combattre.

Sur l'échelle clinique, les obsessions et les compulsions vont de « légèrement gênantes » à « extrêmement invalidantes ».

OBSESSIONS AGRESSIVES

Avoir peur de faire mal aux autres.

Avoir peur de se faire mal.

Avoir des images violentes ou terrifiantes.

Avoir peur de proférer involontairement des obscénités ou des insultes.

Avoir peur de faire quelque chose d'embarrassant.

Avoir peur de réaliser des impulsions criminelles (par exemple, vol à l'étalage, vol d'une banque).

Avoir peur d'être jugé responsable de quelque chose qui tourne mal.

Avoir peur qu'il se passe quelque chose de terrible (par exemple, un incendie, la mort d'un parent ou d'un ami).

OBSESSIONS DE LA CONTAMINATION

Souci ou dégoût pour des matières ou des sécrétions organiques (urine, fèces, salive).

Souci de la saleté ou des microbes.

Préoccupation excessive pour la contamination chimique ou écologique.

OBSESSIONS SEXUELLES

Avoir des pensées ou images interdites ou perverses (concernant des enfants, l'inceste, la bestialité, l'homosexualité, etc.).

BESOIN OBSESSIONNEL DE SYMÉTRIE, D'EXACTITUDE, OU D'ORDRE.

OBSESSIONS DIVERSES

Avoir peur de ne pas dire les choses tout à fait correctement.

Images (neutres) gênantes, par exemple, penser à un chat.

Bruits, mots, ou musiques, absurdes et gênants.

Chiffres qui portent chance ou malheur.

Couleurs ayant une certaine signification.

OBSESSION-COMPULSION SOMATIQUE

Être préoccupé par une partie de son corps, par exemple, des oreilles trop grandes.

BESOIN DE COMPTER

Devoir compter sans arrêt jusqu'à un certain nombre.

BESOIN DE VÉRIFIER

Devoir vérifier les portes, verrous, freins, etc.

RÉPÉTITION DE RITUELS

Devoir rentrer et sortir, se lever et s'asseoir, etc.

D'ORDRE, DE RANGEMENT

Devoir faire et défaire sa valise, remettre de l'ordre dans les tiroirs.

BESOIN D'AMASSER/DE RAMASSER

Devoir garder des vieux journaux, du courrier, de la ficelle, du papier d'emballage.

BESOINS DIVERS

Avoir besoin de dire, de demander, de confesser.
Avoir besoin de toucher, de mesurer.

Si vous répondez par l'affirmative à une des obsessions ou compulsions sur cette liste, vous devez alors évaluer le problème en fonction de l'échelle suivante : le temps que vous prennent ces obsessions ou compulsions, le point auquel elles vous gênent dans votre vie quotidienne et vous font souffrir, la difficulté que vous avez à leur résister, et le contrôle qu'elles exercent sur vos pensées et vos actions.

1. TEMPS PRIS PAR DES OBSESSIONS OU DES RITUELS COMPULSIFS

0 – Inexistant.
1 – Faible : moins d'une heure par jour, ou intrusions intermittentes.
2 – Moyen : d'une à trois heures par jour, ou intrusions fréquentes.
3 – Grave : trois à huit heures par jour, ou intrusions très fréquentes.
4 – Extrême : presque toute la journée, intrusions presque continuelles.

2. INTERFÉRENCE DES OBSESSIONS OU DES RITUELS COMPULSIFS

0 – Inexistante.
1 – Faible : légère interférence mais vie d'ensemble non affectée.
2 – Interférence faible à moyenne.
3 – Moyenne : l'interférence avec le travail ou le fonctionnement social est manifeste, mais reste vivable.
4 – Extrême : rend impossibles tous les aspects de l'existence.

3. AFFLICTION ASSOCIÉE AUX OBSESSIONS OU AUX RITUELS COMPULSIFS

0 – Inexistante.
1 – Faible : peu fréquente ou inquiétante.
2 – Moyenne : affliction manifeste.
3 – Grave : pensées fréquentes ou anxiété croissante prononcée quand on empêche les compulsions.
4 – Extrême : affliction presque continuelle.

4. RÉSISTANCE AUX OBSESSIONS OU AUX RITUELS COMPULSIFS

0 – Résistance constante, ou pensées si minimales qu'aucune résistance n'est nécessaire.
1 – Résistance fréquente.
2 – Résistance, mais avec effort.
3 – Résistance nulle.

Si la réponse est de 3 ou 4 à une ou plusieurs de ces questions, il est conseillé de consulter un psychologue ou un psychiatre pour diagnostiquer et, plus important encore, pour soigner ce problème.

Échelle globale des obsessions et compulsions

Voici l'échelle de gravité globale des TOC généralement utilisée pour traiter le patient en fonction de ses progrès, les symptômes individuels pouvant changer au fil du temps.

1-3 *Peu important :* L'individu passe peu de temps à résister aux symptômes. Presque aucune interférence avec l'activité quotidienne.

4-6 *Comportement obsessionnel-compulsif pré-clinique :* faibles symptômes perçus par la personne concernée ou un observateur, et interférant de manière négligeable avec la vie du patient, qui peut leur résister pendant de brefs instants. Symptômes aisément tolérés par autrui.

7-9 *Comportement obsessionnel-compulsif clinique :* Les symptômes interfèrent considérablement avec la vie normale. La personne dépense énormément d'énergie à leur résister, et a besoin d'aide pour vivre normalement.

10-12 *Comportement obsessionnel-compulsif inquiétant :* Les symptômes sont handicapants et importuns. La vie quotidienne est « une lutte de tous les instants ». L'individu passe tout son temps à résister aux symptômes, et a besoin d'énormément d'aide pour pouvoir fonctionner.

13-15 *Comportement obsessionnel-compulsif très inquiétant :* Les symptômes sont totalement handicapants. Il est nécessaire de surveiller étroitement le patient en ce qui concerne son alimentation, son sommeil, etc. Même les décisions ou les activités les plus insignifiantes nécessitent des encouragements. Il s'agit de la forme la plus grave des TOC.

Si vous jugez que vous atteignez le chiffre 7 ou plus sur cette échelle, il serait utile que vous consultiez un psychologue ou un psychiatre. Même si vous parvenez à dissimuler vos symptômes, il est possible qu'une consultation vous aide à améliorer la qualité de votre vie en vous débarrassant de ces pensées ou rituels répétitifs qui vous accaparent et vous épuisent.

LES TROUBLES DE LA PERSONNALITÉ COMPULSIVE

La personne atteinte de troubles de la personnalité compulsive est peu démonstrative et sait se maîtriser ; elle est si perfectionniste qu'il lui arrive de forcer les autres à se soumettre à sa manière de faire les choses. La personnalité compulsive est souvent indécise et trop dévouée au travail à l'exclusion du plaisir. Quand ce dernier est envisagé, il doit être activement préparé à l'avance. Les activités agréables sont généralement remises à plus tard, et parfois ne sont même pas appréciées.

Ces individus ont tendance à faire la morale, et à porter un jugement sur eux-mêmes et autrui.

D'après le *Diagnostic and Statistical Manual of Mental Disorders* de l'American Psychiatric Association, cinq des symptômes suivants doivent être réunis pour arriver à ce diagnostic. En outre, les symptômes doivent interférer avec la vie personnelle ou professionnelle.

1. Capacité limitée d'exprimer de l'affection et de la tendresse.

2. Perfectionnisme, qui interfère avec la capacité générale d'apprécier les situations à leur juste mesure.

3. Insistance pour que les autres se soumettent à une façon de voir les choses sans tenir compte de leurs sentiments à ce sujet.

4. Dévouement excessif au travail à l'exclusion du plaisir.

5. Indécision, au point d'ajourner, d'éviter, ou de faire traîner les décisions (peut-être en raison de la crainte de se tromper). Retard dans son travail, en raison du temps passé à réfléchir aux priorités.

6. Souci du détail, des règles, des listes ou des horaires au point de perdre de vue le but principal de l'activité.

7. Excès de minutie, manque de flexibilité en matière de morale et de problèmes éthiques.

8. Manque de générosité avec son temps, son argent, etc.

9. Incapacité de jeter des objets usés ou sans valeur.

* Il existe depuis peu en France une Association Française des Troubles Obsessionnels et Compulsifs et du Syndrome Gilles de La Tourette. Son adresse est 24, rue Léon-Gambetta, 59790 Ronchin.

** Adaptée du barème Yale-Brown des obsessions et compulsions, avec la permission du docteur Wayne Goodman.

Table

Dans la collection « Poches Odile Jacob »

N° 1 : Aldo Naouri, *Les Filles et leurs mères*
N° 2 : Boris Cyrulnik, *Les Nourritures affectives*
N° 3 : Jean-Didier Vincent, *La Chair et le Diable*
N° 4 : Jean François Deniau, *Le Bureau des secrets perdus*
N° 5 : Stephen Hawking, *Trous noirs et bébés univers*
N° 6 : Claude Hagège, *Le Souffle de la langue*
N° 7 : Claude Olievenstein, *Naissance de la vieillesse*
N° 8 : Édouard Zarifian, *Les Jardiniers de la folie*
N° 9 : Caroline Eliacheff, *À corps et à cris*
N° 10 : François Lelord, Christophe André, *Comment gérer les personnalités difficiles*
N° 11 : Jean-Pierre Changeux, Alain Connes, *Matière à pensée*
N° 12 : Yves Coppens, *Le Genou de Lucy*
N° 13 : Jacques Ruffié, *Le Sexe et la Mort*
N° 14 : François Roustang, *Comment faire rire un paranoïaque ?*
N° 15 : Jean-Claude Duplessy, Pierre Morel, *Gros Temps sur la planète*
N° 16 : François Jacob, *La Souris, la Mouche et l'Homme*
N° 17 : Marie-Frédérique Bacqué, *Le Deuil à vivre*
N° 18 : Gerald M. Edelman, *Biologie de la conscience*
N° 19 : Samuel P. Huntington, *Le Choc des civilisations*
N° 20 : Dan Kiley, *Le Syndrome de Peter Pan*
N° 21 : Willy Pasini, *À quoi sert le couple ?*
N° 22 : Françoise Héritier, Boris Cyrulnik, Aldo Naouri, *De l'inceste*
N° 23 : Tobie Nathan, *Psychanalyse païenne*
N° 24 : Raymond Aubrac, *Où la mémoire s'attarde*
N° 25 : Georges Charpak, Richard L. Garwin, *Feux follets et champignons nucléaires*
N° 26 : Henry de Lumley, *L'Homme premier*
N° 27 : Alain Ehrenberg, *La Fatigue d'être soi*
N° 28 : Jean-Pierre Changeux, Paul Ricœur, *Ce qui nous fait penser*
N° 29 : André Brahic, *Enfants du Soleil*
N° 30 : David Ruelle, *Hasard et Chaos*
N° 31 : Claude Olievenstein, *Le Non-dit des émotions*
N° 32 : Édouard Zarifian, *Des Paradis plein la tête*
N° 33 : Michel Jouvet, *Le Sommeil et le Rêve*
N° 34 : Jean-Baptiste de Foucauld, Denis Piveteau, *Une société en quête de sens*
N° 35 : Jean-Marie Bourre, *La Diététique du cerveau*
N° 36 : François Lelord, *Les Contes d'un psychiatre ordinaire*

N° 37 : Alain Braconnier, *Le Sexe des émotions*
N° 38 : Temple Grandin, *Ma vie d'autiste*
N° 39 : Philippe Taquet, *L'Empreinte des dinosaures*
N° 40 : Antonio Damasio, *L'Erreur de Descartes*
N° 41 : Édouard Zarifian, *La Force de guérir*
N° 42 : Yves Coppens, *Pré-ambules*
N° 43 : Claude Fischler, *L'Homnivore*
N° 44 : Brigitte Thévenot, Aldo Naouri, *Questions d'enfants*
N° 45 : Geneviève Delaisi de Parseval, Suzanne Lallemand, *L'Art d'accommoder les bébés*
N° 46 : François Mitterrand, Elie Wiesel, *Mémoire à deux voix*
N° 47 : François Mitterrand, *Mémoires interrompus*
N° 48 : François Mitterrand, *De l'Allemagne, de la France*
N° 49 : Caroline Eliacheff, *Vies privées*
N° 50 : Tobie Nathan, *L'Influence qui guérit*
N° 51 : Éric Albert, Alain Braconnier, *Tout est dans la tête*
N° 52 : Judith Rapoport, *Le Garçon qui n'arrêtait pas de se laver*
N° 53 : Michel Cassé, *Du vide et de la création*

Imprimé en France sur Presse Offset par

BRODARD & TAUPIN

GROUPE CPI

La Flèche (Sarthe) - le 20-03-2001

N° d'impression : 5997
N° d'édition : 7381-0975-X
Dépôt légal : mars 2001